한국어뱅크

TOPIK I

한 권이면 OK

한국어뱅크

TOPIK I
한 권이면 OK

한국어능력시험 I
초급(1~2급)

English Edition

초판 5쇄 발행 | 2024년 3월 1일

지은이 | 김훈·김승옥·김혜민·신인환·최은옥
발행인 | 김태웅
편 집 | 김현아
디자인 | 남은혜, 김지혜
마케팅 | 나재승
제 작 | 현대순

발행처 | (주)동양북스
등 록 | 제 2014-000055호
주 소 | 서울시 마포구 동교로22길 14 (04030)
구입문의 | 전화 (02)337-1737 팩스 (02)334-6624
내용문의 | 전화 (02)337-1762 dybooks2@gmail.com

ISBN 979-11-5768-293-5 13710

한국어뱅크

TOPIK I
한 권이면 OK

English Edition

한국어능력시험 I

초급(1~2급)

동양북스

머리말

　아무리 좋은 재료와 요리 도구를 가지고 있다고 하더라도 그것을 맛있게 조리하는 방법을 모르면 절대 맛있는 음식은 완성할 수 없을 것입니다. 한국어능력시험(TOPIK)을 준비하는 수험생들은 좋은 점수를 얻고 싶어 하지만, 실제로는 어떻게 시험을 대비해야 하는지는 모르는 경우가 많습니다. 본 책은 수험생들에게 시험의 유형에 익숙해지고 자신의 언어 능력을 발휘할 수 있는 방법, 더 나아가 TOPIK에서 효율적으로 좋은 성과를 올리는 방법을 제시하고 있습니다.

　본 책은 TOPIK을 준비하는 외국인 수험생을 위한 종합 학습서입니다. 준비 단계와 유형 분석, 문제 분석과 적용의 단계로 이루어져 있습니다. 수험생들은 준비 단계를 통해 TOPIK에서 필수적으로 나타나는 어휘와 문법을 익힐 수 있습니다. 또한 유형 분석을 통해 시험의 유형을 숙지하고, 직접 기출 문제와 샘플 문제를 통해 문제를 해석하여 올바른 정답을 찾아내는 연습을 하게 됩니다. 마지막으로 실전과 유사한 형태의 연습 문제를 통해 최종 점검을 하도록 구성하였습니다.

　본 책에서 나오는 어휘와 문법은 그동안 출제되었던 TOPIK 문제와 국제 통용 한국어교육 표준 모형(국립국어원), 주요 대학의 한국어 교재를 분석한 결과를 바탕으로 하고 있습니다. 또한 읽기와 듣기, 쓰기 문제의 주제와 소재는 그동안의 TOPIK 기출 문제와 다년간의 시험의 흐름을 면밀히 분석하여 선정하였습니다.

　또한 본 책은 선생님들이 직접 수업을 하는 것 같은 친절하고 자세한 설명을 제공합니다. 이는 집필진 모두가 한국어 교육 현장에서 TOPIK 관련 프로그램을 운영하거나 교재 집필, TOPIK 문제 출제와 평가를 한 경험이 있는 전문가들이기에 가능한 것이었습니다. 또한 이와 같은 경험은 많은 TOPIK 수험생들이 현장에서 바라고 있는 시험 관련 대비서로서의 요구 사항을 분석하여 본 책에 반영할 수 있는 바탕이 되었습니다.

　이 책이 나올 때까지 세심한 부분까지 도와주시고 격려해 주신 분들께 감사의 말씀을 드립니다. 또한 책을 좀 더 나은 모습으로 구성하고 디자인해 주신 동양북스에도 감사의 인사를 드립니다. 모쪼록 본 책이 TOPIK을 준비하는 수험생들에게 좋은 길잡이가 되기를 바라며, TOPIK을 준비하는 모든 수험생들에게 격려와 응원을 보냅니다.

집필진 일동

Introduction

Even with high-quality ingredients and cooking utensils, you cannot make excellent dishes without knowledges of know how to cook them well, Although they want to get a higher score, many students do not know how to prepare for TOPIK. This book includes how to get familiar with the question types, how to show own language ability, and how to make higher effects, in TOPIK.

This is a comprehensive book for foreign students who prepare for TOPIK. It consists of preparatory stèp, analysis of question types, analysis of questions, and application. Students can get familiar with vocabulary and grammar who necessarily appear in TOPIC this preparatory step. They get familiar with question types through question type analysis, and comprehend the questions through previous test questions and sample questions, to practice to find correct answers. Finally, students can make final check through exercise questions similar to the practical tests.

The vocabulary and grammar in this book are based on the TOPIK questions in previous tests, the international Korean language education standard pattern(The National Institute of The Korean Language), and the results of analysis on Korean language textbooks of colleges in Korea. The topics and materials were selected through close analysis on the previous tests and their flow of TOPIK.

Also, this book is provided with kind and detailed explanations as if you listen to teachers' explanations in class. This was possible because the authors are all experts who have experience of having operated TOPIK classes at educational institutes, written textbooks, or actually prepared or graded TOPIK. Furthermore, such experiences of the authors could be the basis to reflect the needs of TOPIK applicants in this book.

We appreciate all of the people who have participated in the writing. Also, we acknowledge Dongyang Books who made good composition and design of this book. We wish this book would be a good guide to you as the students who prepare for TOPIK, sending all of you our encouragement.

Authors

TOPIK 소개

시험의 목적

— 한국어를 모국어로 하지 않는 재외동포 · 외국인의 한국어 학습 방향 제시 및 한국어 보급 확대
— 한국어 사용능력을 측정 · 평가하여 그 결과를 국내 대학 유학 및 취업 등에 활용

응시대상

한국어를 모국어로 하지 않는 재외동포 및 외국인으로서
— 한국어 학습자 및 국내 대학 유학 희망자
— 국내외 한국 기업체 및 공공기관 취업 희망자
— 외국 학교에 재학 중이거나 졸업한 재외국민

유효기간

성적발표일로부터 2년간 유효

시험의 활용처

— 정부초청 외국인장학생 진학 및 학사관리
— 외국인 및 12년 외국 교육과정이수 재외동포의 국내 대학 및 대학원 입학
— 한국기업체 취업희망자의 취업비자 획득 및 선발, 인사기준
— 외국인 의사자격자의 국내 면허인정
— 외국인의 한국어교원자격시험(2~3급)응시 자격 취득
— 영주권 취득
— 결혼이민자 비자 발급 신청

시험시간표

구분	교시	영역	중국 등			한국, 일본			기타 국가			시험 시간(분)
			입실 시간	시작	종료	입실 시간	시작	종료	입실 시간	시작	종료	
TOPIK I	1교시	듣기 읽기	08:30	09:00	10:40	09:20	10:00	11:40	09:00	09:30	11:10	100
TOPIK II	1교시	듣기 쓰기	11:30	12:00	13:50	12:20	13:00	14:50	12:00	12:30	14:20	100
	2교시	읽기	14:10	14:20	15:30	15:10	15:40	16:30	14:40	14:50	16:00	70

※ 중국 등 : 중국(홍콩 포함), 몽골, 대만, 필리핀, 싱가포르, 브루나이, 말레이시아
※ 시험 시간은 현지 시간 기준 / TOPIK I 과 TOPIK II 복수 지원 가능
※ TOPIK I 은 1교시만 실시함
※ 중국 TOPIK II 는 13:00에 시작

시험의 수준 및 등급

— 시험수준: TOPIK I, TOPIK II
— 평가등급: 6개 등급(1~6급)
   획득한 종합점수를 기준으로 판정되며, 등급별 분할점수는 아래와 같습니다.

구분	TOPIK I		TOPIK II			
	1급	2급	3급	4급	5급	6급
등급결정	80점 이상	140점 이상	120점 이상	150점 이상	190점 이상	230점 이상

※ 35회 이전 시험기준으로 TOPIK I은 초급 TOPIK II는 중고급 수준입니다.

문항구성

1) 수준별 구성

시험 수준	교시	영역(시간)	유형	문항수	배점	총점
TOPIK I	1교시	듣기(40분)	객관식	30	100	200
	2교시	읽기(60분)	객관식	40	100	
TOPIK II	1교시	듣기(60분)	객관식	50	100	300
		쓰기(50분)	주관식	4	100	
	2교시	읽기(70분)	주관식	50	100	

2) 문제유형
   — 객관식 문항(사지선다형)
   — 주관식 문항(쓰기 영역)
      문장완성형(단답형): 2문항
      작문형: 2문항(200~300자 정도의 중급 수준 설명문 1문항, 600~700자 정도의 고급 수준 논술문 1문항)

성적 확인 방법 및 성적증명서 발급

① 성적 확인 방법
   홈페이지(www.topik.go.kr) 접속 후 확인 및 발송된 성적증명서 확인
   ※ 홈페이지에 접속하여 성적을 확인할 경우 시험 회차, 수험번호, 생년월일이 필요함
   ※ 해외응시자도 홈페이지(www.topik.go.kr)를 통해 자기 성적 확인

② 성적증명서 발급 대상
   부정행위자를 제외하고 합격·불합격 여부에 관계없이 응시자 전원에게 발급

③ 성적증명서 발급 방법
   ※ 인터넷 발급
      — TOPIK 홈페이지 성적증명서 발급 메뉴를 이용하여 온라인 발급(성적발표 당일 출력 가능)
   ※ 우편수령 선택
      — 한국 응시자의 경우 성적발표일로부터 3일 후(근무일 기준)발송
      — 일반우편으로 발송되므로 수취 여부를 보장하지 못함
      — 주소 오류 또는 반송된 성적증명서는 다시 발송 되지 않음(3개월 이내 방문 수령 가능)

구성 및 활용

▶ 1단계 - 준비 Step 1 - Getting Ready

이 단계는 씨를 뿌리는 단계입니다. TOPIK을 풀기 이전에 먼저 한국어 능력을 키워야 합니다. 아무리 좋은 설계도가 있어도 재료가 없으면 집을 지을 수 없는 것처럼 기본적인 어휘와 문법 실력 없이는 TOPIK을 잘 볼 수 없습니다.

This step is like sowing your seeds. Before taking TOPIK, it is important to enhance your Korean language ability. As you cannot build a house without construction materials even with the best design, you cannot get a high score in TOPIK without basic knowledge on Korean vocabulary and grammar.

오늘의 어휘&문법

Today's Vocabulary & Grammar

TOPIK에 자주 출제된 중요 기출 어휘와 문법, 국립국어원에서 제시한 '국제통용 한국어교육 표준모형'의 중요 어휘와 문법, 그리고 주요 대학 교재를 분석하여 앞으로 자주 출제될 어휘와 문법을 제시하였습니다. 문장으로 자연스럽게 학습할 수 있도록 예문을 제시하였고 기출, 샘플, 연습 문제의 지문에도 오늘의 어휘와 문법이 포함되어 있습니다. 항상 가지고 다니며 공부할 수 있도록 핸드북을 따로 만들어 두었으니 적극적으로 활용하시기 바랍니다. 오늘의 어휘와 문법은 반드시 외우기 바랍니다.

This book includes key Korean vocabulary and grammar which have frequently appeared in TOPIK, and which are presented in the 'International Standard Model of Korean Language Education' of the National Institute of Korean Language, and which are expected to frequently appear in TOPIK on the basis of analysis on Korean language textbooks from major universities in Korea, There are sentence examples to help learning naturally through sentences; and ⟨Today's Vocabulary & Grammar⟩ are also included in the texts of previous exams, sample questions and excercise questions. A handbook is also available for your convenience to study. It is strongly recommended to memorize all of Today's Vocabulary and Grammar.

Hand book

오늘의 어휘와 문법은 가지고 다니면서 공부할 수 있도록 따로 핸드북을 만들어 두었습니다. TOPIK을 준비하는 학생이라면 반드시 알아야 할 최소한의 어휘와 문법입니다. 항상 가지고 다니면서 반복해서 보고 꼭 외우시기 바랍니다. 어휘와 문법은 뜻만 외우는 것보다는 문장과 함께 외우는 것이 더 좋습니다.

A separate handbook is for you to carry and study Today's Vocabulary and Grammar. These are minimum-required vocabulary and grammar for the students preparing for TOPIK. Always take it with you, and make sure to read and memorize them repeatedly. It is recommended to memorize vocabulary and grammar with their example sentences rather than memorize their definitions only.

▶ 2단계 – 유형 연구 Step 2 - Study on Question Types

이 단계는 숲을 보면서 전체적인 틀을 파악하는 단계입니다. 문제 하나하나를 보기 전에 전체적인 문제의 유형과 구성을 알아야 합니다. 아무리 한국어 능력이 뛰어나다 해도 시험 유형에 익숙하지 않으면 좋은 점수를 받을 수 없습니다.

This step is to comprehend the general test format like seeing a forest. It is important to understand the general type and pattern of the questions before you reach each question. No matter how excellent your Korean language ability is, it's difficult to get a high score in the test if you are not used to this test format.

유형 분석 Analysis of Question Types

해당 문제들에 대한 전체 설명과 각 문제를 푸는 구체적인 방법을 제시하였습니다. TOPIK 문제 하나하나를 분석하여 가장 빠르고 정확하게 답을 고를 수 있도록 하였습니다. 꼼꼼히 읽고 숙지하기 바랍니다. 진한 글씨 부분은 문제를 푸는 데 핵심적인 내용이므로 더욱 주의 깊게 보십시오.

In here, you will find specific ways of how to solve the questions with overall explanations. This step allows you to find the correct answer quickly and exactly through analysis of each TOPIK question. Make sure to read it thoroughly and understand it. The part with the bold text introduces the key to solve the questions, so read this part especially carefully.

▶ 3단계 – 문제 분석 Step 3 - Analysis of Questions

이 단계는 한 그루 한 그루 나무를 자세히 관찰하는 단계입니다. 왜 이 문제의 답이 ③번인지 문제 하나하나를 분석하고 답을 고르는 방법을 상세히 설명해 줄 겁니다.

This step is to observe each tree thoroughly. In here, you will find analysis of each question on why such answer is the correct answer and detailed explanation about how to choose the correct answer.

기출 문제 Questions of Previous Tests

각 유형을 파악할 수 있도록 TOPIK 기출 문제 35~37회 중 하나를 선택하여 제시하였습니다. 새롭게 바뀐 TOPIK 경향을 파악하는 데 큰 도움이 될 것입니다. 빨간 펜으로 중요한 부분에 밑줄을 긋고 구체적인 설명을 달아 두었습니다. 주의 깊게 보시기 바랍니다. 기출문제는 한 번 푸는 걸로 끝내지 마시고 문제에 나왔던 주제, 어휘, 문법을 반드시 복습해야 합니다.

In here, you will find one of the questions from the 35th-37th TOPIK test for you to understand each type of question. This will be a good help for you to comprehend the new TOPIK trend which has changed recently. The important part is underlined in red and its detailed explanation is given. Make sure to read this part carefully. It is important to try to master the topic, vocabulary, and grammar which appeared in each previous question instead of solving the questions once only once.

샘플 문제 Sample Questions

연습 문제를 풀기 전에 문제 유형을 다시 한 번 확인하는 단계입니다. 빨간 펜으로 밑줄을 그어 놓은 부분을 주의 깊게 보시기 바랍니다. 샘플 문제는 각 문제 유형에 나올 만한 주제와 어휘, 문법으로 구성되어 있기 때문에 풀고 나서 꼭 어휘와 문법을 정리해 두시기 바랍니다.

This step is to review the type of question before going on to the Sample Questions. It is important to carefully read the part underlined in red. The Sample Questions are composed of topics, vocabulary, and grammar which are expected to appear in each type of question, so make sure to write down and study the vocabulary and grammar after solving each question.

추가어휘　Additional Vocabulary

지문에 나온 새로운 어휘들을 정리해 두었습니다. 오늘의 어휘와 함께 충분히 공부하시기 바랍니다.

In here, you can find additional vocabulary which appear in the reading passage. Make sure to learn them enough with Today's vocabulary.

문제 풀이　Answer Key

기출 문제와 샘플 문제의 해설입니다. 유형 분석한 내용을 바탕으로 왜 답이 되는지 구체적으로 설명하고 있으니 자세히 읽고 문제를 푸는 방법을 파악하시기 바랍니다.

This is the answer key for the Questions of Previous Tests and Sample Questions. It explains in detail why such answer is the correct answer, on the basis of the analysis on its type of question, so make sure to read it carefully and understand how to solve such question.

▶ 4단계 – 적용　Step 4 – Exercise

자! 이제 준비와 분석은 끝났습니다. 실전이라고 생각하면서 문제를 풀어 보시기 바랍니다.

Now, preparation and analysis are done. Solve the sample questions as if you are actually taking TOPIK.

연습 문제　Exercise Questions

유형 분석의 내용과 기출 문제, 샘플 문제의 문제 풀이를 잘 활용하여 실전이라고 생각하면서 풀어 보십시오. 연습 문제에도 각 유형에 나올 만한 주제와 어휘, 문법이 포함되어 있습니다. 한 번 푸는 데 그치지 마시고 어휘와 문법은 반복하여 공부하시기 바랍니다.

By using the explanations at 'Analysis of Questions Types' and the test-solving skills based on previous tests and Sample Questions, solve the questions as if you are actually taking TOPIK. Also in the Exercise Questions, the topics, vocabulary, and grammar expected to appear in each type of questions are included. It is important to repeat studying the vocabulary and grammar instead of solving the questions once.

연습 문제 해설

Answer Key for Exercise Questions

연습 문제의 해설입니다. 틀린 문제는 해설을 보고 참고하여 왜 틀렸는지 알아 두고 같은 실수를 반복해서 하지 않도록 해야 합니다.

This is the answer key for the Exercise Questions. Make sure to check the answer key for your wrong answers and find out why it is incorrect, in order not to make the same mistake again.

 차례

듣기 영역

듣기 영역 MP3 파일 ▶

TOPIK I
한 권이면 OK

꼭 읽어 보세요!
듣기 시험을 보기 위한 TIP

손자병법에 '지피지기 백전불태(知彼知己 白戰不殆)'라는 말이 나옵니다. '적을 알고 나를 알면 백번 싸워도 위태롭지 않다'라는 의미이지요. TOPIK 시험도 마찬가지입니다. 아무리 한국어 실력이 좋아도 시험의 구성이나 문제의 유형 등 그 시험에 대해 분석해 두지 않으면 좋은 점수를 받을 수 없습니다. 아래 내용을 꼭 읽어 보고 문제를 풀어 보시기 바랍니다.

1. 시험의 구성 알아 두기

— 1급은 듣기, 읽기 합쳐서 200점 만점 중 80점, 2급은 140점 이상을 받아야 통과할 수 있습니다.

구분	TOPIK I	
	1급	2급
등급결정	80점 이상	140점 이상

— TOPIK I 듣기는 **40분 동안 30문제**를 풀어야 합니다. 1급 수준의 문항 14개 정도, 2급 수준의 문항 16개 정도가 출제되는데 1번부터 30번까지 순서대로 어려워집니다.

— 자신이 목표로 하는 등급에 맞추어 점수를 득점해야 합니다. 1급을 목표로 한다면 적어도 14번까지는 집중해서 문제를 풀고 나머지에서 좀 더 점수를 받아야 합니다. 2급을 목표로 한다면 당연히 끝까지 집중해서 문제를 풀어야 합니다.

— 듣기는 1번부터 30번까지 계속 듣기 지문을 들으면서 문제를 풀어야 하기 때문에 읽기와 달리 자신이 시간을 나누어 풀기 어렵습니다. 그리고 다시 들을 수 없기 때문에 집중해서 들어야 합니다.

2. 듣기 지문 들려주는 방법 알아 두기

— 듣기 지문은 바로 연결해서 두 번 들려줍니다. 1~6번은 "다시 들으십시오"라는 말이 나오지 않습니다. 7~30번은 지문과 지문 사이에 "다시 들으십시오"라는 말이 나옵니다.

— 문제에 〈보기〉가 있는 경우는 보기 부분을 읽어 준 후 문제를 읽습니다.

— 1~24번까지는 한 지문에 한 문제가 제시됩니다. 문제와 문제 사이에 1~14번은 15초 정도, 15~24번은 20초 정도의 생각할 시간(무음)을 줍니다.

— 25~26번, 27~28번, 29~30번은 한 지문에 두 문제가 출제됩니다. 이 경우 지문을 두 번 연속으로 들려 준 후 문제 번호를 불러줍니다. 25~26번은 20초 정도, 27~30번 35초 정도의 생각할 시간(무음)을 줍니다.

— 예를 들어 아래와 같이 진행이 됩니다.

[5~6] 문제 (1~6번 문제는 같은 패턴입니다.)

"띵~똥~"		5~6번 문제	
"보기"	보기 지문	보기 지문 반복	"정답은 ( )입니다"
"5번"	5번 지문	5번 지문 반복	무음(15초 정도)
"6번"	6번 지문	6번 지문 반복	무음(15초 정도)

[7~10] 문제 (7번~14번 문제는 같은 패턴입니다.)

"띵~똥~"			7~10번 문제		
"보기"	보기 지문	"다시 들으십시오"	보기 지문 반복		"정답은 ( )입니다"
"7번"	7번 지문	"다시 들으십시오"	7번 지문 반복		무음(15초 정도)
"8번"	8번 지문	"다시 들으십시오"	8번 지문 반복		무음(15초 정도)
9, 10번 반복					

[22~24] 문제 (15~24번 문제는 같은 패턴입니다.)

"띵~똥~"			22~24번 문제		
"22번"	22번 지문	"다시 들으십시오"	22번 지문 반복		무음(20초 정도)
"23번"	23번 지문	"다시 들으십시오"	23번 지문 반복		무음(20초 정도)
"24번"	24번 지문	"다시 들으십시오"	24번 지문 반복		무음(20초 정도)

[25~26] 문제 (25~30번 문제는 같은 패턴입니다.)

"띵~똥~"			25~26번 문제	
25~26번 지문		"다시 들으십시오"	25~26번 지문 반복	
"25번"	무음(20초 정도)	"26번"		무음(20초 정도)

* 27~28번, 29~30번은 무음이 35초 정도입니다.

3. 문제유형 미리 파악해 두기

— 지문을 듣기 전에 먼저 전체 문제 유형을 파악하고 있어야 합니다. TOPIK은 아래와 같이 매회 같은 유형의 문제가 출제됩니다. 정확하게 문제가 무엇을 요구하는지 꼭 파악하고 들어가시기 바랍니다. 자세한 설명은 각 문제들의 <유형분석>에 해 두었습니다. 꼼꼼히 읽어 보시기 바랍니다.

[1~4] 다음을 듣고 <보기>와 같이 물음에 맞는 대답을 고르십시오.

[5~6] 다음을 듣고 <보기>와 같이 이어지는 말을 고르십시오.

[7~10] 여기는 어디입니까? <보기>와 같이 알맞은 것을 고르십시오.

[11~14] 다음은 무엇에 대해 말하고 있습니까? <보기>와 같이 알맞은 것을 고르십시오.

[15~16] 다음 대화를 듣고 알맞은 그림을 고르십시오.

[17~21] 다음을 듣고 <보기>와 같이 대화 내용과 같은 것을 고르십시오.

[22~24] 다음을 듣고 여자의 중심 생각을 고르십시오.

[25~26, 27~28, 29~30] 다음을 듣고 물음에 답하십시오.

— 1번부터 4번까지는 질문의 종류에 따라 '네, 아니요'로 대답하거나 질문의 대상을 구체적으로 설명하는 문제가 제시됩니다. 언제 '네, 아니요'로 대답할지 아니면 구체적인 대상을 이야기해야 할지 질문을 주의 깊게 들어야 합니다.

듣기 영역 MP3 파일 ▶

― 5, 6번 문제는 상황이나 기능에 맞게 연결되는 관용적이 표현이나 대화쌍을 고르는 문제가 나옵니다. 〈유형분석〉에 상황과 기능에 맞는 표현들을 제시해 두었습니다. 꼭 암기하시기 바랍니다.

― 7번부터 14번까지는 듣기 지문을 듣고 그 내용과 같은 주제의 단어를 선택지에서 고르는 문제가 주로 출제가 됩니다. 그렇기 때문에 '영화-극장, 찍다-사진, 숙제-교실'과 같은 비슷한 의미의 단어나 같은 주제의 단어를 찾는 연습이 필요합니다. 〈유형분석〉에 주제나 장소와 관련된 단어들을 정리해 두었습니다. 꼭 외우시기 바랍니다.

― 17번부터 30번까지는 대화의 내용을 듣고 선택지에서 답을 찾는 문제로 선택지에 제시된 내용이 깁니다. 그래서 선택지에 반복적으로 나오는 단어를 찾아 미리 어떤 이야기가 나올지 파악해 두는 것이 좋습니다. 그리고 지문을 들으면서 선택지의 구체적인 내용을 듣고 답을 찾으십시오.

4. 문제와 선택지를 미리 파악하고 지문 듣기

― 지문을 듣기 전에 문제를 파악하고 선택지 ①②③④를 먼저 읽어 두는 것이 좋습니다.

　TOPIK 듣기는 아주 느리게 말하기 때문에 들으면서 선택지를 읽을 시간이 있습니다. 지문을 모두 듣고 선택지를 읽으면 시간이 부족합니다.

5. 목소리에 익숙해지기

― 듣기의 경우 성우의 목소리에 익숙해지는 것이 중요합니다. 대화자의 나이, 성별 등에 따라 목소리는 달라집니다. 한국어 실력과 상관없이 목소리에 익숙하지 않으면 들리지 않기 마련입니다. 그래서 계속해서 듣기 녹음을 반복해서 들으면서 성우의 목소리에 익숙해지는 것은 아주 중요합니다. TOPIK 홈페이지에 가면 기출문제가 제공되어 있습니다. 꼭 듣기 파일을 다운 받아 반복해서 들으시기 바랍니다.

Tips for Listening Test

Chinese military strategist Sun Tzu said in 'The Art of War', "If you know your enemy and know yourself, you will not be put at risk even in one-hundred battles". This phrase can be applied when you prepare for the TOPIK as well. Even with excellent Korean langage abilities, you cannot get a high score in TOPIK without analyzing it beforehand, such as composition of the test and types of its questions. Make sure to read the following contents before going to the questions.

1. Tip for Test Composition

- Out of the total score of 300, you will need to get a score no less than 80 for Grade 1 and no less than 140 for Grade 2, after adding up the scores of the listening and Reading Parts.

Category	TOPIK I	
	Grade 1	Grade 2
Score needed for qualification	No less than 120	No less than 140

- During the listening test of TOPIK, you need to complete 30 questions in 40 minutes. There are about 14 level-1 questions and 16 level-2 questions, and each question becomes harder and harder gradually until you reach the question #30.
- The goal is to get the score which is required for your target grade. If you are aiming at Grade 1, you should concentrate at least until question #14, and get more scores from the rest of the questions. If you are aiming at Grade 2, you should definitely concentrate until the last question.
- During the listening test, you will need to solve questions from #1-#30 while continuously listening to the passages, so unlike the Reading Part, it is hard to manage the time as you wish. Listening to the passages again is not allowed, so make sure to concentrate while listening to them.

2. Tip for Listening Test

- You will be hear each listening passage twice in a row. You will hear "다시 들으십시오(Listen again)" between the first time and the second time in questions #7-#30, but not in questions #1-#6.
- If there is a <보기>(<Example>) at the test sheet, read the Example first and then read the question.
- In questions #1-#24, there will be one question for each listening passage. You will be given a brief time to think(silence) between questions, which is 15 seconds in questions #1-#14, and 20 seconds in questions #15-#24.
- In questions #25-#26, #27-#28, and #29-#30, there will be two questions for each listening passage. In this case, you will hear the passage twice in a row and then hear each question number. You will be given a brief time to think(mute) between each question, which is 20 seconds in questions #25-#26, and 35 seconds in questions #27-#30.
- For instance, the test will proceed as follows:

Question [5-6] (Questions #1-#6 are in the same pattern.)

"Ding~Dong~"		Question #5-#6	
"Example"	Example passage	Example passage is repeated.	"The correct answer is ( )"
"Number 5"	Passage for question #5	Passage for question #5 is repeated.	Mute (About 15 seconds)
"Number 6"	Passage for question #6	Passage for question #6	Mute (About 15 seconds)

Question [7-10] (Questions #7-#10 are in the same pattern.)

"Ding~Dong~"			Question #7-#10	
"Example"	Example passage	"Listen again"	Example passage is repeated.	"The correct answer is ( )"
"Number 7"	Passage for question #7	"Listen again"	Passage for question #7 is repeated.	Mute (About 15 seconds)
"Number 8"	Passage for question #8	"Listen again"	Passage for question #8	Mute (About 15 seconds)
Question #9 and #10 are repeated				

Question [22-24] (Questions #15-#24 are in the same pattern.)

"Ding~Dong~"			Question #22-#24	
"Number 22"	Passage for question #22	"Listen again"	Passage for question #22 is repeated.	Mute (About 20 seconds)
"Number 23"	Passage for question #23	"Listen again"	Passage for question #23 is repeated.	Mute (About 20 seconds)
"Number 24"	Passage for question #24	"Listen again"	Passage for question #24 is repeated.	Mute (About 20 seconds)

Question [25-26] (Questions #25-#26 are in the same pattern.)

"Ding~Dong~"		Question #25-#26	
Passage for question #25-#26		"Listen again"	Passage for question #25-#26 is repeated.
"Number 25"	Mute (About 20 seconds)	"Number 26"	Mute (About 20 seconds)

* In questions #27-#28 and #29-#30, you will be given about 35 seconds of mute.

3. Tip for Types of Questions

- It is important to comprehend the types of questions before listening to the passages. In each TOPIK, there are the same types of questions as follows. Make sure to understand what the question asks you before taking the test. Detailed explanation is listed at <Analysis of Question Types> for each question. Read them thoroughly.

[1-4] Listen to the question, and choose the best answer, as shown in <Example>.

[5-6] Listen to the dialogue, and choose the best answer, as shown in <Example>.

[7-10] Where does this dialogue take place? Choose the best answer, as shown in <Example>.

[11-14] What is this dialogue about? Choose the best answer, as shown in <Example>.

[15-16] Listen to the dialogue and choose the best picture that describes the dialogue.

[17-21] Listen to the dialogue, and choose the best answer that describes the dialogue, as shown in <Example>.

[22-24] Listen to the dialogue, and choose the best answer that describes the woman's main idea.

[25-26, 27-28, 29-30] Listen to the dialogue, and choose the best answer to each question.

- In question #1-#4, you will be asked to answer 'yes or no', or describe what the question asks you. Make sure to listen carefully to each question and determine when to answer 'yes or no' and when to describe a specific object.

- In question #5-#6, you will be asked to choose the best idiomatic expression or dialogue that corresponds to the situation or purpose. Expressions for each situation and purpose are listed in <Analysis of Question Types>. Make sure to memorize all of them.

- In question #7-#14, you will be usually asked to listen to the passage and choose the same topic word that describes the passage from the answer choices. Due to this, you need to practice on finding matching words with similar meanings or same topics such as '영화-극장(movie-cinema), 찍다-사진(take a photo-photograph), 숙제-교실(assignment-classroom)'. Vocabularies for each topic or place are listed in <Analysis of Question Types>. Make sure to memorize all of them.

- In question #17-#30, you will be asked to listen to the dialogue and choose the answer from the answer choices, which are in long sentences. For this reason, it is recommended to find which word is frequently used in the answer choices and guess what the dialogue will be about. Before choosing the answer, make sure to focus on the detailed information of the answer choices while listening to the passage.

4. Tip for Questions & Answer Choices before Listening to Passage

- It is recommended to understand each question and read the answer choices ①②③④ before listening to the passage. The speaker for TOPIK listening test speaks very slowly, so there is enough time to read the answer choices. There will be no enough time to read the answer choices after listening to all of the passage.

5. Tip for Speaker's Voice

- It is important to get familiar with the speaker's voice. The voice will differ according to the speaker's age, gender, etc. Regardless of your Korean language abilities, you can't hear the passage clearly if you are not familiar with the speaker's voice. For this reason, it is very important to repeat listening to the recordings and get used to the speaker's voice. The questions of previous TOPIKs can be downloaded from the TOPIK web site. Make sure to download the recorded listening files and repeat listening to them.

1-4

어디	where	adverb	은행이 어디에 있어요? Where is the bank?
가방	bag	noun	제 가방 안에는 책과 공책이 있어요. There are some books and notebooks in my bag.
공원	park	noun	저는 친구와 공원에서 자전거를 타요. I ride a bike at the park with my friend.
시장	market	noun	시장에서 과일을 사요. I buy some fruit at the market.
식당	restaurant	noun	학교 앞 식당은 맛있어요. The restaurant in front of the school serves delicious foods.
아침	morning	noun	저는 아침 7시에 일어나요. I get up at 7 o'clock in the morning.
오전	morning	noun	저는 오전에 수업이 있어요. I have a class in the morning.
운동	exercise	noun	'축구, 수영, 테니스'는 모두 운동이에요. 'Soccer, swimming and tennis' are all exercise.
일주일	one week	noun	일주일 동안 여행을 갔다 왔어요. I had a travel for one week.
주말	weekend	noun	이번 주말에 부산 여행을 가요. I am going on a trip to Busan this weekend.
책상	desk	noun	책상에서 공부를 해요. I study at my desk.
친구	friend	noun	제 친구는 한국 사람이에요. My friend is a Korean.
학교	school	noun	오늘은 일요일이라서 학교에 안 가요. Today is Sunday, so I don't go to school.

무슨	what	adjective	무슨 음식을 좋아해요? What kind of food do you like?
아주	so/very	adverb	제 동생은 공부를 아주 잘해요. My little brother/sister is very good at studying.
얼마나	how	adverb	한국어를 얼마나 공부했어요? How long did you study Korean?
가다	go	verb	저는 매일 학교에 가요. I go to school every day.
공부하다	study	verb	저는 한국어를 열심히 공부해요. I study Korean hard.
좋아하다	like	verb	저는 축구를 좋아해요. I like soccer.
마시다	drink	verb	운동을 한 후에 물을 마셔요. I drink water after exercising.
만나다	meet	verb	학교 앞에서 친구하고 만날 거예요. I will meet my friend in front of the school.
먹다	eat	verb	아침에 밥을 먹었어요. I ate breakfast in the morning.
배우다	learn	verb	저는 한국에서 한국어를 배워요. I learn Korean in Korea.
사다	buy	verb	시장에서 사과를 사요. I buy apples at the market.
여행하다	travel	verb	주말에 제주도를 여행했어요. I traveled Jeju Island last weekend.
많다	many/much	adjective	공항에 사람이 많아요. There are many people at the airport.

맛없다	tasteless	adjective	음식이 맛없어서 조금만 먹었어요. I ate a little as the food was tasteless.
맛있다	delicious	adjective	음식이 맛있어서 많이 먹었어요. I ate a lot as the food was delicious.
비싸다	expensive	adjective	사과 값이 비싸요. Apples are expensive.
싸다	cheap	adjective	학교 식당은 음식이 싸요. The foods served at the school cafeteria are cheap.
예쁘다	pretty	adjective	꽃이 예뻐요. The flower is pretty.
작다	small/short	adjective	동생은 손이 작아요. My little brother/sister has small hands.
크다	big	adjective	수박은 사과보다 커요. A watermelon is bigger than an apple.
어제	yesterday	noun/adverb	어제는 토요일이고 오늘은 일요일이에요. Yesterday was Saturday, and today is Sunday.

V-고 있다	1. 지금 진행되는 행동을 말할 때 사용합니다. It is used to describe an ongoing action at the moment. 예 저는 지금 밥을 먹고 있습니다. I am eating my meal now. 2. '입다, 신다, 쓰다', '타다, 만나다' 등의 동사와 사용될 때는 상황에 따라 지금 하는 행동을 나타내기도 하고, 그 행동이 끝난 후의 지속된 상태를 나타내기도 합니다. When it is used with verbs such as "입다, 신다, 쓰다", "타다, 만나다"('wear, slip on, put on,' 'ride, meet'), it may indicate either an ongoing action at the moment or the current state after such an act ends, depending on each situation. 예 선생님은 하얀색 옷을 입고 있어요.(옷을 입고 있는 중) Our teacher is putting on white clothing. (putting on clothes) 선생님은 하얀색 옷을 입고 있어요.(옷을 입은 상태) Our teacher is wearing a white clothing. (current state of clothes worn) 저는 택시를 타고 있어요.(택시를 타는 중) I am getting in a taxi. (getting in a taxi) 저는 택시를 타고 있어요.(택시를 탄 상태) I am riding a taxi. (riding a taxi)
N에서	1. 어떤 행동을 하는 장소를 나타냅니다. This indicates a place where a certain action is taken. 예 저는 커피숍에서 커피를 마십니다. I drink coffee at a coffee shop. 2. 어떤 일이 시작되는 곳을 나타냅니다. This indicates a place where a certain event starts. 예 집에서 학교까지 가깝습니다. It is near from my home to school.
-았/었-	과거의 일을 나타냅니다. This indicates an event that occurred in the past. 예 어제 밤에 비빔밥을 먹었습니다. I ate Bibimbap last evening.

📖 유형분석 Analysis of Question Types

질문을 듣고 알맞은 대답을 고르는 문제입니다. 질문이 짧고 간단하며, 1급 초반의 문법과 어휘를 사용하므로 질문의 핵심을 잘 파악한다면 쉽게 답을 고를 수 있습니다. 1~2번은 **의문사가 없는 질문을 듣고, '네/아니요' 대답을 고르는 문제**이고, 3~4번은 **의문사가 있는 질문을 듣고, 설명하는 대답을 고르는 문제**입니다. 1, 2번 문제는 배점이 4점이고, 3, 4번 문제는 배점이 3점입니다. 하지만 문제별 난이도는 크게 다르지 않으므로 배점 차이는 신경 쓰지 않아도 됩니다.

You will be asked to listen to the question and choose the correct answer. The questions will be short and simple, using the level 1 grammar and vocabulary, so it would not be hard to choose the correct answer if you understand the main idea of each question. Questions #1-#2 ask you to listen to the question with no interrogatives and choose the answer of 'yes/no', and questions #3-#4 ask you to listen to the question including interrogatives and choose the best response with explanation. Questions #1-#2 are alloted 4 points and questions #3-#4 are alloted 4 points. However, the difficulty level of each question is not much different, so you don't need to care about the difference in points.

1~2 '네/아니요' 대답 고르기(의문사가 없는 질문)

의문사가 없는 질문을 듣고, '네' 또는 '아니요'로 시작하는 대답 중에서 올바른 것을 고르는 문제입니다. 선택지의 ①, ②번은 **보통 '네'로 시작하는 긍정적인 대답이 제시**되고, ③, ④번은 **'아니요'로 시작하는 부정적인 대답이 제시**됩니다.

주로 'N예요/이에요?, N이/가 있어요?' 등의 명사와 결합하는 질문과 초급 초반 수준의 간단한 형용사나 동사를 사용한 질문이 나오고, 시제는 현재입니다. 명사와 결합한 질문에서는 대답이 '네'일 경우, 'N예요/이에요, N이/가 있어요' 등과 같이 질문과 같은 문장이 이어서 나오는 경우가 많고, 대답이 '아니요'일 경우, 'N이/가 아니에요, N이/가 없어요' 등의 문장이 나옵니다.

1~2 Choosing the answer 'Yes/No' (for questions without interrogatives)

You will be asked to listen to the question without interrogatives and to choose the correct answer which starts with either '네' or '아니요'. Answer ① and ② are usually positive answers which begin with '네'; answer ③ and ④ are usually negative answers which begin with '아니요'.

The questions include nouns such as 'N예요/이에요?, N이/가 있어요?' or use simple adjectives or verbs of beginner's level; all of them are the present tense. As for the questions which include nouns, the answer choice of 'yes' is usually followed by the same sentence as the question; and the answer choice of 'no' is followed by sentences such as 'N예요/이에요?, N이/가 있어요?'

형용사나 동사를 사용한 질문에서는 대답이 **'네'일 경우, 질문에서 사용한 형용사나 동사와 같거나 비슷한 어휘**가 나오고, 대답이 **'아니요'**일 경우에는 질문의 어휘와 반대되는 어휘가 나오거나 부정적인 문장(-지 않다, 안 A/V)이 나옵니다.

As for the answer choices for questions which include adjectives or verbs, the answer choice of 'yes' uses the vocabulary same as or similar to the adjective or verb used in the question; and the answer choice of 'no' uses the vocabulary contrary to the vocabulary used in the question or a negative sentence(-지 않다, 안 A/V).

	긍정적인 대답 Positive Answer	부정적인 대답 Negative Answer
명사 결합 문장 Sentences including nouns	네, N예요/이에요 네, N이/가 있어요	아니요, N이/가 아니에요 아니요, N이/가 없어요
형용사/동사 결합 문장 Sentences including adjectives/verbs	네, A/V-아/어요	아니요 A/V(반대어)-아/어요 아니요, A/V(반대어)-지 않아요

3~4 설명하는 대답 고르기(의문사가 있는 질문)

의문사가 있는 질문을 듣고, 의문사에 대한 구체적인 정보를 설명하는 대답을 고르는 문제입니다. 현재 시제뿐만 아니라 과거(-았/었-), 현재 진행(-고 있다), 미래(-(으)ㄹ 거예요) 시제도 나옵니다. '무엇(뭐), 누구, 어디, 언제' 등의 의문사가 있는 질문과 '몇 (단위 명사), 무슨, 얼마나, 어때요' 등을 사용한 확장된 질문이 출제됩니다.

3~4 Choosing the explanatory answer (for questions with interrogatives)

You will be asked to listen to the question without interrogatives and choose the correct answer which gives detailed information to the interrogative. It may be present tense, past tense (-았/었-), present progressive tense (-고 있다), and future tense (-(으)ㄹ 거예요). There will be questions with interrogatives such as '무엇(뭐), 누구, 어디, 언제' and extended questions including '몇 (단위 명사 =classified noun), 무슨, 얼마나, 어때요'.

1-4 ▶ 듣기 영역 MP3 파일

🔍 문제분석 Analysis of Questions

※ [1~4] 다음을 듣고 <보기>와 같이 물음에 맞는 대답을 고르십시오.

 track 01

1 4점 의문사 ✕

> 여자: 공책이에요?
> 남자: _____

① 네, 공책이에요.　　② 네, 공책이 없어요.
③ 아니요, 공책이 싸요.　　④ 아니요, 공책이 커요.

2 4점 의문사 ✕

> 남자: 사과가 싸요?
> 여자: _____

① 네, 사과가 작아요.　　② 네, 사과가 있어요.
③ 아니요, 사과가 비싸요.　　④ 아니요, 사과가 아니에요.

<TOPIK 36회 듣기 [1]>
• 공책　notebook
• 없다　no (noun)/do not have

1
공책인지 묻고 있습니다. '네'일 경우에는 '공책이에요'로 대답하고, '아니요'일 경우에는 '공책이 아니에요'로 대답합니다. 따라서 정답은 ①입니다.
The woman is asking if it is a notebook. If so, it could be answered as '공책이에요'. and if not, it could be answered as '공책이 아니에요'. Therefore, the correct answer is ①.

<TOPIK 37회 듣기 [2]>
• 사과　apple
• 있다　have/has

2
사과가 싼지 묻고 있습니다. '네'일 경우에는 질문과 똑같이 '사과가 싸요'로 대답하면 됩니다. 그리고 '아니요'일 경우에는 '사과가 안 싸요, 사과가 비싸요'로 대답합니다. 따라서 정답은 ③입니다.
The man is asking if the apple is cheap. If so, it could be answered as '사과가 싸요 (The apple is cheap)', the same as the question. However, if not, it could be answered as '사과가 안 싸요 (The apple is not cheap), 사과가 비싸요 (The apple is expensive)'. Therefore, the correct answer is ③.

3 `3점` 의문사 O

남자: 뭐 살 거예요?   의문사
여자: _____

① 두 개 살 거예요. 몇 개   ② 지갑을 살 거예요. 무엇
③ 주말에 살 거예요. 언제   ④ 시장에서 살 거예요. 어디

4 `3점` 의문사 O

남자: 무슨 운동을 배우고 있어요?
여자: _____

① 아침에 배워요. 언제   ② 수영을 배워요. 무슨 운동
③ 친구한테 배워요. 누구   ④ 운동장에서 배워요. 어디

⟨TOPIK 36회 듣기 [3]⟩
• 뭐(무엇) what
• 두(둘) two
• 개 piece/unit (a term used to count individual items)
• 지갑 wallet

3

무엇(뭐)을 살 것인지 묻고 있습니다. '무엇(뭐)'을 묻는 질문이므로 대답에 '지갑'과 같은 물건이 나와야 합니다. 따라서 정답은 ② 입니다.

The man is asking what the woman would buy. It is a question asking '무엇(뭐)', so its answer should be an item such as '지갑(wallet)'. Therefore, the correct answer is ②.

⟨TOPIK 37회 듣기 [4]⟩
• 수영 swimming
• 운동장 schoolyard/track field

4

무슨 운동을 배우고 있는지 묻고 있습니다. '무슨' 운동에 대한 질문이므로, 대답에 '수영'과 같은 운동의 종류가 나와야 합니다. 따라서 정답은 ②입니다.

The man is asking what kind of exercise the woman is learning. It is a question asking '무슨(what kind of)' exercise, so the answer should be a kind of exercise such as '수영(swimming)'. Therefore, the correct answer is ②.

※[1~4] 다음을 듣고 <보기>와 같이 물음에 맞는 대답을 고르십시오.

 track 02

1 `4점`

> 여자: 볼펜이 있어요?
> 남자: _____

① 네, 볼펜이에요.

② 네, 볼펜이 아니에요.

③ 아니요, 볼펜이 없어요.

④ 아니요, 볼펜이 많아요.

2 `4점`

> 남자: 친구가 많아요?
> 여자: _____

① 네, 친구예요.

② 네, 친구를 만나요.

③ 아니요, 친구가 적어요.

④ 아니요, 친구를 좋아해요.

3 `3점`

> 남자: 어제 어디에 있었어요?
> 여자: _____

① 책상이 있었어요.

② 공원에 있었어요.

③ 주말에 있었어요.

④ 동생하고 있었어요.

• 볼펜 ballpoint pen

1

볼펜이 있는지 묻고 있습니다. '네'일 경우에는 '볼펜이 있어요, 볼펜이 많아요'로 대답하면 됩니다. '아니요'일 경우에는 '볼펜이 없어요'로 대답할 수 있습니다. 따라서 정답은 ③입니다.
The woman is asking if the man has a ballpoint pen. If he does, it could be answered as '볼펜이 있어요, 볼펜이 많아요'. However, if not, it could be answered as '볼펜이 없어요'. Therefore, the correct answer is ③.

• 적다 few

2

친구가 많은지 묻고 있습니다. '네'일 경우에는 '친구가 많아요'로 대답할 수 있습니다. '아니요'일 경우에는 '친구가 적어요, 친구가 없어요' 등으로 대답할 수 있습니다. '많아요'와 '만나요'의 발음을 주의해서 들어야 합니다. 따라서 정답은 ③입니다.
The man is asking if the woman has many friends. If she does, it could be answered as '친구가 많아요'. If not, it could be answered as '친구가 적어요, 친구가 없어요'. Carefully listen to the pronunciation difference between '많아요' and '만나요'. Therefore, the correct answer is ③.

• 동생 younger brother/sister

3

어디에 있었는지 묻고 있습니다. '어디'를 묻는 질문이므로 대답에 '공원'과 같은 장소를 골라야 합니다. 따라서 정답은 ②입니다.
The man is asking where the woman was yesterday. It is a question asking '어디', so choose a place such as '공원 (park)'. Therefore, the correct answer is ②.

4 `3점`

> 남자: 이 학교에서 (얼마나) 공부했어요?
>
> 여자: _____

① 6개월 공부했어요.　　② 오전에 공부했어요.

③ 친구하고 공부했어요.　　④ 도서관에서 공부했어요.

- 개월 months (a term used to count months)
- 도서관 library

4

얼마나 공부했는지 묻고 있습니다. '얼마나'는 공부한 기간을 묻는 것이므로 '6개월'과 같은 기간을 고르면 됩니다. 따라서 정답은 ①입니다.

The man is asking how long the woman has studied. The term '얼마나' is to ask the time length of studying, so you should choose the time of period such as '6개월 (six months)'. Therefore, the correct answer is ①.

1-4

※ [1~4] 다음을 듣고 〈보기〉와 같이 물음에 맞는 대답을 고르십시오. 🔘 track 03

1 `4점`

① 네, 가방이 있어요.　　　　　　　② 네, 가방이 없어요.

③ 아니요, 가방이 예뻐요.　　　　　④ 아니요, 가방이 아니에요.

2 `4점`

① 네, 커피가 많아요.　　　　　　　② 네, 커피를 마셔요.

③ 아니요, 커피가 맛있어요.　　　　④ 아니요, 커피가 맛없어요.

3 `3점`

① 주말에 여행할 거예요.　　　　　② 부산을 여행할 거예요.

③ 일주일 여행할 거예요.　　　　　④ 두 사람이 여행할 거예요.

4 `3점`

① 식당에 가요.　　　　　　　　　② 아주 맛있어요.

③ 친구가 먹었어요.　　　　　　　④ 음식이 있어요.

이거(이것) this | **커피** coffee | **몇** how many/much | **명** people/persons (a term used to count people) | **부산** Busan | **어떻다** how (what do/would you say to something/doing something) | **음식** food

5-6

다음	next	adjective	이번 주말은 바쁘니까 다음 주말에 만나요. I am busy on this weekend, so let's meet on next weekend.
연락	contact	noun/verb	부모님께 전화로 연락을 해요. I contact my parents by telephone.
요즘	nowadays	adverb/noun	요즘 저는 한국어를 배워요. I learn Korean language nowadays.
전화	telephone/ phone call	noun	친구에게 전화를 해요. I make a phone call to my friend.
집	home	noun	내일은 집에서 쉴 거예요. I will take a rest at home tomorrow.
처음	first	adverb	우리는 한국에서 처음 만났어요. We met first in Korea.
너무	so/very	adverb	밥을 많이 먹어서 배가 너무 불러요. I ate a lot, so I'm so full.
다시	again	adverb	제주도는 정말 아름다워요. 내년에 다시 가고 싶어요. Jeju Island is so beautiful. I like to visit there again next year.
또	again	adverb	어제 입은 옷을 오늘 또 입어요. I wear the clothes I wore yesterday for today again.
도와주다	help	verb	친구가 이사를 해서 제가 친구를 도와줬어요. My friend moved, so I helped him(her).
들어오다	come into	verb	동생이 제 방에 들어와요. My younger brother/sister is coming into my room.
받다	receive	verb	친구의 전화를 제가 받았어요. I received a phone call from my friend.
부탁하다	ask/request	verb	친구에게 도움을 부탁해요. Ask your friend for help.

알다	know	verb	저는 민수 씨를 알아요. I know Mr. Minsu.
오다	come	verb	친구가 우리 집에 와요. My friend is coming to my home.
축하하다	congratulate	verb	결혼을 축하해요. I congratulate you on your marriage. (Congratulations on your marriage.)
고맙다	thank	verb	도와줘서 고마워요. Thank you for helping.
괜찮다	fine	adjective	가: 늦게 와서 미안해요. / 나: 괜찮아요. A: I am sorry for being late. / B: That's fine.
미안하다	sorry	adjective	전화를 못 받아서 미안해요. I am sorry for not getting the phone call.
바쁘다	busy	adjective	할 일이 많아서 바빠요. I am busy with so much work.
반갑다	glad	adjective	만나서 반가워요. I am glad to meet you.
죄송하다	sorry (more formal than 미안하다)	adjective	약속 시간에 늦어서 죄송해요. I am sorry for being late for the appointment.
감사하다	thank (more formal than 고맙다)	verb	도와주셔서 감사해요. Thank you for helping.

V-(으)세요	듣는 사람에게 부드럽게 명령할 때 사용합니다. 어떤 행동을 금지할 때는 '-지 마세요'를 사용합니다. '있다, 자다, 먹다/마시다'의 경우는 '계시다, 주무시다, 드시다'를 사용합니다. This is used to command the listener softly. '-지 마세요' is used to forbid some action. As for '있다, 자다, 먹다/마시다', their honorific forms '계시다, 주무시다, 드시다' should be used instead for courtesy. 예 의자에 앉으세요. Sit in the chair. 여기에 앉지 마세요. Do not sit here. 안녕히 계세요. Take care.(=Goodbye)
V-(으)십시오	듣는 사람에게 공식적으로 명령할 때 사용합니다. 어떤 행동을 금지할 때는 '-지 마십시오'를 사용합니다. This is used to make a formal command to the listener. '-지 마십시오' is used to forbid some action. 예 의자에 앉으십시오. Take a seat in the chair. 담배를 피우지 마십시오. Don't smoke.
-겠-	1. 말하는 사람의 미래의 행동에 대한 강한 의지를 나타냅니다. 의지를 나타낼 때 주어는 '나(저), 우리'가 나와야 합니다. This expresses the speaker's strong will to do something in the future. In such cases, '나(저) and 우리' should be used as the subject of sentence. 예 다음부터 학교에 일찍 오겠습니다. I will come to school earlier from next time. 2. 자신이 보거나 들은 내용으로 추측할 때 사용됩니다. This is used to guess something on the basis of what the speaker saw or heard. 예 내일은 비가 오겠습니다. It will rain tomorrow. 가: 어제 잠을 잘 못 잤어요. I couldn't sleep well last night. 나: 정말 피곤하겠어요. You must be tired.
A/V-아/어서	'-아/어서' 앞의 내용이 뒤의 내용의 이유가 될 때 사용합니다. 명사일 때는 'N(이)라서'를 사용합니다. When '-아/어서' is used in the middle of sentence, the content which precedes '-아/어서' becomes the reason of the content which follows behind. When a noun comes in front of sentence, 'N(이)라서' is used instead. 예 머리가 아파서 병원에 갑니다. I have a headache, so I am going to hospital. 오늘은 친구 생일이라서 생일파티를 합니다. Today is my friend's birthday, so there will be a birthday party.

5-6

5~6 이어질 수 있는 대화 고르기

자주 사용되는 인사나 상대방의 이야기를 듣고 이어지는 말을 고르는 문제입니다. '만남과 헤어짐, 감사와 사과' 등의 기본 인사뿐만 아니라 '전화, 방문' 등과 같은 일상생활에서 사용하는 관용적 표현이나 '안부 인사, 부탁, 축하' 등의 상황에서 사용되는 전형적인 대화상을 고르는 문제가 자주 출제됩니다. 5번 문제는 배점이 4점이고, 6번 문제는 배점이 3점입니다. 하지만 문제별 난이도는 크게 다르지 않으므로 배점 차이는 신경 쓰지 않아도 됩니다.

아래와 같이 일상생활에서 자주 사용하는 인사말이나 표현 등을 잘 알아 두면 좋습니다.

5~6 Choosing the dialogue which would likely follow

You will be asked to listen to a commonly used greeting expressions or the other's talk and to choose the dialogue which would most likely follow. You will be usually given questions to choose not only simple greetings for 'saying hello and goodbye, thank you and sorry', etc., but also idiomatic expressions used in daily life such as 'making a phone call or visiting someone', etc., and typical dialogues used in the situations such as 'giving regards to someone, requesting someone or congratulating someone', etc. Question #5 is alloted 4 points, and Question #6 is alloted 3 points. However, the difficulty level of each question is not much different, so you don't need to care about the difference in points.

It is recommended to fully understand the following greetings and expressions frequently used in daily life.

상황/기능 Situation/Function	가능한 표현 Possible Expressions
만남 greeting	안녕하세요, 처음 뵙겠습니다, 잘 부탁드립니다, 오랜만이에요/오랜만입니다, 만나서 반가워요/반갑습니다
안부 give regards	잘 지냈어요?/지냈습니까?, 잘 지냈어요/지냈습니다
헤어짐 say goodbye	다음에 또 오세요/오십시오, 안녕히 계세요/계십시오, 잘 가요/안녕히 가세요, 주말 잘 보내세요, 다음 주에 뵙겠습니다
감사 thank	고마워요, 감사합니다, 〈대답〉 별말씀을요, 아니에요
사과 apologize	미안해요/미안합니다, 죄송해요/죄송합니다, 〈대답〉 괜찮아요, 별말씀을요, 아니에요
축하 congratulate (결혼, 생일 등) (on marriage, birthday, etc.)	축하해요/축하합니다, 고마워요/고맙습니다
도움/부탁 ask help/request	도와 드리겠습니다, 부탁이 있는데요, 말씀하세요
방문 visit	실례합니다, 들어오세요
식당 restaurant	어서 오세요/오십시오, 메뉴 좀 보여 주세요, 여기 있습니다
식사 eat a meal	맛있게 드세요, 잘 먹겠습니다, 맛있게 먹었습니다
전화 phone call	여보세요, 잠깐만 기다리세요, 전화 바꿨습니다, 말씀 좀 전해 주세요, 〈대답〉 네, 그런데요
여행/휴가 trip/vacation	잘 다녀오세요

5-6

🔍 문제분석 Analysis of Questions

※ [5~6] 다음을 듣고 <보기>와 같이 이어지는 말을 고르십시오.

5 **4점** 만남   🎧 track 04

> 여자: 처음 뵙겠습니다.
> 남자: _____

① 미안합니다. ② 감사합니다.
③ 안녕히 가십시오. ④ 만나서 반갑습니다.

<TOPIK 36회 듣기 [5]>
• 뵈다/뵙다 see(honorific form of '보다')
• 안녕히 be fine (used idiomatically to say "hello" and "goodbye")

5
두 사람이 처음 만난 상황입니다. 이러한 상황에서는 '처음 뵙겠습니다, 만나서 반갑습니다' 등의 인사말을 사용합니다. 따라서 정답은 ④입니다.
This is the situation that two people are meeting for the first time. In such a situation, greeting expressions such as '처음 뵙겠습니다, 만나서 반갑습니다', etc. are used. Therefore, the correct answer is ④.

6 **3점** 전화

> 남자: 여보세요, 거기 김수미 씨 집이지요?
> 여자: _____

① 네, 그런데요. ② 네, 알겠습니다.
③ 네, 여기 있어요. ④ 네, 들어오세요.

<TOPIK 37회 듣기 [6]>
• 여보세요 Hello

6
두 사람이 전화 통화를 하고 있습니다. 남자가 전화를 걸어 김수미 씨의 집이 맞는지 확인하고 있습니다. 확인에 대한 대답으로는 '네, 그런데요', '네, 맞습니다' 등이 있습니다. 따라서 정답은 ①입니다.
Two people are talking on the phone. The man is making a phone call and ask if it's Ms. Sumi Kim's house. The answers to confirm it are '네, 그런데요', '네, 맞습니다', etc. Therefore, the correct answer is ①.

※[5~6] 다음을 듣고 <보기>와 같이 이어지는 말을 고르십시오.

5 4점

 track 05

> 여자: 다음에 또 뵙겠습니다.
> 남자: _____

① 괜찮습니다.　　　　② 반갑습니다.
③ 어서 오십시오.　　　④ 안녕히 가십시오.

6 3점

> 남자: 미안해요. 요즘 너무 바빠서 연락을 못 했어요.
> 여자: _____

① 죄송해요.　　　　② 고마워요.
③ 괜찮아요.　　　　④ 축하해요.

• 어서 promptly, quickly

5

두 사람이 헤어지는 상황입니다. 이러한 상황에서는 '안녕히 계세요/계십시오, 안녕히 가세요/가십시오' 등의 인사말을 사용할 수 있습니다. 따라서 정답은 ④입니다.
This is the situation that two people are saying goodbye. In such a situation, expressions such as '안녕히 계세요/계십시오', '안녕히 가세요/가십시오', etc. are used. Therefore, the correct answer is ④.

6

남자가 요즘 연락을 하지 못해서 사과를 하는 내용입니다. 사과를 듣고 응답을 할 때는 주로 괜찮아요, 별말씀을요 등을 사용합니다. 따라서 정답은 ③입니다.
This is the situation that the man is saying sorry for not having got in touch recently. To answer to the saying sorry, '괜찮아요' and '별 말씀을요' are often used. Therefore, the correct answer is ③.

5-6

연습문제 Exercise Questions

※[5~6] 다음을 듣고 〈보기〉와 같이 이어지는 말을 고르십시오. 🔘 track 06

5 4점

① 부탁해요.　　　　　　　　② 아니에요.

③ 미안해요.　　　　　　　　④ 축하해요.

6 3점

① 네, 잠깐만요.　　　　　　② 네, 반가워요.

③ 네, 어서 오세요.　　　　　④ 네, 다시 걸겠습니다.

걸다 make a phone call | 잠깐만 just a moment

7-10

우리	we/us/our	pronoun	우리 네 명은 한국대학교 학생이에요. Four of us are students of Hankuk University.
낮	afternoon	noun	저는 낮에 한국어를 배우고 저녁에 아르바이트를 해요. I learn a foreign language in the afternoon and do a part-time job in the evening.
비행기	airplane	noun	비행기를 타고 여행을 가요. I take an airplane to go on a travel.
시간	time	noun	시간을 몰라서 시계를 봐요. I wonder what time it is, so I am watching the clock.
얼마	how much	noun	사과 하나에 얼마예요? How much is this apple?
음식	food	noun	저는 한국 음식을 좋아해요. I like Korean food.
의사	doctor	noun	의사는 병원에서 일해요. A doctor works at a hospital.
책	book	noun	도서관에서 책을 읽어요. I read books in the library.
편지	letter	noun	부모님께 편지를 써요. I write a letter to my parents.
표	ticket	noun	기차 표 한 장 주세요. Please give me one train ticket.
다른	other	adjective	저는 사과만 좋아해요. 다른 과일은 좋아하지 않아요. I like apples only. I do not like other fruit.
꼭	surely	adverb	내일 시험이 아침 9시니까 꼭 9시 전에 와야 해요. Tomorrow's test will start at 9 a.m., so you should surely come before then.
많이	a lot	adverb	밥을 많이 먹어서 배가 불러요. I ate a lot, so I am full.

빨리	quickly	adverb	바빠서 밥을 빨리 먹었어요. I ate quickly because I was busy.
아직	still	adverb	밤 10시인데 아직 회사에서 일해요. It's 10 p.m., but I am still working at the company.
가져오다	bring	verb	저는 수업 시간에 사전을 가져와요. I bring a dictionary to my class.
나가다	leave	verb	아버지는 매일 아침 7시에 집에서 나가요. My father leaves home at 7 every morning.
나오다	come out	verb	오늘 아침 9시 집에서 나왔어요. I came out from home at 9 a.m. today.
도착하다	arrive	verb	이 버스를 타면 30분 후에 도착해요. If you take this bus, you will arrive after 30 minutes.
드리다	give	verb	오늘은 어머니 생신이라서 어머니께 선물을 드릴 거예요. Today is my mother's birthday, so I am going to give her a gift.
바꾸다	exchange	verb	옷이 작아서 큰 옷으로 바꿨어요. The clothes were small, so I exchanged it into a bigger one.
보내다	send	verb	고향에 계신 부모님께 편지를 보냈어요. I sent a letter to my parents in my hometown.
시작하다	start/begin	verb	한국어 수업은 9시에 시작해요. Korean language class starts at 9 a.m.
찾다	find	verb	잃어버린 지갑을 찾았어요. I found my lost wallet.
타다	ride/take	verb	지하철을 타고 학교에 가요. I take the subway to go to school.
맵다	spicy/hot	adjective	한국의 김치는 맛있지만 매워요. Kimchi of Korea is delicious but spicy.
무섭다	afraid	adjective	밤에 혼자 집에 있으면 무서워요. I am afraid when I am at home alone.

아프다	sick	adjective	배가 아파서 병원에 가요. My stomach is sick, so I am going to hospital.
재미있다	fun/interesting	adjective	생일 파티가 정말 재미있었어요. The birthday party was so fun.
좋다	good	adjective	운동이 건강에 좋아요. Exercising is good for your health.
짧다	short	adjective	저는 짧은 치마를 좋아해요. I like short skirts.
언제	when	adverb	민수 씨, 언제 학교에 가요? Minsu, when do you go to school?
내일	tomorrow	noun	오늘은 금요일이고 내일은 토요일이에요. Today is Friday and tomorrow is Saturday.
먼저	first	adverb	밥을 먹기 전에 먼저 손을 씻어요. Before you eat your meal, wash your hands first.
지금	now	adverb	지금 저는 한국어를 공부하고 있어요. Now, I am studying Korean language.

A-(으)ㄴ	'A-(으)ㄴ + N(명사)'의 형태로 뒤에 오는 명사를 꾸며 줄 때 사용합니다. '있다, 없다'는 '-는'을 사용합니다. This is used to modify the noun which follows in the form of 'A-(으)ㄴ+N(noun)'. For '있다', '없다', '다' is eliminated and '-는' is added. 예 예쁜 옷을 샀습니다. I bought a pretty outfit. 맛있는 음식을 먹었습니다. I ate delicious food.
V-(으)ㅂ시다	듣는 사람에게 어떤 행동을 같이 하자고 할 때 사용합니다. This is used to make a suggestion to the listener in order to do a certain act together. 예 오늘 시간 있으면 우리 같이 운동합시다. If you have time, let's work out together.
V-(으)ㄹ까요?	1. 듣는 사람에게 어떤 행동을 같이 하자고 질문할 때 사용합니다. This is used to ask a question to the listener to do a certain act together. 예 가: 같이 식당에 갈까요? Shall we go to restaurant? 나: 네, 좋아요. 같이 갑시다. Okay, good. Let's go together. 2. 말하는 사람의 제안에 대한 듣는 사람의 생각을 물을 때 사용합니다. This is used to ask the listener's idea about the speaker's suggestion. 예 창문을 닫을까요? Shall I close the window? (= What do you think of closing the window?)
A/V-(으)니까	'-(으)니까' 앞의 내용이 뒤의 내용의 이유가 될 때 사용합니다. 명사일 때는 'N(이)니까'를 사용합니다. 뒤의 내용은 주로 명령 '-(으)십시오, -(으)세요', 청유 '-(으)ㅂ시다, -(으)ㄹ까요?' 등을 사용합니다. '-(으)니까' is used in the middle of sentence when the preceding content is the reason of the following content. When a single nouns comes in front of it, 'N(이)니까' is used instead. These kinds of sentence usually end with either a imperative suffix such as '-(으)십시오' or '-(으)세요', or a soliciting suffix such as '-(으)ㅂ시다, -(으)ㄹ까요?', etc. 예 비가 오니까 우산을 가져가세요. It is raining, so take your umbrella. 내일은 주말이니까 같이 놀러 갑시다. Tomorrow is a weekend, so let's go out and play together.

7-10

7~10 대화에 어울리는 장소 고르기

대화를 듣고 대화에 어울리는 장소를 고르는 문제입니다. **대화 장소는 '극장, 시장, 식당, 병원' 등으로 일상생활 속에서 쉽게 접할 수 있는 장소**입니다. 각 장소에서 자주 쓰이는 어휘와 표현을 알고 있어야 쉽게 문제를 풀 수 있습니다. 문법보다는 그 장소와 관련된 특정 어휘나 표현만 이해해도 답을 찾을 수 있습니다. 7~9번 문제는 3점 배점인데, 10번 문제만 4점 배점입니다. 10번 문제가 문법이 조금 더 어려워지고, 문장의 길이도 약간 더 길어지지만 문제를 푸는 데에 큰 영향을 주지는 않습니다. 앞 문제들과 같이 주요 어휘와 표현만 잘 파악한다면 문제를 풀 수 있습니다.

아래 표는 출제 가능성이 높은 **장소별 어휘 및 표현**이므로 꼭 외워 두시기 바랍니다.

7~10 Choosing a suitable place for dialogue

You will be asked to listen to a dialogue and choose the most suitable place to the dialogue. The places in the dialogue are those easily accessed in daily life, such as 'cinema, market, restaurant, hospital', etc. To solve the questions more easily, you need to understand the vocabulary and expressions usually used at each place. You can find the correct answer if you only understand specific vocabulary and expressions related to each place, rather than grammar. Question #7-#9 are alloted 3 points and only question #10 is alloted 4 points. In question #10, its grammar is a little harder and the length of sentence increases a little, but it would not have a big effect on solving the questions. Like the preceding questions, you can solve the question well if you understand the key vocabulary and expressions.

Make sure to memorize all of the following table which lists the vocabulary and expressions for each place, which will likely appear in the test.

주제 Topic	장소 Place	어휘 및 표현 Vocabulary and Expressions
일상생활 Daily Life	집	방, 크다, 깨끗하다
	회사/사무실	회의, 일하다, 바쁘다
	서점	책, 몇 권, 사다
	식당	밥, 김치(음식 이름), 먹다, 더 주세요
	사진관	사진, 찍다
	커피숍	손님, 몇 잔, 마시다
	미용실	짧은 머리, 짧게 자르다
	옷 가게	바지, 치마, 원피스, 티셔츠
	극장/영화관	영화, 표
	병원/약국	약, 목, 배, 다리, 머리, 감기, 아프다, 열이 나다
여행 Travel	공항	비행기 표, 도착하다
	호텔	손님, 열쇠, 아침 식사, 몇 호, 며칠 동안
	여행사	표, 예약, 비행기
관공서 Public office	은행	돈, 통장, 찾다, 바꾸다
	도서관	책, 몇 권, 빌리다
	미술관	그림, 그리다, 유명하다
	박물관	옛날 물건/그림
	우체국	편지, 보내다, 도착하다

놀이/휴식 Recreation/Rest	공원	산책하다, 자전거를 타다
	운동장	축구를 하다, 배드민턴을 치다(운동 이름 + 동사)
	놀이공원	놀이기구, 타다, 재미있다
학교생활 School Life	문구점	볼펜, 지우개, 공책
	교실/학교	선생님, 질문, 수업

7-10

기출문제 Questions of Previous Tests

※ [7~10] 여기는 어디입니까? <보기>와 같이 알맞은 것을 고르십시오.

 track 07

7 3점

> 남자: 빨리 오세요. 영화가 곧 시작해요.
> 여자: 네, 지금 가요.

① 극장　　② 서점　　③ 약국　　④ 시장

<TOPIK 41회 듣기 [7]>
- 곧　soon
- 극장　theater/cinema
- 서점　bookstore
- 약국　pharmacy
- 시장　market

7

영화 시간에 늦지 않게 서둘러 영화를 보러 가는 상황입니다. '영화'라는 단어를 통해 장소가 '극장(영화관)'이라는 것을 유추할 수 있습니다. 따라서 정답은 ①입니다.
This is the situation that they are in a hurry to go see a movie not to be late. Through the word '영화', it can be assumed that the place is a 'theater(cinema)'. Therefore, the correct answer is ①.

8 3점

> 남자: (의사의 말투로) 어디가 안 좋으세요?
> 여자: 어제부터 머리가 아프고 열도 많이 나요.

① 식당　　② 회사　　③ 은행　　④ 병원

<TOPIK 37회 듣기 [9]>
- 어제　yesterday
- 머리　head
- 열이 나다　have fever
- 식당　restaurant
- 회사　office
- 은행　bank
- 병원　hospital

8

환자(여자)가 병의 증상을 의사(남자)에게 설명하고 있습니다. '머리가 아프다, 열이 나다'라는 단어를 통해 장소가 '병원'이라는 것을 유추할 수 있습니다. 따라서 정답은 ④입니다.
The patient(woman) is explaining her symptoms of illness to the doctor(man). Through the phrases '머리가 아프다, 열이 나다', it can be assumed that the place is a 'hospital'. Therefore, the correct answer is ④.

9 3점

남자: 어떻게 해 드릴까요?
여자: 짧은 머리로 해 주세요.

① 세탁소　　② 우체국　　③ 미용실　　④ 편의점

〈TOPIK 41회 듣기 [9]〉
• 어떻게 how
• 머리 hair(means either 'head' or 'hair')
• 세탁소 laundry(provides laundry service)
• 우체국 post office
• 미용실 hair salon
• 편의점 convenience store

9
손님(여자)이 머리를 자르러 미용실에 왔습니다. '짧은 머리'라는 단어를 통해 장소가 '미용실'이라는 것을 유추할 수 있습니다. 따라서 정답은 ③입니다.
The guest(woman) has came to the hair salon to have her hair cut. Through the phrase '짧은 머리', it can be assumed that this place is a 'hair salon'. Therefore, the correct answer is ③.

10 4점

남자: 2시간 전에 도착했는데 제 가방이 아직 안 나와요.
여자: 그래요? 비행기 표 좀 보여 주세요.

① 가게　　② 공항　　③ 우체국　　④ 여행사

〈TOPIK 37회 듣기 [10]〉
• 전 before
• 가방 bag/baggage
• 아직 still
• 보이다(사동) show(as a causative verb)
• 가게 shop/store
• 공항 airport
• 우체국 post office
• 여행사 travel agency

10
남자가 공항에서 자기의 가방이 나오지 않아서 여직원에게 문의하고 있습니다. '도착하다, 비행기 표, 가방이 안 나오다'라는 단어를 통해 장소가 '공항'이라는 것을 유추할 수 있습니다. 따라서 정답은 ②입니다.
The man is making an inquiry to a female staff because he has failed to claim his baggage at the airport. Through the phrases '도착하다', '비행기 표', '가방이 안 나오다', it can be assumed that this place is an 'airport'. Therefore, the correct answer is ②.

※ [7~10] 여기는 어디입니까? <보기>와 같이 알맞은 것을 고르십시오.

7 3점   track 08

> 여자: 이 모자 다른 색 있어요?
> 남자: 네, 이건 어떠세요?

① 식당   ② 가게   ③ 서점   ④ 미용실

8 3점

> 여자: 내일 몇 시까지 방에서 나가야 해요?
> 남자: 낮 12시까지입니다. 나가실 때는 열쇠를 꼭 가져오세요.

① 호텔   ② 병원   ③ 공항   ④ 빵집

- 모자 hat/cap
- 색 color
- 가게 shop/store
- 서점 bookstore

7

손님(여자)이 가게에서 다른 색의 모자가 있는지 직원(남자)에게 묻고 있습니다. '다른 색 모자, N(이/가) 있어요?'라는 표현을 통해 장소가 '가게'라는 것을 유추할 수 있습니다. 따라서 정답은 ②입니다.
The guest(woman) is asking a shopkeeper(man) in the shop if there are any other hats in different colors. Through the expressions '다른 색 모자' and 'N(이/가) 있어요?', it can be assumed that this place is a 'shop'. Therefore, the correct answer is ②.

- 방 room
- 까지 until
- 열쇠 key
- 호텔 hotel
- 빵집 bakery

8

손님(여자)이 호텔에서 퇴실하는 시간을 직원(남자)에게 묻고 있습니다. '방에서 나가다, 열쇠'라는 표현을 통해 장소가 '호텔'이라는 것을 유추할 수 있습니다. 따라서 정답은 ①입니다.
The guest(woman) is asking a staff member(man) about the checkout time of the hotel. Through the expressions '방에서 나가다' and '열쇠', it can be assumed that this place is a 'hotel'. Therefore, the correct answer is ①.

9 `3점`

> 남자: 편지가 언제까지 도착할까요?
> 여자: 지금 보내시면 금요일에는 도착할 거예요.

① 여행사   ② 우체국   ③ 기차역   ④ 박물관

10 `4점`

> 여자: 우리 김치찌개를 먹을까요?
> 남자: 저는 매운 음식을 못 먹으니까 다른 걸 먹읍시다.

① 식당   ② 시장   ③ 편의점   ④ 커피숍

- 금요일 Friday
- 여행사 travel agency
- 우체국 post office
- 기차역 train station
- 박물관 museum

9
손님(남자)이 직원(여자)에게 편지가 언제 도착할지 묻고 있습니다. '편지, 도착하다'라는 표현을 통해 장소가 '우체국'이라는 것을 유추할 수 있습니다. 따라서 정답은 ② 입니다.
The guest(man) is asking a staff member(woman) when the letter will arrive at its destination. Through the expressions '편지' and '도착하다', it can be assumed that this place is a 'post office'. Therefore, the correct answer is ②.

- 김치찌개 Kimchi-jjigae (a stew made of Kimchi)
- 편의점 convenience store
- 커피숍 coffee shop

10
여자와 남자는 식당에서 음식을 주문하고 있습니다. '김치찌개, 매운 음식, 먹다'라는 표현을 통해 장소가 '식당'이라는 것을 유추할 수 있습니다. 따라서 정답은 ①입니다.
The woman and man are ordering foods at a restaurant. Through the expressions '김치찌개', '매운 음식' and '먹다', it can be assumed that this place is a 'restaurant'. Therefore, the correct answer is ①.

7-10

※[7~10] 여기는 어디입니까? <보기>와 같이 알맞은 것을 고르십시오. 🔘 track 09

7 `3점`
① 서점 ② 학교 ③ 도서관 ④ 백화점

8 `3점`
① 식당 ② 은행 ③ 여행사 ④ 옷가게

9 `3점`
① 도서관 ② 백화점 ③ 문구점 ④ 우체국

10 `4점`
① 박물관 ② 영화관 ③ 지하철역 ④ 놀이공원

맞다 correct | 서점 bookstore | 학교 school | 도서관 library | 백화점 department store | 돈 money | 한국 Korea | 좀 please (used to request something) | 얼마나 how much/many | 식당 restaurant | 은행 bank | 여행사 travel agency | 옷가게 clothing shop | 공책 notebook | 저쪽 that way | 문구점 stationery shop | 우체국 post office | 이거(이것) this | 박물관 museum | 영화관 movie theater/cinema | 지하철역 subway station

11-14

가족	family	noun	우리 가족은 아버지, 어머니, 저, 동생 4명이에요. There are four people in my family including my father, mother, me, and my younger brother/sister.
건강	health	noun	이 음식은 건강에 좋으니까 많이 드세요. This food is good for your health, so enjoy a lot.
계획	plan	noun	방학에 여행을 하고 싶어서 요즘 계획을 세우고 있어요. I want to travel during the vacation, so I am making a plan these days.
고향	hometown	noun	저는 방학 때 고향에 돌아가요. I am going back to my hometown during the vacation.
기분	feeling	noun	시험을 잘 못 봐서 기분이 안 좋아요. I didn't do well on my test, so my feeling is not good.
나이	age	noun	나는 아내보다 나이가 어려요. My age is less than my wife's.(=I am younger than my wife.)
날짜	date	noun	결혼식 날짜를 알려 주세요. Tell me the date of your marriage.
사진	photograph	noun	여행을 가서 사진을 찍었어요. I took photographs on my travel.
생일	birthday	noun	생일을 축하해요. Happy birthday!
선물	present	noun	친구에게 생일 선물을 주었어요. I gave a birthday present to my friend.
쇼핑	shopping	noun	백화점에서 쇼핑을 해요. I do shopping at a department store.
신발	shoes	noun	구두, 운동화, 등산화는 모두 신발이에요. Dress shoes, sneakers, and hiking boots are all shoes.
옷	clothes	noun	백화점에서 옷을 샀어요. I bought some clothes at the department store.

직업	job/occupation	noun	우리 형의 직업은 선생님이에요. My brother's job is a teacher.
휴일	holiday	noun	저는 휴일마다 공원에서 운동을 해요. I work out at the park on holidays.
둘(두)	two	noun (adjective)	하나(한), 둘(두), 셋(세), 넷(네), 다섯, 여섯, 일곱, 여덟, 아홉, 열 One, two, three, four, five, six, seven, eight, nine, ten
별로	not so	adverb	오늘은 별로 덥지 않아요. Today is not so hot.
정말	very/so	adverb	삼계탕이 정말 맛있어요. Samgyetang (chicken soup with ginseng) is very delicious.
하지만	however	adverb	저는 듣기를 잘 해요. 하지만 쓰기를 잘 못 해요. I am good at listening. However, I am not good at writing.
일하다	work	verb	저는 병원에서 일해요. I work at a hospital.
읽다	read	verb	저는 매일 신문을 읽어요. I read a newspaper every day.
지나다	pass	verb	봄이 지나고 여름이 왔어요. Spring has passed and summer has come.
태어나다	born	verb	저는 서울에서 태어났어요. I was born in Seoul.
같다	same	adjective	저와 제 친구는 20살이에요. 우리는 나이가 같아요. I and my friend are 20 years old. We are the same age.
재미없다	boring	adjective	이 영화는 재미없어요. This movie is boring.

☕ 오늘의 문법 Today's Grammar

보다	비교의 기준을 나타냅니다. This expresses the reference of comparison. 예 동생이 저보다 두 살 적습니다. My younger brother/sister is two years younger than me.
A-게	'어떻게, 얼마나'의 의미로 뒤에 나오는 동사를 꾸밀 때 사용합니다. This means 'how'. This form is used when 'A' modifies the verb which follows. 예 머리를 짧게 잘랐습니다. I had my hair short-cut.
-(으)시-	문장의 주어를 높일 때 사용합니다. This is an honorific form of postposition used for the subject of sentence. 예 아버지께서 회사에 가십니다. My father goes to company.

11-14

11~14 무엇에 대해 말하고 있는지 고르기

두 사람의 대화를 듣고 무엇에 대해 말하고 있는지 고르는 문제입니다. 대화에는 선택지의 어휘들이 등장하지 않습니다. 그러므로 대화에서 핵심 단어들을 찾고, 이를 통해 주제가 무엇인지 파악하여 선택지에서 골라야 합니다. 문장의 길이나 문법의 난이도는 문제를 푸는 데 영향을 주지는 않습니다. 따라서 대화 중에 등장하는 핵심 단어들을 주의 깊게 들어야 합니다. 만약 두 사람이 **공통으로 사용한 어휘가 있다면 핵심 단어가 분명**하므로 주제를 파악하기가 쉽습니다.

선택지에서 주제를 고를 때에는 **대화의 내용을 너무 좁게 한정하거나 너무 넓게 포괄하지 않도록 주의**해야 합니다. 예를 들어 '사과가 싸다'는 말을 듣고 '사과'에만 신경을 쓰면 '과일'을 선택하여 틀릴 수 있습니다. 반대로 '사과가 싸니까 사야겠다'고 듣지 않은 부분까지 생각을 더 하면 '쇼핑'을 선택하여 틀릴 수도 있습니다. 이러한 함정에 빠지지 말고 '사과가 싸다'는 말은 사과의 '값(가격)'에 대해 말하는 것임을 정확히 파악할 수 있도록 해야 합니다.

11, 12, 14번 문제는 배점이 3점이고, 13번 문제는 배점이 4점입니다. 하지만 문제별 난이도는 크게 다르지 않으므로 배점 차이는 신경 쓰지 않아도 됩니다. 아래 표는 출제 가능성이 높은 **주제별 어휘 및 표현**이므로 꼭 외워 두시기 바랍니다.

11~14 Choosing the topic of dialogue

You will be asked to listen to a dialogue between two people and choose what the dialogue is about. The vocabulary in the answer choices do not appear in the dialogue. Therefore, you need to find the key vocabulary in the dialogue, figure out what the main topic is and choose the correct answer from the answer choices. The length of sentence or the difficulty of grammar does not have an effect on solving the questions. Accordingly, you need to pay attention to the key vocabulary which appears in the dialogue. If there are any words used by both speakers it must be the key vocabulary, so it will be easy to figure out the main topic.

While choosing the main topic from the answer choices, make sure not to either interpret the dialogue's contents too narrowly or too broadly. For instance, after hearing '사과가 싸다', if you focus only on '사과', you might choose the incorrect answer '과일'. On the contrary, if you add your idea to the part you have never heard like '사과가 싸니까 사야겠다', you might choose the incorrect answer '쇼핑'. Make sure not to fall into such traps, and make the correct assumption that '사과가 싸다' is talking about the apple's price '값(가격)'.

Questions #11, #12, and #14 are alloted 3 points and question #13 is alloted 4 points. However, the difficulty level of each question is not much different, so there is no need to care about the difference in points. Make sure to memorize all of the following table which lists the vocabulary and expressions for each topic, which will likely appear in the test.

주제 topic	어휘 및 표현 vocabulary and expressions
가구 furniture	책상, 의자, 침대, 옷장, 책장
가족 family	할아버지, 할머니, 부모(아버지, 어머니), 형, 오빠, 누나, 언니, 동생
값(가격) price	원, 얼마, 가격, 싸다, 비싸다, 깎다
계절 season	봄, 여름, 가을, 겨울
고향 hometown	[도시 이름: 서울, 부산], ○○ 사람, 어디, 태어나다
과일 fruit	배, 수박, 사과, 포도, 딸기, 토마토, 바나나
교통 traffic	버스, 지하철, 자동차, 택시, 기차, 비행기, 타다, 내리다, 갈아타다
국적(나라) nationality(country)	[나라 이름: 한국, 중국, 미국, 일본, 베트남], ○○ 사람, 어느 나라, 오다
기분 feeling	좋다, 나쁘다, 기쁘다, 슬프다, 즐겁다, 행복하다, 화가 나다
나이 age	○○(스무, 서른, 마흔) 살
날씨 weather	덥다, 춥다, 따뜻하다, 시원하다, 맑다, 흐리다, 비가 오다, 눈이 오다, 바람이 불다
날짜 date	달력, ○○월 ○○일, 언제, 며칠, 날, 어제, 오늘, 내일, 주말(토요일, 일요일), 휴일
몸 body	머리, 가슴, 배, 팔, 다리, 허리, 얼굴(눈, 코, 입, 귀)
사진 photograph	카메라(사진기), 찍다, 잘 나오다
생일 birthday	○○월 ○○일, 언제, 태어나다, 선물(을 주다/받다)
쇼핑 shopping	가게, 시장, 백화점, 사다, 팔다, 싸다, 비싸다
시간 time	○○시, ○○분, 언제
식사 meal	아침, 점심, 저녁, 먹다, 드시다
여행 travel	가방, 여권, 카메라, 기차, 배, 비행기, 출발하다, 도착하다, 다녀오다
영화 movie	극장, 영화관, 보다, 재미있다, 재미없다
옷 clothes	치마, 바지, 티셔츠, 블라우스, 원피스, 양복, 입다, 벗다, 예쁘다, 멋있다, 어울리다, 잘 맞다
음식(맛) food(taste)	[음식 이름: 김치, 불고기, 비빔밥], 먹다, 맛있다, 맛없다, 맛(달다, 짜다, 맵다, 쓰다, 시다)
직업 job/occupation	기자, 의사, 군인, 선생님, 간호사, 회사원, 경찰관, 요리사, 은행원, 미용사, 일하다
집 home	아파트, 거실, 방, 화장실, 부엌/주방, 살다, 넓다(크다), 좁다
책 book	서점, 도서관, 읽다, 재미있다, 재미없다, 쉽다, 어렵다
취미 hobby	독서, 요리, 노래, 영화, 등산, 여행, 운동(수영, 농구, 축구, 야구, 테니스), 자주, 주로
학교 school	교실, 수업, 공부, 숙제, 선생님, 학생, 방학

11-14

기출문제 Questions of Previous Tests

※[11~14] 다음은 무엇에 대해 말하고 있습니까? 〈보기〉와 같이 알맞은 것을 고르십시오. 🎵 track 10

11~14 3점 4점

> 남자: 동생은 몇 살이에요?
> 여자: 저보다 두 살 적어요.

① 나이　　② 번호　　③ 날짜　　④ 시간

〈TOPIK 41회 듣기 [13]〉
- 동생 younger brother/sister
- 살 years(a term used for counting a person's age)
- 적다 less
- 번호 number

11~14
남자가 동생의 나이를 묻고, 여자가 대답하고 있습니다. 이 문제에서 핵심 단어는 '몇 살, 두 살'입니다. 핵심 단어를 통해 두 사람이 나이에 대해 말하고 있다는 것을 알 수 있습니다. 따라서 정답은 ①입니다.
The man is asking the age of the woman's younger brother/sister, and the woman is answering it. The key vocabulary of this question are '몇 살' and '두 살'. The key vocabulary indicates that those two people are talking about age. Therefore, the correct answer is ①.

샘플문제 Sample Questions

※[11~14] 다음은 무엇에 대해 말하고 있습니까? 〈보기〉와 같이 알맞은 것을 고르십시오. 🎵 track 11

11~14 3점 4점

> 여자: 이거 맛이 어때요?
> 남자: 정말 맛있어요. 하지만 좀 매워요.

① 기분　　② 음식　　③ 공부　　④ 사진

- 맛 taste
- 맛있다 delicious
- 맵다 spicy

11~14
여자가 이것(이거)의 맛을 묻고, 남자가 대답하고 있습니다. 이 문제에서 핵심 단어는 '맛, 맛있다, 맵다'입니다. 핵심 단어를 통해 두 사람이 음식(이거)의 맛에 대해 말하고 있다는 것을 알 수 있습니다. 따라서 정답은 ②입니다.
The woman is asking the taste of this, and the man is answering it. The key vocabulary in this question are '맛', '맛있다' and '맵다'. The key vocabulary indicates that those two people are talking about the food's(this) taste. Therefore, the correct answer is ②.

11-14

연습문제 Exercise Questions

※[11~14] 다음은 무엇에 대해 말하고 있습니까? <보기>와 같이 알맞은 것을 고르십시오. 🔘 track 12

11 `3점`

① 가족　　　　② 건강　　　　③ 직업　　　　④ 휴일

12 `3점`

① 계획　　　　② 고향　　　　③ 날짜　　　　④ 생일

13 `4점`

① 책　　　　② 표　　　　③ 영화　　　　④ 기분

14 `3점`

① 선물　　　　② 쇼핑　　　　③ 여행　　　　④ 주말

무슨 what | 일 work | 날 day | 다 all | 영화 movie | 이렇다 like this | 남대문시장 Namdaemun Market

15-16

여기	here	noun/adverb	여기가 민수 씨 학교예요? Is here Mr. Minsu's school? (= Is this Mr. Minsu's school?)
더	more/-er	adverb	형은 동생보다 키가 더 커요. The elder brother is taller.
한번	once	adverb	이 음식 한번 드셔 보세요. Try this food (once).
고치다	fix	verb	휴대전화가 고장 나서 고쳐야 해요. My cell phone is out of order, so I need to fix it.
보다	look	verb	옷을 입고 거울을 봐요. Wear your clothes and look at the mirror.
식사하다	have a meal	verb	점심에 같이 식사할까요? Shall we have a meal for lunch? (= Shall we have lunch together?)
쓰다	use/write/wear	verb	공책에 이름을 쓰세요. Write your name on the notebook.
어울리다	suit	verb	이 바지에는 흰 티셔츠가 어울려요. A white shirt suits this pants. (= A white shirt is matched with this pants.)
일어나다	get up	verb	저는 아침에 일찍 일어나요. I get up early in the morning.
자다	go to bed	verb	저는 밤 11시쯤 자요. I go to bed around 11 p.m.
자르다	cut	verb	머리를 자르려고 미용실에 갔어요. I went to hair salon to have my hair cut.
조심하다	careful	adjective	길이 미끄러워요. 조심하세요. The road is slippery. Be careful.
어떻다	how	adverb	한국 김치는 어떻게 만들어요? How do you make Korean Kimchi?

피곤하다	tired	adjective	요즘 회사에 일이 많아서 너무 피곤해요. Nowadays, I am so tired because there is so much work at the company.
조금	a little	adverb/ adjective	학교에 조금 더 일찍 오세요. Come to school a little earlier.
마음에 들다	like		새로 산 옷이 마음에 들어요. I like my new clothes I bought.

A/V-네요	지금 알게 된 일에 대한 느낌을 말할 때 사용합니다. This is used to express a feeling on something the speaker just realized. 예 가: 여기가 제 방이에요. This is my room. 나: 방이 넓네요. Your room is large.
V-(으)ㄹ게요	말하는 사람이 듣는 사람에게 어떤 일을 하겠다고 약속하거나 의지를 나타낼 때 사용합니다. This is used to make a promise to the listener in order to do a certain task, or to express the speaker's will to the listener. 예 가: 내일은 일찍 일어나세요. Get up early tomorrow. 나: 네, 일찍 일어날게요. Yes, I will get up early. 잠깐 화장실 좀 다녀올게요. I will be at the restroom for a moment.
A-(으)ㄴ/(으)ㄹ 것 같다 V-(으)ㄴ/는/(으)ㄹ 것 같다	1. 추측을 나타냅니다. This shows speculation. 형용사와 같이 쓰여 현재의 상태는 'A-(으)ㄴ 것 같다'를 사용하고 미래의 상태나 막연한 것을 추측할 때는 'A-(으)ㄹ 것 같다'를 사용합니다. 동사와 같이 쓰여 과거에 일어난 일은 'V-(으)ㄴ 것 같다'를, 현재의 일은 'V-는 것 같다'를, 미래의 일이나 막연한 것을 추측할 때는 'V-(으)ㄹ 것 같다'를 사용합니다. 명사일 때는 'N인/일 것 같다'를 사용합니다. When this phrase is used with an adjective, 'A-(으)ㄴ 것 같다' is used to describe the current situation; and 'A-(으)ㄹ 것 같다' is used to describe the future situation or to guess something vague. When this phrase is used with a verb, 'V-(으)ㄹ 것 같다' is used to describe what happened in the past, 'V-는 것 같다' is used to describe what happens now, 'V-(으)ㄹ 것 같다' is used to describe what will happen or to guess something vague. When this phrase is used with a noun, 'N인/일 것 같다' is used. 예 지금 날씨가 좋은 것 같습니다. The weather seems to be good now. 내일 날씨가 좋을 것 같습니다. It seems that the weather will be good tomorrow. 어제 비가 온 것 같습니다. It seems to have rained yesterday. 지금 비가 오는 것 같습니다. It seems to be raining now. 내일 비가 올 것 같습니다. It seems that it will rain tomorrow. 저기가 화장실인 것 같습니다. That seems to be a restroom. 그 사람이 선생님일 것 같습니다. That person seems to be a teacher. 2. 말하는 사람의 생각을 부드럽게 표현할 때 사용합니다. This is used to express the speaker's idea softly. 예 그 옷은 별로 안 예쁜 것 같습니다. I think that place is not quite pretty. 내일은 학교에 못 갈 것 같습니다. It seems that I will not go to school tomorrow.

15-16

15~16 대화에 알맞은 그림 고르기

두 사람의 대화를 듣고 대화의 내용과 일치하는 그림을 고르는 문제입니다. 대화가 'A1-B1'으로 짧고 간단하기 때문에 두 사람이 하는 말을 모두 집중하여 들어야 합니다. 대화하고 있는 장소가 어디인지, 두 사람의 역할이 무엇이고 어떤 행동을 하는지 대화 속에서 단서를 찾으면 쉽게 그림을 고를 수 있습니다.

이 유형에서는 상황을 설명해 주기 위해 '아주, 너무, 빨리, 항상'과 같은 부사가 많이 등장합니다. 그리고 그림으로 나타낼 수 있는 행동이 나오는 문제이므로 문장의 마지막 문법이 행동을 명령하거나 권유하는 '-(으)세요, -(으)시겠어요?' 등의 형태로 많이 나옵니다. 주로 **A1이 '질문이나 제안, 요청, 명령'을 하면 B1이 이에 대해 '대답'하는 형식**이 자주 출제됩니다.

듣기 전에 먼저 **선택지의 그림을 보고 장소와 상황을 미리 파악**해 두면 문제를 듣고 빠르게 답을 고를 수 있습니다.

15~16 Choosing the best picture that describes the dialogue

You will be asked to listen to a dialogue between two people and choose the best picture that corresponds with the dialogue's content. The dialogue is short and simple in 'A1-B1', so pay attention to all of the words the two people say. You should find the best picture easily if find the clue from the dialogue where the two people are saying, what their roles are, and what they do.

In this type of question, adverbs such as '아주, 너무, 빨리, 항상' often appear to describe the situation. Moreover, the question describes the action in the picture, so their grammar of the end of the sentence usually takes the commanding or soliciting form such as '-(으)세요, -(으)시겠어요?' etc. Usually, A1 makes a question, suggestion or command', and B1 gives a 'response' to it.

You can quickly find the correct answer after looking at the pictures in the answer choices and figuring out the each place and situation before listening to the passage.

🔍 문제분석 Analysis of Questions

기출문제 Questions of Previous Tests

※[15~16] 다음 대화를 듣고 알맞은 그림을 고르십시오. 각 4점

🎵 track 13

15~16

> 여자: 일어나서 식사하세요.
> 남자: 너무 피곤해요. 조금만 더 잘게요.

①

②

③

④

〈TOPIK 41회 듣기 [15]〉
• 너무 so/very

15~16
장소: 침실
여자: 아내 / 남자: 남편
여자가 식사하기 위해 남자를 깨우지만, 남자는 피곤해서 더 자려고 합니다. 여자의 '일어나서', 남자의 '더 잘게요'라는 말을 통해 남자가 침대에 누워있다는 것을 알 수 있고, 여자의 '식사하세요'라는 말을 통해 식사 준비를 방금 마친 여자의 앞치마 차림을 유추할 수 있습니다. 따라서 정답은 ① 입니다.

place: bedroom
woman: wife / man: husband
The woman is trying to wake up the man for breakfast, but the man is tired and wants to sleep more. Through the woman's '일어나서' and the man's '더 잘게요', it can be assumed that the man is lying in bed, and through the woman's '식사하세요'. it can be assumed that the woman is wearing an apron and just finished preparing breakfast. Therefore, the correct answer is ①.

※[15~16] 다음 대화를 듣고 알맞은 그림을 고르십시오. 각 4점

🔊 track 14

15~16

여자: 여기 거울 한번 보세요. 마음에 드세요?
남자: 좋네요. 저한테 잘 어울리는 것 같아요.

①

②

③

④

• 입다 wear
• 거울 winter
• 잘 well

③

장소: 옷가게
여자: 판매원 / 남자: 손님
여자의 '여기 거울 한번 보세요'라는 말을 통해 남자에게 거울을 보여 주는 판매원의 모습을 유추할 수 있습니다. 그리고 남자의 '좋다, 잘 어울리다'와 같은 표현을 통해 거울을 보며 만족하는 남자 손님의 모습을 떠올릴 수 있습니다. 따라서 정답은 ③입니다.
place: clothing store
woman: shopkeeper / man: guest
Through the woman's '여기 거울 한번 보세요', it can be assumed that the shopkeeper is showing the man a mirror. Moreover, through the man's expressions '좋다, 잘 어울리다', you can think of a man looking at himself in the mirror and being satisfied with his look. Therefore, the correct answer is ③.

15-16

※ [15~16] 다음 대화를 듣고 알맞은 그림을 고르십시오. 각 4점 track 15

15 ①
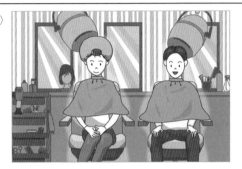

②

③

④

16 ①

②

③

④

사진 photographs | 확인하다 check | 잘 되다 done well | 앞으로 afterwards

17-21

✏️ 오늘의 어휘 Today's Vocabulary

수업	class	noun	학교에서 한국어 수업을 해요. I take Korean language classes in Korea.
신청서	application form	noun	저는 몸이 아파서 회사에 휴가 신청서를 냈어요. I was sick, so I submitted an application form for a day-off.
약속	appointment	noun	저는 주말에 친구와 약속이 있어요. I have an appointment with my friend this weekend.
의자	chair	noun	여기 의자에 앉으세요. Sit in this chair.
자전거	bicycle	noun	자전거를 타고 공원에 갔어요. I went to the part by bicycle.
잠시	a moment (indicates a short time)	noun	민수 씨를 만나려면 잠시 기다려 주세요. If you want to see Minsu, please wait for a moment.
장소	place	noun	약속 장소가 어디예요? Where is the place of appointment?
정도	level	noun	이 책은 초등학생 정도의 아이가 읽을 수 있어요. This book can be read by children of elementary-school level.
고르다	choose	verb	어떤 음료수를 드시겠어요? 골라 보세요. Which beverage do you want? Choose one.
모르다	do not know	verb	그 사람의 얼굴은 알지만 이름은 몰라요. I know his face but do not know his name.
묻다	ask	verb	그가 이름을 물어서 제가 큰 소리로 대답했어요. He asked my name, so I answered it loudly.
주다	give	verb	친구에게 주려고 선물을 샀어요. I bought a present to give it to my friend.
초대하다	invite	verb	생일에 친구들을 초대하려고 해요. I am going to invite my friends to my birthday.

출발하다	depart/ leave/start	verb	비행기가 3시에 출발해요. The plane departs at 3:00.
취소하다	cancel	verb	회사에 일이 있어서 약속을 취소했어요. I canceled the appointment because I had some work to do at the company.
확인하다	confirm/ check	verb	시험 결과를 확인했어요. I checked the test result.
불편하다	inconvenient/ uncomfortable	adjective	다리를 다쳐서 걷기가 불편해요. I hurt my leg, so it is uncomfortable to walk.
특별하다	special	adjective	방학에 특별한 계획이 있어요? Do you have a special plan for vacation?
알려 주다	tell/teach	verb	저는 친구에게 한국 노래를 알려 주고 있어요. I am teaching my friend Korean songs.

A/V-(으)ㄹ 수 있다/없다	1. 어떤 일이 가능하거나 가능하지 않음을 나타냅니다. This expresses that something is possible or not. 예 가: 내일 오후에 만날 수 있어요? Can we meet tomorrow afternoon? 나: 아니요. 오후에 약속이 있어서 만날 수 없어요. No. I have an appointment in the afternoon, so I can't meet you. 2. 어떤 일의 능력이 있고 없음을 나타냅니다. This expresses that the subject has ability to do something or not. 예 저는 컴퓨터를 배워서 잘할 수 있습니다. I have learned how to use the computer, so I can operate it well.
A/V-(으)려면	하고 싶은 일을 가정할 때 사용합니다. 뒤에는 그 가정을 이루기 위한 조건이 나옵니다. This is used to assume what the subject wants to do. It is followed by the condition to achieve that assumption. 예 명동에 가려면 지하철 4호선을 타야 합니다. To go to Myeong-dong, you need to take the subway line 4.
N마다	1. 앞에 사용한 명사 각각을 나타낼 때 사용합니다. This is used to express each of the preceding nouns. 예 교실마다 에어컨이 있습니다. There is an air conditioner in each classroom. 2. 시간과 같이 사용하여 그 시간에 계속 어떤 일이 반복됨을 나타냅니다. This is used with a certain time noun to indicate that a certain event is repeated at that time. 예 저는 주말마다 도서관에 갑니다. I go to library every weekend.
A/V-아/어야 하다/되다	반드시 할 일을 나타낼 때 사용합니다. This is used to describe a task that must be done. 예 공부를 잘 하려면 열심히 공부해야 합니다. To study well, you should study hard.

17-21

17~21 대화 내용과 같은 것 고르기

대화를 듣고 대화 내용과 같은 것을 고르는 문제입니다. 17번 문제부터 2급 수준의 조금 어려운 어휘와 문법이 본격적으로 나오기 시작합니다. 17번은 A1-B1-A2의 대화 형태이며 18~21번은 A1-B1-A2-B2의 대화 형태입니다.

한 사람이 다른 사람에게 **'문의를 하거나 부탁, 제안, 지시'** 등을 하고 다른 사람은 그에 **'반응'**하는 대화입니다. 이러한 상황 속에서 **남자와 여자가 어떤 행동을 하는지 그리고 어떤 행동을 하고 싶어 하는지를 주의 깊게 들으십시오.** 선택지는 주로 남자와 여자의 행동에 대해 설명하고 있습니다. 그러므로 들은 내용과 일치하지 않거나 언급하지 않은 내용이 있는 선택지를 지워가며 답을 찾는 것이 좋습니다.

또한 답을 고를 때 **시제가 매우 중요**합니다. 선택지의 내용이 과거인지, 현재인지 아니면 미래인지를 먼저 파악한 후, 대화의 내용을 듣고 비교하면서 답을 찾으시기 바랍니다. 아래는 **선택지에 자주 사용되는 시제를 나타내는 문법**입니다.

과거 past	-았/었습니다
현재 present	-ㅂ/습니다, -고 있습니다
미래 future	-(으)ㄹ 겁니다/것입니다, -(으)려고 합니다
기타 other tenses	-(으)ㄹ 수 있습니다/없습니다, -지 못합니다. -(으)ㄴ 적이 있습니다, -고 싶어 합니다

17~21 Choosing the best answer that describes the dialogue

You will be asked to listen to a dialogue and choose the best answer that describes the dialogue. From the question #17, the vocabulary and grammar will be of level 2, a little more difficult. Question #17 shows a dialogue form of A1-B1-A2 and questions #18 to #21 show a dialogue form of A1-B1-A2-B2.

The dialogue shows one person 'making an inquiry, asking a favor, making a suggestion or giving an instruction', and the other 'responding' to it. In this situation, listen carefully to what the man and woman are doing and what they want to do. The answer choices mainly describe what the man and woman are doing. Therefore, to find the best answer, it is recommended to eliminate each answer which doesn't correspond to the dialogue or includes something not mentioned.

Also, the sentences' tense is important when choosing the correct answer. First, check whether the answer choices are in past, present, or future tense, and find the correct answer by comparing it with the dialogue. The following are the grammar forms which indicate the tenses that often appear in the answer choices.

17-21

기출문제 Questions of Previous Tests

※[17~21] 다음을 듣고 〈보기〉와 같이 대화 내용과 같은 것을 고르
십시오. 각 3점 🎧 track 16

17~21

> 여자: 우리 <u>아이가 탈 자전거</u> 좀 보여 주세요.
> 남자: 이 아이가 탈 거예요? 이쪽에서 골라 보세요.
> 여자: 이 <u>노란색 자전거</u>가 예쁘네요. <u>이걸로 주세요.</u>
>   아, 근데 의자가 우리 아이한테 너무 높진 않겠죠?
> 남자: 그럼요. <u>이 아이</u> 정도면 탈 때 불편하진 않을 거예요.

① 여자는 자전거 가게에서 일합니다.　▷ 남자
② 여자는 노란색 자전거를 살 겁니다.
③ 남자는 아이와 함께 가게에 왔습니다.　▷ 여자
④ 남자는 아이에게 자전거를 선물했습니다.　▷ 여자

<**TOPIK 37회 듣기 [18]**>
- 아이 child
- 타다 ride
- 노란색 yellow
- 예쁘다 pretty
- 근데 however
- 너무 so/very
- 높다 high

27~21

여자: 손님 / 남자: 직원
여자가 아이에게 자전거를 선물하기 위해 아이와 함께 가게에 왔습니다. 여자는 노란색 자전거를 선택했지만 의자의 높이가 걱정이 되어 직원에게 물었습니다. 직원은 괜찮다고 조언해 주었습니다. 그러므로 여자는 노란색 자전거를 살 겁니다. 따라서 정답은 ②입니다.

woman: customer / man: shopkeeper
The woman came to the shop with her child to present her child a bicycle. The woman chose a yellow bicycle, but was concerned about the height of its chair, so she asked the shopkeeper. The shopkeeper advised her that it's okay. Consequently, the woman will buy the yellow bicycle. Therefore, the correct answer is ②.

※ 이 문제에서는 말을 줄여서 하는 축약 표현이 사용되었습니다. 듣기나 말하기에서는 구어체적인 축약 형태가 자주 일어나는 현상이니 알아 두시기 바랍니다.
※In this question, the words are shorten as abbreviated expressions. Make sure to understand them as a phenomenon that appears frequently in the listening or reading part.

- 그런데 ▶ 근데 (however)
- 높지는 ▶ 높진 (high)
- 불편하지는 ▶ 불편하진 (inconvenient)

※[17~21] 다음을 듣고 <보기>와 같이 대화 내용과 같은 것을 고르십시오. 각 3점　🔴 track 17

17~21

> 여자: (전화벨) 여보세요. 민수 씨, 휴일에 죄송한데요. 내일 문화 수업 장소와 시간 좀 알려 줄 수 있어요?
> 남자: 아, 미안해요. 제가 지금 밖에 있는데요. 집에 가서 확인하고 바로 전화 드릴게요.
> 여자: 바쁘시면 다른 분께 부탁해 볼게요.
> 남자: 아니에요. 10분 후면 집에 도착해요.

① 남자는 지금 집에 도착했습니다.
② 남자는 잠시 후에 여자에게 전화를 할 겁니다.
③ 여자는 바빠서 문화 수업 장소에 갈 수 없습니다.
④ 여자는 밖에 있어서 문화 수업 장소와 시간을 모릅니다.

- 여보세요 Hello!
- 휴일 day-off
- 죄송하다 sorry (honorific form of 미안하다)
- 문화 culture
- 시간 time
- 지금 now
- 밖 outside
- 바로 immediately
- 드리다 give (honorific form of 주다)
- 바쁘다 busy

17~21

여자/남자: 친구
여자는 내일 문화 수업이 있지만 수업 장소를 모릅니다. 그래서 남자에게 전화해서 문화 수업 장소를 물었습니다. 남자는 지금 밖에 있어서 알려 줄 수 없지만 10분 후에 집에 가서 확인 후 전화를 주겠다고 했습니다. 그러므로 남자는 잠시 후에 여자에게 전화를 할 겁니다. 따라서 정답은 ②입니다.

woman/man: friends
The woman has a cultural class tomorrow, but does not know the place of class. For that reason, she called the man to ask him where there will be the culture class. He said he couldn't tell her immediately as he is outside right now, but and would give her a call after returning home and checking in ten minutes. Thus, he will call her a while. Therefore, the correct answer is ②.

17-21

※[17~21] 다음을 듣고 〈보기〉와 같이 대화 내용과 같은 것을 고르십시오. 각 3점 🔊 track 18

17 ① 여자는 잠시 후에 경주에 갑니다.
　② 남자는 여자와 함께 버스에 탈 겁니다.
　③ 여자는 인터넷으로 버스표를 사고 있습니다.
　④ 남자는 1시 50분에 출발하는 버스를 탈 겁니다.

18 ① 여자는 주말마다 모임이 있어 바쁩니다.
　② 남자는 이번 주말에 1박 2일로 여행을 갑니다.
　③ 남자는 일이 많아서 일 년에 한 번 여행을 합니다.
　④ 여자는 남자와 함께 토요일에 여행을 가려고 합니다.

19 ① 여자는 7시 30분에 퇴근합니다.
　② 남자는 태권도 신청서를 쓰려고 합니다.
　③ 여자는 퇴근한 후에 태권도를 배울 겁니다.
　④ 남자는 태권도 저녁반 시간을 묻고 있습니다.

20 ① 남자는 어제 이메일을 읽었습니다.
　② 남자는 집들이에 초대를 받았습니다.
　③ 여자는 친구들에게 이메일을 보냈습니다.
　④ 여자는 약속을 취소하고 집들이에 갈 겁니다.

21 ① 남자는 일요일에 고향으로 돌아갑니다.
　② 여자는 친구들과 같이 잡채를 만들 겁니다.
　③ 여자는 마이클이 좋아하는 음식을 만들 겁니다.
　④ 남자는 여자에게 특별한 음식을 선물하려고 합니다.

경주 Gyeongju (a city in the far southeastern part of Korea) | 인터넷 internet | 버스표 bus ticket | 마다 each/every | 모임 meeting |
처음 first | 정말 very/so | 재미있다 fun/interesting | 퇴근 leaving (the office after work) | 태권도 Taekwondo | 배우다 learn | 이메일
e-mail | 집들이 house-warming party | 받다 receive | 잡채 Japchae (a Korean dish made of sweet potato noodles and vegetables,
like chop suey) | 좋아하다 like

가격	price	noun	시장에서 채소를 사면 가격이 싸요. The prices of vegetables are low at the market.(=The vegetables are cheap at the market.)
교통	traffic	noun	서울은 차가 많아서 교통이 복잡해요. There are a number of vehicles, so its traffic is congested.
다행	fortune	noun	교통사고가 났는데 안 다쳐서 다행이에요. It is fortune that you were not hurt despite a traffic accident.
산책	walk	noun	식사 후에 공원에서 산책을 해요. I take a walk in the park after a meal.
생각	idea	noun	다음을 듣고 여자의 중심 생각을 고르십시오. Listen to the following and choose the woman's main idea.
이사	move	verb	저는 다음 달에 학교 근처로 이사를 가요. I will move to a neighborhood near my school next month.
인기	popularity	noun	그 가수는 우리나라에서 인기가 많아요. That singer has high popularity in my country.(=That singer is very popular in my country.)
화장실	restroom/ toilet	noun	남자 화장실은 1층에 있고 여자 화장실은 2층에 있어요. The men's restroom is on the first floor and the women's is on the second floor.
내리다	fall/lower/ go down	verb	세일 기간입니다. 내일부터 물건 값을 내립니다. It is a bargain sale season. Starting tomorrow, the goods' prices will go down.
놀라다	be surprised	verb	부모님이 갑자기 학교에 오셔서 깜짝 놀랐어요. I was surprised because my parents suddenly visited my school.
사용하다	use	verb	이 기계는 위험하니까 사용할 때 조심하세요. This machine is dangerous, so be careful when you use it.
소개하다	introduce	verb	제 고향을 친구들에게 소개하려고 해요. I will introduce my hometown to my friends.
수리하다	repair	verb	고장 난 컴퓨터를 수리해요. I am fixing my broken computer.

이기다	win/beat/defeat	verb	우리 학교가 축구 경기에서 한국대학교를 이겼습니다. My school won Hankuk University in the soccer match.
이야기하다	talk	verb	저는 함께 사는 친구와 매일 이야기해요. Every day I talk with my friend who lives with me.
잘하다	be good at	verb	저는 한국에 살아서 한국어를 잘해요. I am good at Korean language as I live in Korea.
걱정하다	be concerned about	verb	제가 한국에서 혼자 살고 있어서 어머니는 항상 걱정해요. I live alone in Korea, so my mother is always concerned about me.
힘들다	tired	adjective	오늘 오래 걸어서 힘들어요. Today, I walked for a long time, so I am tired.
가깝다	near	adjective	우리 집은 학교에서 가까워요. My home is near from school.
깨끗하다	clean	adjective	조금 전에 방을 청소해서 깨끗해요. I just cleaned up my room, so it is clean.
편리하다	convenient	adjective	지하철이 빠르고 편리해요. The subway is fast and convenient.

☕ 오늘의 문법 Today's Grammar

A/V-(으)ㄹ지 모르겠다	정확하지 않은 결과에 의문이 들거나 걱정을 할 때 사용합니다. This is used to express doubt or concern about an inaccurate result. 예 이 돈으로 유학 생활을 할 수 있을지 모르겠습니다. I am not sure if this money is enough for me to study abroad.
N(이)나	1. 둘 중에 하나를 선택할 때 사용합니다. This is used to choose one out of two. 예 저는 아침에 밥이나 빵을 먹습니다. I eat either rice or bread for breakfast. 2. 생각보다 수나 양이 많을 때 사용합니다. This is used when the number or amount is more than expected. 예 빵을 5개나 먹었습니다. I ate as many as five pieces of bread.
V-고 싶다	어떤 것을 원하거나 바라는 것이 있을 때 사용합니다. This is used to express one's desire or wish for something. 예 저는 올해 대학교에 입학하고 싶습니다. I want to enter a university this year.
N에 대해(대하여)	앞의 명사가 뒤 내용의 대상이 됨을 나타냅니다. 'N에 관해(관하여)'로 바꿔 쓸 수 있습니다. This expresses that the preceding noun is the object of the following content. It can be replaced with 'N에 관해(관하여)'. 예 지금부터 자기 나라에 대해 이야기합시다. Now, let's start talking about own country.

22-24

📖 유형분석 Analysis of Question Types

22~24 남자/여자의 중심 생각 고르기

대화를 듣고 남자 또는 여자의 중심 생각을 고르는 문제입니다. 먼저 남자의 중심 생각인지 여자의 중심 생각인지 문제를 잘 읽고 풀어야 합니다. 대화는 A1-B1-A2-B2의 형태이며 보통 **A의 중심 생각은 A2에서 찾을 수 있습니다. B의 중심 생각은 B1이나 B2에서 찾을 수 있습니다. B2에 나타나는 경우가 더 많습니다. 그러므로 중심 생각을 고르는 문제는 A2와 B2에 집중해서 듣는 것이 좋습니다.**

일, 공부, 운동, 쇼핑. 택배, 취미생활, 공공장소· 관공서 이용' 등의 **일상생활 속에서 불편하거나 불만족한 것이 해결되거나 좋아지기를 원하는 내용이 주로 출제**됩니다. 따라서 대화와 선택지에서 '-고 싶습니다. -(으)면 좋겠습니다, -(으)면 -(으)ㄹ 것 같은데요'와 같은 희망을 나타내는 표현이나 '-아/어야 합니다'와 같은 의무나 필요를 나타내는 표현이 자주 사용됩니다. 그러므로 대화의 **주제가 무엇인지, 문제점이 무엇인지, 개선이 필요한 사항이 무엇인지, 무엇을 바라고 있는지** 등에 중점을 두고 듣는다면 정답을 쉽게 찾을 수 있습니다.

22~24 Choosing the man/woman's main idea

You will be asked to listen to a dialogue and choose the correct answer which describes the man or woman's main idea. You should solve the problem after reading it carefully to find if it is the main idea of the man or the woman. The dialogue takes a form of A1-B1-A2-B2, and the speaker A's main idea can uaually be found in A2. The speaker B's main idea can be found in either B1 or B2. But, it is more likely to appear in B2. Therefore, it is recommended to listen carefully to A2 and B2 for the questions asking you to choose the main idea.

The dialogue usually is about the speaker being inconvenient or feeling dissatisfied with something in daily life such as work, study, exercise, shopping, delivery service, hobby, public place or government office, and hoping it would be settled or improved. Therefore, the dialogue and answer choices often include expressions that describes the speaker's desire such as '-고 싶습니다. -(으)면 좋겠습니다, -(으)면 -(으)ㄹ 것 같은데요' or those that describes a duty or necessity such as '-아/어야 합니다'. Accordingly, you should easily find the correct answer by listening carefully to what the topic of dialogue is, what the current problem is, what needs to be improved, what the speaker wants, etc.

22-24

기출문제 Questions of Previous Tests

※[22~24] 다음을 듣고 여자의 (중심 생각)을 고르십시오. 각 3점

🎵 track 19

22~24

> 여자: 민수 씨, 어제 축구 경기 봤어요?
>
> 남자: 네. 저는 친구들하고 재미있게 봤어요. 우리 팀이 이겨서 더 좋았죠. 수미 씨도 봤어요?
>
> 여자: 저도 봤어요. 우리 선수 한 명이 다쳐서 걱정했는데 이겨서 다행이었어요. 다음 경기도 이기면 좋겠네요. 그럴 수 있겠죠?
>
> 남자: 그럴 수 있을까요? 다음 상대팀이 너무 잘해서요.

① 우리 팀이 계속 이기면 좋겠습니다.
② 친구들과 같이 봐서 더 신났습니다.
③ 다음 경기는 이길 수 없을 것 같습니다.
④ 상대팀 선수가 많이 다쳐서 걱정했습니다.

〈TOPIK 37회 듣기 [22]〉
• 축구 soccer
• 경기 (sports) match
• 재미있다 fun/interesting
• 팀 team
• 선수 athlete
• 다치다 get hurt
• 그렇다 it is like that
• 상대 the other (person or people)

22~24
여자의 중심 생각을 골라야 합니다. 여자는 두 번째 대화에서 '다음 경기도 이기면 좋겠네요'라고 자신의 생각을 말하고 있습니다. 따라서 정답은 ①입니다.
You will be asked to choose the woman's main idea. In her second line, the woman is saying '다음 경기도 이기면 좋겠네요'. Therefore, the correct answer is ①.

샘플문제 Sample Questions

※[22~24] 다음을 듣고 남자의 (중심 생각)을 고르십시오. 각 3점

🎵 track 20

22~24

> 남자: 학교가 지하철역에서 가깝네요. 학교 앞에 큰 공원도 있고요.
>
> 여자: 그래서 우리 학교가 외국 유학생들한테 인기가 많아요.
>
> 남자: 네, 교통도 편리하고 식사 후에는 산책도 할 수 있겠네요. 우리 학교에도 이런 곳이 있으면 좋겠어요.
>
> 여자: 저도 친구가 소개해 줘서 왔는데 정말 잘 온 것 같아요.

① 지하철을 타고 학교에 오는 것이 편리합니다.
② 식사 후에 친구와 함께 산책을 하고 싶습니다.
③ 우리 학교 근처에도 공원이 있으면 좋겠습니다.
④ 많은 유학생들이 이 학교에서 공부하면 좋겠습니다.

• 크다 big
• 유학생 international student
• 정말 very/so

22~24
남자의 중심 생각을 골라야 합니다. 남자는 학교 근처에 산책할 수 있는 공원이 있는 것을 부러워하면서 '우리 학교에도 이런 곳(공원)이 있으면 좋겠다'고 말합니다. 따라서 정답은 ③입니다.
You will be asked to choose the man's main idea. The man is envious of the woman because there is a park to walk around near her school, and says '우리 학교에도 이런 곳(공원)이 있으면 좋겠다'. Therefore, the correct answer is ③.

22-24

※[22~24] 다음을 듣고 여자의 중심 생각을 고르십시오 각 3점 track 21

22 ① 백화점을 더 구경하고 싶습니다.
② 피곤해서 빨리 집에 가고 싶습니다.
③ 더 구경하고 싶지만 참아야 합니다.
④ 싸고 좋은 물건이 많으면 좋겠습니다.

23 ① 영화가 재미있으면 좋겠습니다.
② 팝콘의 가격을 더 싸게 해야 합니다.
③ 영화를 볼 때는 팝콘을 먹어야 합니다.
④ 영화표가 너무 비싸서 깜짝 놀랐습니다.

24 ① 새로 이사 간 집을 깨끗하게 사용해야 합니다.
② 담배 냄새가 올라와서 화장실을 수리해야 합니다.
③ 많은 사람이 사는 아파트에서는 담배를 안 피워야 합니다.
④ 아래층 사람을 만나서 담배 냄새에 대해 이야기해야 합니다.

그만 now/stop (doing something) | 기간 (time) period | 물건 things/objects | 조금 a little | 당신 you (honorific form of 너) | 이제 now | 빨리 quickly | 알다 know | 참다 be patient/wait | 팝콘값 price of popcorn | 깜짝 surprise | 냄새 smell/odor | 마음에 들다 like | 아래층 lower floor | 담배를 피우다 smoke | 큰일이다 This is a serious problem. | 올라오다 come up

25-26

✏️ 오늘의 어휘 Today's Vocabulary

방법	way/method	noun	공부를 잘 하는 방법을 알고 싶어요. I want to know the way to be good at studying. (= I want to know how to be good at studying.)
비	rain	noun	비가 와서 우산을 써요. It is raining, so I am using an umbrella.
생활	life	noun	학교생활이 힘들지만 재미있어요. Life in school is hard but fun.
설명	explanation	noun	설명이 너무 어려워요. The explanation is too difficult.
연휴	consecutive holidays	noun	한국은 설날과 추석 명절에 3일 동안 연휴예요. In Korea, there are three consecutive holidays each during the Seolnal (Lunar New Year's Day) and Chuseok (Korean Thanksgiving Day) seasons.
옛날	old days	noun	옛날에는 세탁기도 텔레비전도 없었어요. In the old days, there was neither washing machine nor television.
질문	question	noun	선생님, 질문이 있어요. Sir, I have a question.
하루	one day	noun	하루, 이틀, 사흘, 나흘 one day, two days, three days, four days
그리다	draw	verb	저는 여행을 가면 아름다운 경치를 그리는 것을 좋아해요. I like to draw beautiful scenery when I travel.
들어가다	go into	verb	문을 열고 교실에 들어가요. Open the door and go into the classroom.
모이다	gather/get together	verb	제 생일을 축하하려고 친구들이 모였어요. My friends gathered to celebrate my birthday.
바뀌다	change	verb	제 신발이 친구의 신발과 바뀌었어요. My shoes were changed with my friend's.

버리다	dump/throw away	verb	쓰레기를 쓰레기통에 버리세요. Dump trash into a trash bin.
신나다	excited	verb	저는 내일 여행을 가서 신나요. I am excited about going on a travel tomorrow.
신다	put on/wear (footwear)	verb	날씨가 추워서 따뜻한 양말을 신었어요. It is cold, so I wore warm socks.
정하다	decide	verb	약속 장소를 정해서 말해 주세요. Decide the place of appointment and tell me.
높다	high	adjective	산이 높아서 등산이 힘들어요. The mountain is high, so it is hard to hike.
다르다	different	adjective	나라마다 국기가 달라요. Each country has a different national flag.
즐겁다	enjoyable	adjective	한국 생활이 즐거워요. Life in Korea is enjoyable.
매일	every day	noun/adverb	저는 매일 일기를 써요. I write a diary every day.
매주	every week	noun/adverb	매주 일요일은 집에서 쉬어요. I take a rest at home on Sunday every week. (= I rest at home on every Sunday.)
방금	just	adverb	방금 전에 만난 사람이 누구예요? Whom did you meet just before?
가지고 가다	take	verb	비가 오니까 우산을 가지고 가세요. It is raining, so take your umbrella.

A/V-기 때문에	어떤 일의 이유나 원인을 나타냅니다. 명령 '-(으)세요, -(으)십시오', 청유 '-(으)ㅂ시다, -(으)ㄹ까요?'에는 사용할 수 없습니다. '-기 때문에' 앞에 명사가 오면 'N(이)기 때문에'로 나타납니다. 또한 명사나 대명사에 'N 때문에'로 바로 사용할 수 있습니다. 'A/V-기 때문이다'의 형태로 문장을 끝낼 때도 사용할 수 있습니다. This is used to express a reason or cause of a certain event. This cannot be used with an imperative form such as '-(으)세요, -(으)십시오', or a soliciting form such as '-(으)ㅂ시다, -(으)ㄹ까요?' When a noun comes in front of '-기 때문에', 'N(이)기 때문에' can be used. For nouns or pronouns, 'N 때문에' can also be used. At the end of a sentence, it can be modified into 'A/V-기 때문이다'. 예 퇴근 시간에는 길이 복잡하기 때문에 지하철을 탑니다. 저는 외국인이기 때문에 한국말을 잘하지 못합니다. 저는 남자 친구 때문에 한국어를 배우게 되었어요. 수업에 지각한 것은 어제 늦게 갔기 때문입니다. During the rush hours, traffic is congested, so I take the subway. I am a foreigner, so I am not good at Korean language. I learned Korean language because of my boyfriend. I was late for class because I went to bed late yesterday.
A/V-지요?	어떤 사실에 대해서 듣는 사람이 알고 있다고 생각하고 그것을 확인하거나 동의를 구하는 질문을 할 때 사용합니다. '-지요?' 앞에 명사가 오면 'N(이)지요?'로 나타납니다. '-지요'는 '-죠'로 줄여서 사용할 수 있습니다. This is used to check or ask for agreement on a certain fact which the speaker assumes that the listener knows. When a noun comes in front of '-지요?', 'N(이)지요?' can be used. '-지요?' can be shorten into '-죠'. 예 가: 오늘 날씨가 춥지요(춥죠)? It is cold. (isn't it?) 나: 네, 정말 추워요. Yes, it is really cold. 가: 한국 사람이지요(사람이죠)? You are a Korean. (aren't you?) 나: 네, 한국 사람입니다. Yes, I am a Korean.

25-26

📖 유형분석 Analysis of Question Types

한 사람이 말하는 내용을 듣고 이야기하는 목적과 들은 내용과 같은 것을 고르는 문제입니다. 25~26번 문제는 한 사람이 혼자 말하는 형식으로 '안내 방송, 책 소개, 가이드의 안내' 등과 같이 공식적인 상황에서 무엇에 대해 소개하거나 안내, 설명 등을 하는 내용입니다. 따라서 문장의 마지막 문법이 '-아/어요'가 아니라 '-ㅂ/습니다'의 형태로 나타납니다.

You will be asked to listen to a talk of one person, and to choose the best answer that corresponds to the purpose and contents of talk. In questions #25-#26, one person will talk alone, mainly introducing, informing or explaining something, etc. in a formal event such as 'announcement', 'book introduction', 'guide's guidance', and so on. For this reason, the grammar of the end of sentence is not '-아/어요', but more formal '-ㅂ/습니다'.

25 이야기를 하는 목적 고르기

말하는 사람이 왜 이 이야기를 하고 있는지를 고르는 문제입니다. 내용을 듣기 전에 선택지를 읽으시기 바랍니다. **선택지는 말하는 목적에 따라 '안내, 소개, 설명' 등이 제시**됩니다. 또는 '회사에서 주는 선물을 알려 주려고(토픽 41회 듣기 25번 정답)'와 같이 목적을 나타내는 문법을 사용해서 출제되기도 합니다.

25 Choosing the purpose of talk

You will be asked to choose the best answer which shows why the speaker is having this talk. Read the answer choices before listening to the contents. The answer choices are 'guidance', 'introduction', 'explanation', etc., depending on the purpose of talk.

26 들은 내용과 같은 것 고르기

전체적인 내용을 잘 들어야 답을 고를 수 있습니다. 들은 내용과 일치하지 않거나 언급하지 않은 내용이 있는 선택지를 지워 가며 답을 찾는 것이 좋습니다.

26 Choosing the best answer that corresponds to the talk

You need to listen to the whole content carefully to choose the best answer. To find the best answer, it is recommended to eliminate each answer which doesn't correspond to the talk or has something which was not mentioned.

25-26

기출문제 Questions of Previous Tests

※[25~26] 다음을 듣고 물음에 답하십시오. 🎵 track 22

> 여자: 여러분, 이쪽으로 오세요. 지금 보시는 이것은 옛날 신발인데요. 옛날 사람들은 <u>비가 올 때</u> 이 신발을 신었습니다. <u>신발의 앞과 뒤가 바닥보다 높아서</u> 비가 올 때도 발이 물에 젖지 않고요. 또 가벼운 <u>나무로 만들었기 때문에</u> 신었을 때 불편하지 않습니다. 남자 신발과 여자 신발은 모양이 좀 다른데요. <u>여자 신발은 꽃 그림을 그려서</u> 예쁘게 만들었습니다. 다 보셨으면 옆으로 가실까요?

25 ⟨어떤⟩ 이야기를 하고 있는지 고르십시오. 3점
① 인사　　② 설명　　③ 주문　　④ 부탁

26 들은 내용과 같은 것을 고르십시오. 4점
① 남자 신발에는 그림이 있습니다.
② 물에 들어갈 때 이 신발을 신습니다.
③ 이 신발은 나무로 만들어서 불편합니다.
④ 이 신발은 앞과 뒤를 높게 만들었습니다.

① 여자 신발은 꽃그림을 그려서
② 비가 올 때
③ 나무 ▷ 불편하지 않습니다

〈TOPIK 37회 듣기 [25~26]〉
• 이쪽 this way
• 바닥 floor
• 발 foot
• 젖다 wet
• 나무 tree
• 불편하다 inconvenient
• 모양 shape
• 꽃 그림 picture of flower
• 옆 side
• 주문 order
• 부탁 request

25
옛날에 비가 올 때 신었던 신발의 모양과 기능, 재료 등에 대해서 말하고 있습니다. 즉, 신발에 대한 설명을 하고 있는 것입니다. 따라서 정답은 ②입니다.
The woman is talking about the shape, function and material of the shoes which she wore when it rained. Thus, it is her explanation about shoes. Therefore, the correct answer is ②.

26
이 신발은 앞과 뒤를 높게 만들었고 비가 올 때 신었습니다. 가벼운 나무로 만들어서 불편하지 않으며 여자 신발은 꽃 그림이 있습니다. 따라서 정답은 ④입니다.
The shoes were made with high toe and heel parts, which were worn when it rained. It is not uncomfortable as it is made of light wood, and the shoes made for woman has a picture of flower. Therefore, the correct answer is ④.

※[25~26] 다음을 듣고 물음에 답하십시오. track 23

> 여자: (딩동댕) 여러분 안녕하세요. 아파트 관리 사무소입니다. 다음 주 화요일 19일부터 목요일 21일까지 추석 연휴입니다. 그래서 음식 쓰레기를 가지고 가지 않으니 음식 쓰레기는 그 다음 날인 22일 금요일에 버려 주시기 바랍니다. 생활에 불편을 드려 죄송합니다. 일반 쓰레기는 매일 버리셔도 됩니다. 오늘도 좋은 하루 보내세요. 감사합니다. (딩동댕)

25 여자가 왜 이 이야기를 하고 있는지 맞는 것을 고르십시오.
3점

① 아파트의 쓰레기 버리는 날을 정하려고
② 아파트 사람들에게 추석 연휴 인사를 하려고
③ 아파트의 일반 쓰레기 버리는 방법을 말해 주려고
④ 아파트의 음식 쓰레기 버리는 날이 바뀐 것을 알려 주려고

26 들은 내용으로 맞는 것을 고르십시오. 4점
① 다음 주 금요일 22일은 휴일입니다.
② 일반 쓰레기는 날마다 버릴 수 있습니다.
③ 이틀 동안 음식 쓰레기를 버릴 수 없습니다.
④ 음식 쓰레기는 매주 금요일에 버려야 합니다.

- 아파트 apartment
- 관리 사무소 apartment management office
- 추석 Chuseok (Korean Thanksgiving Day)
- 쓰레기 trash/waste
- 일반 general
- 다음 날 next day
- 알려 주다 tell/teach
- 휴일 day-off
- 날마다 every day
- 이틀 two days

25
아파트 관리 사무소의 안내 방송입니다. 다음 주 19일부터 21일까지 추석 연휴라서 음식 쓰레기를 가지고 가지 않습니다. 그렇기 때문에 22일로 음식 쓰레기 버리는 날이 바뀌었습니다. 이를 알리는 안내 방송입니다. 따라서 정답은 ④입니다.
This is an announcement from an apartment management office to the apartment residents. Since the 19th to 21st day next week will be Chuseok holidays, food waste will not be taken. Therefore, the day for you to throw away food waste has been changed to the 22nd day. This is an announcement to inform this. Therefore, the correct answer is ④.

26
추석 연휴는 화요일 19일부터 목요일 21일 삼일(사흘) 동안입니다. 그래서 삼일(사흘) 동안 음식 쓰레기를 버릴 수 없습니다. 다음 주에는 금요일에 음식 쓰레기를 버릴 수 있습니다. 그렇지만 일반 쓰레기는 날마다 버릴 수 있습니다. 따라서 정답은 ②입니다.
Chuseok season is three days from the 19th (Tuesday) to the 21st day (Thursday). Therefore, food waste cannot be thrown away for these three days. In next week, you can throw away food waste on Friday. However, general waste can be thrown away every day. Therefore, the correct answer is ②.

25-26

※[25~26] 다음을 듣고 물음에 답하십시오. ▶ track 24

25 어떤 이야기를 하고 있는지 고르십시오. 3점

① 소개　　　　② 질문　　　　③ 초대　　　　④ 약속

26 들은 내용과 같은 것을 고르십시오. 4점

① 이 동아리는 음악을 하는 동아리입니다.
② 월요일과 수요일에 태권도 공연을 합니다.
③ 동아리에 가입하려면 신청서를 써야 합니다.
④ 한 달에 두 번 공원에서 태권도를 배웁니다.

신입생 freshman | 공연 performance | 태권도 Taekwondo | 신청서 application form | 동아리 club | 저희 we (honorific form of 우리)
| 번 time (a term used to count the number of times) | 들어오다 come in | 가입하다 join

27-28

가구	furniture	noun	제 방에 있는 가구는 침대하고 옷장이에요. The furniture inside my room is a bed and a closet. (= There are a bed and a closet in my room.)
근처	near	noun	우리 집 근처에는 공원도 있고 백화점도 있어요. There is a park and department store near my house.
기간	period	noun	우리 학교는 방학 기간이 2달이에요. The vacation period of my school is two months.
이유	reason	noun	민수 씨가 학교에 안 온 이유를 알고 싶어요. I want to know the reason why Minsu did not come to school.
종류	kind	noun	백화점에는 여러 종류의 물건이 있어요. There are many kinds of goods in a department store.
퇴근	leaving the office	noun	퇴근 시간에는 길이 막혀요. Traffic is congested during the hours of leaving the office.
같이	together	adverb	주말에 친구하고 같이 영화를 보려고 해요. I am going to watch a movie together with my friend on the coming weekend.
일찍	early	adverb	저는 아침 6시에 일찍 학교에 가요. I go to school early at 6 a.m.
가르치다	teach	verb	선생님은 한국어를 가르쳐요. The teacher teaches us Korean language.
다니다	go	verb	아버지는 회사에 다녀요. My father goes to company.
지내다	live/be	verb	한국에서 지낸 기간이 얼마나 되세요? How long have you been in Korea?
취직하다	get a job	verb	올해 대학교를 졸업하고 회사에 취직했어요. In this year, I graduated from university and got a job in a company.
심심하다	bored	verb	저는 주말에 친구가 없어서 심심해요. I have no friends, so I am bored during weekends.
혼자	alone	adverb	저는 혼자 살고 있어요. I live alone.

V-(으)ㄹ 줄 알다/모르다	어떤 일을 하는 방법이나 상태에 대해 알거나 모름을 나타냅니다. This expresses that the speaker knows or doesn't know how to do something. 예 저는 운전할 줄 압니다. I know how to drive. 　저는 김치를 담글 줄 모릅니다. I don't know how to make Kimchi.
V-(으)ㄴ 지	어떤 일을 하고 나서 시간이 얼마나 되었는지를 나타냅니다. 주로 '-(으)ㄴ 지 + (시간)이/가 + 지났다/되었다'의 형태를 사용합니다. This shows how long time has passed after a certain task is done. It usually takes the form of '-(으)ㄴ 지+(length of time)이/가+지났다/되었다'. 예 한국에 온 지 1년이 지났습니다(되었습니다). One year has passed since I came to Korea.
A-군요 V-는군요	지금 알게 된 새로운 사실에 대해 말하는 사람이 감탄하면서 이야기할 때 사용합니다. '-군요' 앞에 명사가 오면 'N(이)군요'를 사용합니다. This is used to exclaim a certain fact that the speaker discovered just before. When a noun comes ahead of '-군요', 'N(이)군요' can be used. 예 여자 친구가 정말 예쁘군요. Your girlfriend is very beautiful. 　매운 음식을 아주 잘 먹는군요. You can eat spicy food very well. 　남자 친구가 한국 사람이군요. Your boyfriend is a Korean.
A-아/어하다	'좋다, 싫다, 믿다, 예쁘다, 귀엽다, 두렵다, 무섭다, 어렵다, 행복하다, 피곤하다' 등의 감정, 느낌을 나타내는 형용사에 붙어서 다른 사람의 감정이나 느낌을 행동으로 나타내는 동사로 사용합니다. Coming with adjectives which describe emotion or feeling such as '좋다', '싫다', '믿다', '예쁘다', '귀엽다', '두렵다', '무섭다', '어렵다', '행복하다', '피곤하다', etc. this is used as a verb which describes another person's emotions or feelings. 예 나는 민수를 좋아합니다. I like Minsu. 　민수 씨가 너무 피곤해합니다. Minsu feels too tired.

27-28

📖 유형분석 Analysis of Question Types

대화를 듣고 무엇에 대해 이야기를 하고 있는지 고르는 문제와 들은 내용과 같은 것을 고르는 문제입니다. A1-B1-A2-B2-A3-B3의 대화 형태이며 두 문제가 출제됩니다. 방학 계획, 백화점 상품 교환, 우체국에서 소포 보내기와 같은 **앞으로의 계획이나 여가활동, 새로운 것에 대한 시도 등이 주제**로 나옵니다. 그래서 '-아/어 보다, -(으)려고 하다, -(으)ㄹ 수 있다/없다'와 같은 문법 형태가 많이 나옵니다.

You will be asked to listen to a dialogue and choose the best answer which shows what the speakers are talking about, and also choose the best answer that describes the dialogue's contents. There will be two questions and the dialogue takes the form of A1-B1-A2-B2-A3-B3. The topic includes future plans, leisure activities, attempt for new things, etc. such as making a vacation plan, exchanging a department store item, or sending a package at the post office. For this reason, their grammar usually take the form of '-아/어 보다', '-(으)려고 하다', or '-(으)ㄹ 수 있다',

27 무엇에 대해 이야기를 하고 있는지 고르기

두 사람의 대화에서 화제를 찾는 문제입니다. 먼저 대화를 듣기 전에 선택지를 읽으시기 바랍니다. 선택지에서 반복되는 단어나 표현을 통해 무슨 대화가 나올지 내용을 유추할 수 있습니다. 또한 선택지에는 '사람, 하는 일, 장소(곳), 방법, 기간(시간)'과 같은 단어를 통해 무엇에 대한 이야기인지 제시되어 있습니다. 선택지에서 제시한 '무엇'을 생각하면서 본문을 들으시기 바랍니다. **보통 A2-B2-A3에 주요 화제가 있으니 이 부분을 주의 깊게 잘 들으면 무엇에 대해 이야기를 하고 있는지 알 수 있습니다.**

27 Choosing what they are talking about

You will be asked to find the main topic of a dialogue between two people. First, read the answer choices before listening to the dialogue. You can guess what kinds of dialogue will come, through the repeated words or expressions in the answer choices. Also, in the answer choices, what the dialogue is taled about is presented such as 'person', 'job', 'place(location)', 'method', or 'time'. Keep in mind of 'what' which was presented in the answer choices when you listen to the main passage. The main subject is usually in A2-B2-A3, so if you listen to this part carefully, you can know what they are talking about.

28 들은 내용과 같은 것을 고르기

전체적인 내용을 잘 듣고 분석해야 합니다. 선택지는 주로 남자와 여자의 행동에 대해 설명하고 있습니다. 그러므로 남자와 여자가 **어떤 행동을 했는지 그리고 어떤 행동을 하고 싶어 하는지를 주의** 깊게 들으십시오. 들은 내용과 일치하지 않거나 언급하지 않은 내용이 있는 선택지를 지워 가며 답을 찾는 것이 좋습니다.

또한 답을 고를 때 **시제가 중요**합니다. 선택지의 내용이 과거인지, 현재인지 아니면 미래인지를 먼저 파악한 후, 대화의 내용을 듣고 답을 찾으시기 바랍니다. 아래는 선택지에 자주 사용되는 시제를 나타내는 문법입니다.

28 Choosing the answer which describes the talk

You need to listen to the whole content carefully to choose the best answer. The answer choices usually describe the man and woman's behaviors. Therefore, listen carefully to what they did and want they want to do. To find the best answer, it is recommended to eliminate each answer which doesn't describe the talk or has something which was not mentioned.

The tense of each sentence is important when choosing the correct answer. First, check whether each answer choice is in past, present or future tense, and find the correct answer by listening to the dialogue. The followings are the grammar forms which indicate tenses that often appear in the answer choices.

과거 past	-았/었습니다
현재 present	-ㅂ/습니다, -고 있습니다
미래 future	-(으)ㄹ 겁니다/것입니다, -(으)려고 합니다
기타 other tenses	-고 싶어 합니다

27-28

기출문제 Questions of Previous Tests

※[27~28] 다음을 듣고 물음에 답하십시오. 🎵 track 25

> 남자: 요즘 퇴근 후에 뭐 해요? 매일 일찍 나가는 것 같아요.
>
> 여자: 아, 집 근처 가구 만드는 곳에 가서 책상을 만들고 있어요.
>
> 남자: 책상요? 책상을 사지 않고 만들어요?
>
> 여자: 네. 좀 큰 책상을 갖고 싶어서 시작했는데 아주 재미있어요. 그래서 다음에는 식탁도 만들어 보려고요.
>
> 남자: 그런 걸 할 줄 알아요? 나는 작은 상자도 못 만드는데…….
>
> 여자: 가구 만드는 곳에 가면 다 가르쳐 줘요. 하고 싶으면 같이 가요.

〈TOPIK 37회 듣기 [27~28]〉
- 나가다 go out
- 갖다 have
- 식탁 dining table
- 상자 box
- 곳 place
- 만들다 make

27 두 사람이 무엇에 대해 이야기를 하고 있는지 고르십시오.
`3점`

① 가구를 사는 곳
② 회사의 퇴근 시간
③ 퇴근 후에 하는 일
④ 가구를 고르는 방법

27
남자/여자: 직장 동료
남자는 여자에게 퇴근 후에 하는 일이 무엇인지 묻습니다. 여자는 가구 만드는 곳에 가서 책상을 만들고 있다고 대답하며, 퇴근 후에 하는 일에 대해 이야기하고 있습니다. 따라서 정답은 ③입니다
man/woman: colleagues
The man asks the woman what she does after work. She is talking about what she does after work, answering that she goes to a furniture workshop to build a desk. Therefore, the correct answer is ③.

28 들은 내용과 같은 것을 고르십시오. `4점`
① 여자는 집에서 책상을 만들고 있습니다.
② 남자는 책상 만드는 방법을 알고 있습니다.
③ 여자는 퇴근 후에 가구 만드는 곳에 갑니다.
④ 남자는 여자에게 식탁을 만들어 주려고 합니다.

① 집 근처 가구 만드는 곳
② 남자 ▷ 작은 상자도 못 만드는데
④ 여자 ▷ 다음에 식탁도 만들어 보려고요

28
여자는 퇴근 후에 집 근처 가구 만드는 곳에 가서 책상을 만들고 있다고 말합니다. 남자는 책상은 물론 작은 상자도 못 만든다고 말합니다. 따라서 정답은 ③입니다.
The woman says that she goes to a furniture workshop near her home to build a desk. The man says to her he cannot make even a small box as well as a desk. Therefore, the correct answer is ③.

※[27~28] 다음을 듣고 물음에 답하십시오. 🔘 track 26

여자: 한국어를 공부한 지 얼마나 됐어요? 한국어를 정말 잘 하시네요.

남자: 어, 아니에요. 한국어를 배운 지 2년쯤 됐는데 아직 잘 못해요.

여자: 그렇군요. 그런데 한국어는 왜 배우세요?

남자: 한국 회사에 취직하고 싶어서 한국어를 배우고 있어요.

여자: 아, 그래요? 저는 한국 음식을 배우고 싶어서 한국에 왔어요. 그래서 한국어도 공부하고 한국 요리 학원도 다니고 있어요.

남자: 와, 한국 요리요? 재미있겠네요. 저도 불고기와 김치찌개 만드는 방법을 배워 보고 싶었는데.

- 아직 still
- 잘 못하다 not good at
- 그렇다 true, right
- 요리 학원 cooking academy
- 불고기 Bulgogi (a Korean dish of grilled marinated beef)
- 김치찌개 Kimchi-jjigae (a stew-like Korean dish made of Kimchi)
- 왜 why
- 쯤 about/around
- 계획 plan
- 알다 know

27 두 사람이 무엇에 대해 이야기를 하고 있는지 고르십시오.
3점

① 한국에서 지낸 기간
② 한국어를 공부하는 이유
③ 한국 회사에 취직하는 방법
④ 앞으로 배울 한국 음식의 종류

27
남자는 한국 회사에 취직하기 위해 한국어를 공부하고 여자는 한국 음식을 배우기 위해서 한국어를 공부하고 있다고 말합니다. 따라서 정답은 ②입니다.
The man says he is studying Korean to get a job at a Korean company, and the woman says she is studying Korean to learn how to cook Korean foods. Therefore, the correct answer is ②.

28 들은 내용과 같은 것을 고르십시오. 4점
① 남자는 한국어를 공부한 지 1년이 지났습니다.
② 남자는 여자와 같이 요리 학원에 다닐 계획입니다.
③ 남자는 한국어 공부를 한 후에 한국 회사에 취직할 겁니다.
④ 남자는 불고기와 김치찌개를 만드는 방법을 알고 있습니다.

28
남자는 한국어를 배운 지 2년쯤 되었고 한국어 공부가 끝나면 한국 회사에 취직하려고 합니다. 따라서 정답은 ③입니다.
The man has been studying Korean for about two years, and wants to get a job in a Korean company after he completes studying Korean. Therefore, the correct answer is ③.

27-28

※ [27~28] 다음을 듣고 물음에 답하십시오. 🎵 track 27

27 두 사람이 무엇에 대해 이야기를 하고 있는지 고르십시오. 3점
   ① 수영을 시작한 이유
   ② 살을 빼는 좋은 방법
   ③ 같이 운동하고 싶은 사람
   ④ 공원에서 할 수 있는 운동

28 들은 내용과 같은 것을 고르십시오. 4점
   ① 여자는 수영을 해서 날씬해졌습니다.
   ② 여자는 걷기 운동을 시작하려고 합니다.
   ③ 남자는 내일부터 운동을 시작할 겁니다.
   ④ 남자는 날마다 공원에 운동하러 갑니다.

살 flesh (weight) | 빠지다 lose | 예뻐지다 get prettier | 일 day | 씩 each | 걷기 운동 walking excercise | 빼다 go on a diet | 말다 stop | 수영 swimming | 날씬하다 slim | 다이어트 diet | 운동장 schoolyard

29-30

✎ 오늘의 어휘 Today's Vocabulary

경치	scenery	noun	설악산은 가을에 단풍이 들어서 경치가 좋아요. At Seoraksan Mountain, leaves get tinted in autumn and the scenery is nice.
내용	contents	noun	이 책의 내용은 재미있어요. The contents of this book are fun.
성함	name	noun	그 분의 성함을 가르쳐 주세요. Please tell me his name.
손님	customers/ guests	noun	가게에 손님이 많아요. There are many customers in the store.
연락처	contact information	noun	전화번호나 주소와 같은 연락처가 있어요? Do you have any contact information such as a phone number or an address?
예약	reservation/ booking	noun	아직 비행기 표 예약을 하지 않았어요. I still haven't made a reservation for an air ticket. (= I still haven't booked for an air ticket.)
이름	name	noun	제 이름은 민수예요. My name is Minsu.
전화번호	telephone number	noun	전화번호가 어떻게 되세요? What is your telephone number?
그러면	then	adverb	가: 다이어트를 하고 싶어요. / 나: 그러면 저하고 같이 운동해요. A: I want to go on a diet. / B: Then let's work out together.
이미	already	adverb	저는 그 일을 3일 전에 이미 알고 있었어요. I have already known the fact three days ago.
교환하다	exchange	verb	모자가 커서 좀 작은 것으로 교환하고 싶어요. The hat is big for me, so I want to exchange it to a smaller one.
싫어하다	dislike	verb	저는 추운 계절을 싫어해요. I dislike cold weather.
앉다	sit	verb	의자에 앉으세요. Sit in the chair.

이해하다	understand	verb	이 책은 너무 어려워서 이해할 수 없어요. This book is too hard for me to understand.
입다	wear (clothing)	verb	저는 청바지를 입었어요. I wore jean pants.
환불하다	refund	verb	지난주에 산 티셔츠가 작아서 돈으로 환불했어요. The T-shirt I bought last week was too small, so I refunded it.
쉽다	easy	adjective	시험 문제가 쉬워서 다 맞았어요. The test questions were easy, so I got all the questions.
어렵다	difficult	adjective	한국어로 이야기하는 것이 어려워요. It is difficult to speaking in Korean.
유명하다	famous	adjective	한국의 김치는 외국에서도 유명해요. Korean Kimchi is famous also in foreign countries.
하얗다	white	adjective	어젯밤에 하얀 눈이 많이 내렸어요. Heavy white snow fell down last night.

V-기가 쉽다/어렵다/힘들다	어떤 일에 대해서 판단을 할 때 사용합니다. 주로 '쉽다, 어렵다, 힘들다' 등과 같이 사용합니다. '-기가'에서 '가'를 생략할 수 있습니다. This is used to determine something. It is usually used with '쉽다', '어렵다', '힘들다'. '가' can be omitted from '-기가'. 예 이 음식은 매워서 먹기가 힘듭니다. 이 음식은 매워서 먹기 힘듭니다. This food is too spicy to eat.
V-기 위해서	어떤 행동을 하는 목적을 나타냅니다. '-기 위해서'는 '서'를 생략하여 '-기 위해, -기 위하여'로 쓸 수 있습니다. 명사와 쓸 때에는 'N을/를 위해서'를 사용합니다. This expresses the purpose of a certain behavior. '-기 위해서' can also be replaced by '-기 위해' or '-기 위하여' after eliminating '서'. When it is used with a noun, 'N을/를 위해서' can be used. 예 저는 건강을 지키기 위해서 매일 2시간씩 운동을 합니다. 저는 건강을 지키기 위해 매일 2시간씩 운동을 합니다. To keep my health, I work out for two hours every day. 즐거운 한국 생활을 위해서 한국어를 열심히 공부합니다. I study Korean hard for happy life in Korea.

29-30

유형분석 Analysis of Question Types

대화를 듣고 왜 그러한 행동을 했는지 고르는 문제와 들은 내용과 같은 것을 고르는 문제입니다. A1-B1-A2-B2-A3-B3의 대화 형태입니다. 자녀 상담이나 통장 개설 문의, 배송 지연에 대한 사과 등의 특정한 목적이 있는 대화가 주로 나옵니다. 그래서 **대화의 목적을 파악하는 것이 중요**합니다.

You will be asked to listen to a dialogue and choose the best answer which shows why the speaker did such a behavior, and the best answer which describes the contents of dialogue. The dialogue takes the form of A1-B1-A2-B2-A3-B3. The dialogue usually includes talks with a specific purpose such as inquiry for children counseling or for opening a bank account, apology for delayed delivery, etc. For this reason, it is important to understand the purpose of dialogue.

29 '왜' 했는지 이유 찾기

남자/여자가 어떤 행동을 왜 했는지 그 이유를 찾는 문제입니다. 먼저 대화를 듣기 전에 선택지를 읽으시기 바랍니다. 선택지에서 반복되는 단어나 표현을 통해 여자나 남자가 어떤 행동을 하는지 유추할 수 있습니다. 주로 A1-B1-A2에서 그 이유가 나타납니다. '-아/어서, -(으)려고, N 때문에'와 같은 **이유를 나타내는 문법 표현**을 주의 깊게 들으면 답을 쉽게 찾을 수 있습니다.

29 Finding the reason 'why' some action is done

You will be asked to find the reason why the man/woman has done a certain action. First, read the answer choices before listening to the dialogue. You can guess what she or he is doing, through the repeated words or expressions in the answer choices. The reason of it usually appears in A1-B1-A2. You can easily find the best answer by carefully listening to the grammatical expression that shows the reason of something such as '-아/어서', '-(으)려고' or 'N 때문에'.

30 들은 내용과 같은 것을 고르기

전체적인 내용을 잘 듣고 분석해야 합니다. 선택지는 주로 남자와 여자의 행동에 대해 설명하고 있습니다. 그러므로 남자와 여자가 어떤 행동을 했는지 그리고 왜 그 행동을 했는지 주의 깊게 들으십시오. 들은 내용과 일치하지 않거나 언급하지 않은 내용이 있는 선택지를 지워 가며 답을 찾는 것이 좋습니다.

또한 **답을 고를 때 시제가 중요**합니다. 선택지의 내용이 과거인지, 현재인지 아니면 미래인지를 먼저 파악한 후, 대화의 내용을 듣고 답을 찾으시기 바랍니다.

30 Choosing the same contents as the talk

You need to carefully listen to the whole content to analyze it. The answer choices usually describe the man and woman's action. Therefore, carefully listen to what he and she did, and what they want to do. To find the best answer, it is recommended to eliminate each answer which doesn't correspond to the talk or has something that was not mentioned.

The tense of each sentence is also important when choosing the best answer. First, check whether the answer choices are in past, present, or future tense, then listen to the dialogue to find the best answer.

29-30

기출문제 Questions of Previous Tests

※[29~30] 다음을 듣고 물음에 답하십시오. 🎵 track 28

> 여자: 선생님, 안녕하세요? 요즘 저희 아이가 책을 잘 안 읽어요. ☆그래서 걱정이 돼서 왔어요.
>
> 남자: 네. 여기 앉으세요. (잠시 쉬고) 음……. 아이가 책을 읽는 걸 싫어하면 만화책부터 보여 주는 건 어떨까요?
>
> 여자: 만화책요? 그러면 아이가 만화책만 좋아하지 않을까요?
>
> 남자: 아니에요. 만화책이 책을 읽는 데 도움이 돼요. 만화책에서 본 내용이 재미있으면 다른 책도 찾아서 읽게 되니까요.
>
> 여자: 아, 그러면 책 읽는 습관을 기를 수 있어서 좋을 것 같네요.
>
> 남자: 네. 또 어려운 내용을 쉽게 이해할 수 있어서 공부에 도움도 돼요. 그래서 요즘 아이들은 만화책을 많이 읽어요.

29 여자는 왜 남자를 찾아왔는지 맞는 것을 고르십시오. 3점
① 만화책을 읽고 싶어서
② 아이가 공부를 잘 못해서
③ 아이가 책 읽기를 싫어해서
④ 만화책의 좋은 점을 알고 싶어서

30 들은 내용과 같은 것을 고르십시오. 4점
① 요즘 아이들은 만화책을 읽지 않습니다.
② 만화책으로는 어려운 내용이 이해하기 힘듭니다.
③ 책 내용이 재미있으면 만화책을 찾아서 읽습니다.
④ 만화책을 읽으면 책 읽는 습관을 기를 수 있습니다.

> ① 요즘 아이들은 만화책을 많이 읽어요
> ② 어려운 내용을 쉽게 이해할 수 있어서
> ③ 만화책에서 본 내용이 재미있으면 책을 찾아서 읽습니다

〈TOPIK 41회 듣기 [29~30]〉
• 아이 child
• 걱정이 되다 be worried
• 만화책 comic book
• 도움이 되다 helpful
• 다른 different
• 습관을 기르다 make a habit
• 좋은 점 a strong point

29
여자: 어머니 / 남자: 선생님
여자는 남자에게 '아이가 책을 잘 안 읽어서' 걱정이 되어서 왔다고 말합니다. 따라서 정답은 ③입니다.
Woman: mother/ Man: teacher
The woman tells the man that she came because she is worried that 'her child doesn't read books'. Therefore, the correct answer is ③.

30
남자는 아이가 책을 읽는 것을 싫어하면 만화책부터 보여 주는 것이 책을 읽는 데 도움이 된다고 말합니다. 만화책 내용이 재미있으면 다른 책도 찾아서 읽게 되기 때문입니다. 따라서 정답은 ④입니다.
The man says that if the child doesn't like reading books, it is helpful to show the child some comic books first to make the child read books. If the contents of comic books are fun, the child would seek for other books to read. Therefore, the correct answer is ④.

※[29~30] 다음을 듣고 물음에 답하십시오. 🔴 track 29

> 여자: 손님, 어서 오세요. 뭐 찾으시는 거 있으세요?
> 남자: 지난주에 여기에서 선물하려고 산 <u>원피스</u>인데요. <u>환불을 하고 싶어서요.</u>
> 여자: 아, 이 옷이 마음에 안 드세요?
> 남자: 아닙니다. <u>여자 친구를 주려고 샀는데 지난 주말에 헤어졌어요.</u>
> 여자: 손님, 죄송합니다. <u>환불은 안 되고 교환은 되는데요.</u> 교환해 드릴까요? 이 티셔츠 한번 입어 보세요. 손님 얼굴이 하얘서 잘 어울릴 것 같아요.
> 남자: 그래요? <u>그럼 그 티셔츠로 주세요.</u>

29 남자는 (왜) 옷을 환불하려고 하는지 맞는 것을 고르십시오.
　3점
　① 여자 친구가 마음에 안 들어 해서
　② 여자 친구에게 티셔츠를 선물하려고
　③ 선물하려고 한 여자 친구와 헤어져서
　④ 원피스를 환불하고 하얀 티셔츠를 사려고

30 들은 내용과 같은 것을 고르십시오.　4점
　① 남자는 지난주에 원피스를 환불했습니다.
　② 남자는 원피스를 티셔츠로 교환할 겁니다.
　③ 남자는 여자 친구와 함께 교환하러 왔습니다.
　④ 남자는 여자 친구에게 다른 옷을 선물할 겁니다.

- 선물하다 give a present
- 원피스 one-piece dress
- 마음에 (안) 들다 like(dislike)
- 헤어지다 say goodbye/break up
- 티셔츠 T-shirt
- 얼굴 face
- 잘 어울리다 fit well (on someone)
- 여자 친구 girlfriend
- 옷 clothes

29
여자: 점원 / 남자: 손님
남자는 지난주에 여자 친구에게 선물하려고 원피스를 샀습니다. 그런데 여자 친구와 헤어져서 원피스를 환불하려고 왔습니다. 따라서 정답은 ③입니다.
Woman: shopkeeper / Man: customer
The man bought an one-piece dress to present his girlfriend. However, he broke up with her, so he came to refund the dress. Therefore, the correct answer is ③.

30
남자는 환불을 하고 싶었지만 여자가 환불이 안 된다고 하면서 티셔츠를 추천해 주어서 자포자기하는 마음으로 티셔츠로 교환합니다. 따라서 정답은 ②입니다.
The man wants to refund it, but the woman says it is impossible to refund it and recommends buying a T-shirt instead, so he gives up and exchanges it with a T-shirt. Therefore, the correct answer is ②.

29-30

연습문제 Exercise Questions

※ [29~30] 다음을 듣고 물음에 답하십시오. 🔊 track 30

29 남자는 여자에게 왜 전화를 했는지 맞는 것을 고르십시오. 3점
① 경치가 좋은 방을 예약하려고
② 이번 주말에 제주도에 가려고
③ 예약한 이름과 연락처를 알려 주려고
④ 예약한 날짜를 다른 날짜로 바꾸려고

30 들은 내용과 같은 것을 고르십시오. 4점
① 경치가 좋은 방은 예약하기 힘듭니다.
② 예약한 호텔은 날짜를 바꿀 수 없습니다.
③ 제주도에 가기 위해서 호텔을 예약합니다.
④ 예약한 호텔 근처에는 유명한 장소가 많습니다.

여행사 travel agency | **이번** this time | **호텔** hotel | **갑자기** suddenly | **생기다** occur/appear | **다음** next | **말씀하다** speak, say (honorific form of 말하다) | **방** room | **분** minutes | **좀** please (used in case of requesting something politely) | **주변** surrounding

〈 듣기 연습문제 정답 및 해설 〉

1 ④

> 여자: 이거 가방이에요?
> 남자: _____

이것(이거)이 가방인지 묻고 있습니다. '네'일 경우에는 '가방이에요'로 대답하고, '아니요'일 경우에는 '가방이 아니에요'로 대답합니다. 따라서 정답은 ④입니다.

The woman is asking if this is a bag. If so, it could be answered as '가방이에요', and if not, it could be answered as '가방이 아니에요'. Therefore, the correct answer is ④.

2 ④

> 남자: 커피가 맛있어요?
> 여자: _____

커피가 맛있는지 묻고 있습니다. '네'일 경우에는 질문과 똑같이 '커피가 맛있어요' 등으로 대답할 수 있습니다. '아니요'일 경우에는 '커피가 맛없어요' 등으로 대답할 수 있습니다. 부정적인 대답에는 '맛있다-맛없다'처럼 반의어가 자주 사용됩니다. 따라서 정답은 ④입니다.

The man is asking if coffee flavors good. If 'yes', it can be answered as '커피가 맛있어요', etc. which is same as the question. If 'no', it can be answered as '커피가 맛없어요', etc. In negative answers, antonyms such as '맛있다-맛없다' can often be used. Therefore, the correct answer is ④.

3 ④

> 남자: 몇 명이 여행할 거예요?
> 여자: _____

몇 명이 여행할 건지 묻고 있습니다. 사람의 수를 묻는 질문이므로 '두 사람'과 같이 '수'와 단위 명사가 결합된 답을 고르면 됩니다. 단위 명사는 '명'이나 '사람'을 사용할 수 있습니다. 따라서 정답은 ④입니다.

The man is asking how many people will go traveling. It is asking the number of people, so you should choose the answer which is combination of a 'number' and a unit noun, such as '두 사람(two persons)'. The unit noun can be either '명' or '사람'. Therefore, the correct answer is ④.

4 ②

> 남자: 이 식당은 어때요?
> 여자: _____

식당이 어떤지 묻고 있습니다. '어때요'는 식당의 시설이나 음식의 상태를 묻는 질문이므로 '맛있다'라는 답을 고르면 됩니다. 따라서 정답은 ②입니다.

The man is asking how the restaurant was. '어때요' is to ask the restaurant's facilities or the dishes' condition, so you should choose the answer choice '맛있다'. Therefore, the correct answer is ②.

5 ②

> 여자: 도와줘서 고마워요.
> 남자: _____

여자가 감사의 인사를 하는 상황입니다. 이러한 상황에서는 주로 '아니에요, 별말씀을요' 등의 대답을 할 수 있습니다. 따라서 정답은 ②입니다.

This is the situation that the woman is saying 'thank you'. In such situation, it could be answered as '아니에요', '별말씀을요', etc. Therefore, the correct answer is ②.

6 ①

남자: 수미 씨, 전화 왔어요. 받으세요.
여자: ＿＿＿＿＿＿＿＿＿＿＿＿＿＿＿＿＿＿＿＿＿＿

남자가 수미 씨에게 온 전화를 받았습니다. 그래서 전화를 바꿔 주려고 수미 씨를 불렀습니다. 이러한 경우에는 '네, 잠깐만요, 네, 잠시만요, 네, 알겠어요' 등을 사용할 수 있습니다. 따라서 정답은 ①입니다.

The man received a phone call to Sumi. So, he calls Sumi to turn the phone to her. In this case, '네, 잠깐만요', '네, 잠시만요', '네, 알겠어요', etc. can be used. Therefore, the correct answer is ①.

7 ①

남자: 이 책을 찾는 거지요?
여자: 네, 그 책 맞아요. 얼마예요?

여자가 서점에서 책을 사고 있습니다. 남자는 여자가 사려고 하는 책을 찾아서 여자에게 확인을 하고 있습니다. 그리고 여자는 책을 확인하고 그 책의 가격을 묻고 있습니다. 따라서 정답은 ①입니다.

The woman is buying some book at a bookstore. The man has found the book the woman wants to buy and asks her if it is the right book. She confirms that the book is the right one and asks its price. Therefore, the correct answer is ①.

8 ②

여자: 이 돈을 한국 돈으로 좀 바꿔 주세요.
남자: 네, 얼마나 바꿔 드릴까요?

여자가 은행에서 환전을 하고 있습니다. '한국 돈, 바꾸다'라는 표현을 통해 장소가 '은행'이라는 것을 유추할 수 있습니다. 따라서 정답은 ②입니다.

The woman is exchanging money at a bank. Through the expressions '한국 돈' and '바꾸다', it can be assumed that the place of this dialogue is a '은행'. Therefore, the correct answer is ②.

9 ③

남자: 공책은 어디에 있어요?
여자: 저쪽으로 가면 있습니다.

손님(남자)이 직원(여자)에게 문구점에서 공책이 어디에 있는지 묻고 있습니다. '공책, 저쪽에 있다'라는 표현을 통해 장소가 '문구점'이라는 것을 유추할 수 있습니다. 따라서 정답은 ③입니다.

The customer(man) is asking the woman(shopkeeper) where she can find notebooks. Through the expressions '공책' and '저쪽에 있다', it can be assumed that the place of this dialogue is a '문구점'. Therefore, the correct answer is ③.

10 ④

여자: 이거 재미있는데 이거 먼저 탈까요?
남자: 이거는 무서우니까 다른 거 타러 가요.

놀이공원에서 여자가 남자에게 재미있는 놀이기구를 타자고 했습니다. 그리고 남자는 그 놀이기구가 무서워서 다른 것을 타자고 합니다. '타다, 재미있다, 무섭다'라는 표현을 통해 장소가 '놀이공원'이라는 것을 유추할 수 있습니다. 따라서 정답은 ④입니다.

At an amusement park, the woman suggests the man to go on the rides. Through the expressions '타다', '재미있다' and '무섭다', it can be assumed that the place of this dialogue is a '놀이공원'. Therefore, the correct answer is ④.

11 ③

여자: 무슨 일을 하세요?
남자: 저는 의사예요. 병원에서 일해요.

여자가 남자에게 하는 일을 묻고, 남자가 대답하고 있습니다. 이 문제에서 핵심 단어는 '일, 의사, 일하다'입니다. 핵심 단어를 통해 두 사람이 남자의 직업에 대해 말하고 있다는 것을 알 수 있습니다. 따라서 정답은 ③입니다.

The woman is asking what the man does, and the man is answering it. The key words of this question are '일', '의사' and '일하다'. The key words suggest that the two people are talking about the man's job. Therefore, the correct answer is ③.

12 ④

남자: 저는 4월 15일에 태어났어요.
여자: 그래요? 저도 같은 날 태어났어요.

두 사람이 태어난 날짜를 말하고 있습니다. 이 문제에서 핵심 단어는 '4월 15일, 날, 태어나다'입니다. '4월 15일'과 '날'만 생각하면 '날짜'를 정답이라고 생각할 수도 있습니다. 하지만 두 사람이 공통으로 사용한 '태어나다'가 가장 중요한 핵심 단어이기 때문에 '생일'을 정답으로 택해야 합니다. 따라서 정답은 ④입니다.

The two people are talking about the date of birth. The key words of this question are '4월 15일', '날' and '태어나다'. By thinking only '4월 15일' and '날', you may think that '날짜' is the correct answer. However, the most important key word is '태어나다' which both people used, so you should choose '생일' as the correct answer. Therefore, the correct answer is ④.

13 ①

남자: 이거 다 읽었어요?
여자: 네, 지난 주말에 읽었는데 별로 재미없어요.

남자가 이것(이거)을 읽었는지 묻고, 여자가 대답하고 있습니다. 이 문제에서 핵심 단어는 '읽다, 재미없다'입니다. 특히 두 사람이 공통으로 '읽다'를 사용했기 때문에 책(이거)에 대해 말하고 있다는 것을 알 수 있습니다. 따라서 정답은 ①입니다.

The man is asking if the woman has read this, and she is answering it. The key words of this question are '읽다' and '재미없다'. The key words suggest that the two people are talking about a book(this) because both people used '읽다'. Therefore, the correct answer is ①.

14 ②

남자: 옷, 가방, 신발……. 이렇게 많이 사요?
여자: 남대문 시장에서 사면 싸니까 괜찮아요.

남자는 물건을 많이 사는 것을 걱정하고, 여자는 물건을 많이 사는 이유를 말하고 있습니다. '옷, 가방, 신발'은 여자의 쇼핑 목록이고, 이 문제의 핵심 단어는 '사다, 시장, 싸다'입니다. 핵심 단어를 통해 두 사람이 쇼핑에 대해 말하고 있다는 것을 알 수 있습니다. 따라서 정답은 ②입니다.

The man is worried that the woman is buying so many things, and she is explaining why she is buying so many things. '옷', '가방' and '신발' are on her shopping list, and the key words of this question are '사다', '시장' and '싸다'. The key words suggest that the two people are talking about shopping. Therefore, the correct answer is ②.

15 ②

남자: 어떻게 해 드릴까요?
여자: 이 사진처럼 예쁘게 잘라 주세요.

장소: 미용실 / 남자: 미용사 / 여자: 손님
여자가 남자에게 자르고 싶은 머리 모양을 이야기하고 있습니다. 여자의 '이 사진처럼'이라는 말을 통해 여자가 남자에게 사진을 보여 주는 모습을 유추할 수 있고, '예쁘게 잘라 주세요'라는 말을 통해 미용실에서 머리를 자르기 전의 상황이라는 것을 알 수 있습니다. 따라서 정답은 ②입니다.

place: hair salon / man: hairdresser / woman: customer
The woman is telling the man what kind of hair style she wants. Through her words '이 사진처럼', it can be assumed that she is showing the man a picture, and '예쁘게 잘라주세요' suggests that the woman is about to get her hair cut at a hair salon. Therefore, the correct answer is ②.

16 ③

남자: 다 고쳤으니까 한번 확인해 보시겠어요?
여자: 네. 잘 되네요. 앞으로 조심해서 써야겠어요.

장소: 컴퓨터 수리 센터 / 남자: 수리 기사 / 여자: 수리 센터 이용자
선택지 ①, ②는 컴퓨터 판매 매장의 모습이며, ③은 컴퓨터 수리 센터, ④는 여자가 수리 센터에 전화(남자)하는 상황입니다. 남자의 '고치다, 확인하다', 여자의 '잘 되다'와 같은 표현을 통해 두 사람이 같은 장소에 있고, 이곳은 수리 센터라는 것을 알 수 있습니다. 남자가 여자의 물건(노트북)을 고쳐 주어 여자가 잘 되는지 확인하고 있습니다. 따라서 정답은 ③입니다.

place: computer service center / man: service engineer / woman: service center user
The answer choices ① and ② show a computer store, the answer choice ③ shows a computer service center, and the answer choice ④ shows a woman making a phone call(man) to the service center. Expressions such as the man's words '고치다' and '확인하다' and the woman's words '잘 되다' suggest that both people are at the same place, and the dialogue is taking place at a service center. He has repaired her item(laptop), so she is checking if it works properly. Therefore, the correct answer is ③.

17 ④

남자: 1시 30분에 경주 가는 버스, 두 명이요.
여자: 네, 손님. 잠시만요. (키보드 두드리는 소리) 한 자리밖에 없는데요.
　　　두 분이 가시려면 1시 50분 버스를 타셔야 합니다.
남자: 그래요? 그럼 그거 2장 주세요.

남자: 손님 / 여자: 매표소 직원
남자는 1시 30분에 경주로 가는 버스표 두 장을 사려고 합니다. 하지만 두 명이 함께 가려면 1시 50분 버스를 타야 합니다. 그래서 남자는 1시 50분 버스표를 사고 있습니다. 따라서 정답은 ④입니다.

man: customer / woman: ticket booth clerk
The man intends to buy two bus tickets to depart at 1:30 p.m. to Gyeongju. However, if two people want to ride the same bus, they should take the bus at 1:50 p.m. So, the man is buying bus tickets for departure at 1:50 p.m. Therefore, the correct answer is ④.

18 ①

남자: 수미 씨는 요즘 주말에도 바쁜 것 같아요.
여자: 네, 좀 바빠요. 토요일마다 1박 2일로 떠나는 여행 모임이 있어서요.
남자: 와. 저는 일이 많아서 일 년에 한 번도 못 가는데, 정말 재미있겠네요.
여자: 네, 처음 가는 곳이 많아서 더 재미있어요.

여자는 매주 토요일 1박 2일 여행 모임이 있어 바쁘다고 합니다. 따라서 정답은 ①입니다.

The woman is saying that she is busy on every Saturday for one-night two-day travel meeting. Therefore, the correct answer is ①.

19 ③

여자: 안녕하세요? 태권도를 좀 배우려고 하는데요.
남자: 아, 그래요. 그러시면 여기 신청서부터 좀 써 주시겠어요?
여자: 회사가 저녁 7시쯤 끝나는데 저녁반은 몇 시에 시작해요?
남자: 7시 30분에 시작하니까 끝나고 오시면 되겠네요.

여자: 손님 / 남자: 태권도 사범
여자는 저녁 7시 이후에 태권도를 배우려고 합니다. 저녁반이 7시 30분에 시작하기 때문에 퇴근 후에 태권도를 배울 수 있습니다. 따라서 정답은 ③입니다.

woman: customer / man: Taekwondo instructor
The woman is going to learn Taekwondo after 7 p.m. As the evening classes begin at 7:30 p.m., she can learn it after work. Therefore, the correct answer is ③.

20 ②

여자: 민수 씨, 어제 이메일 보냈는데 봤어요?
남자: 아니요, 아직 못 봤어요. 그런데 무슨 일 있어요?
여자: 이번 주 토요일에 집들이를 하는데 친구들을 초대하려고요. 올 수 있지요?
남자: 이번 주 토요일이요? 토요일에는 중요한 약속이 있는데……. 미안해요.

여자/남자: 친구
여자는 집들이에 초대하는 이메일을 남자에게 보냈습니다. 남자는 이메일을 읽지 못했지만 여자는 다시 한 번 초대를 합니다. 따라서 정답은 ②입니다.

woman/man: friends
The woman has sent an e-mail to the man to invite him to her house-warming party. The man haven't read it, but the woman invites him again. Therefore, the correct answer is ②.

21 ③

남자: 다음 주 일요일에 마이클 씨가 고향으로 돌아가요. 마이클 씨와 친구들을 초대하면 어떨까요?
여자: 그래요. 좋은 생각이에요. 그런데 함께 모여서 뭘 하면 좋겠어요?
남자: 맛있는 한국 음식을 한 개씩 만들어 와서 파티를 하면 어때요?
여자: 좋아요. 마이클 씨는 잡채를 좋아하니까 저는 잡채를 준비할게요.

여자/남자/(마이클): 친구
남자가 여자에게 고향으로 돌아가는 마이클을 위해 한국 음식을 만들어 와서 파티를 해 주자고 제안합니다. 여자는 마이클이 좋아하는 잡채를 만들어 오겠다고 합니다. 따라서 정답은 ③입니다.

woman/man/(Michael): friends
The man suggests the woman to make some Korean dishes and have a party for Michael who is going back to hometown. The woman says that she will make Michael's favorite dish Japchae. Therefore, the correct answer is ③.

22 ②

여자: 우리 이제 그만 가요. 백화점 구경을 3시간이나 했어요.
남자: 세일 기간이라서 싼 물건도 많은데 조금만 더 구경하고 가요.
여자: 당신처럼 쇼핑을 좋아하는 남자도 없을 거예요. 저는 이제 힘들어서 빨리 갔으면 좋겠어요.
남자: 알겠어요. 이것만 보고 갈게요.

여자: 아내 / 남자: 남편
여자의 중심 생각을 골라야 합니다. 여자는 두 번째 대화에서 '이제 힘들어서 빨리 갔으면 좋겠어요'라고 말하면서 빨리 돌아가고 싶다고 말합니다. 따라서 정답은 ②입니다.

woman: wife / man: husband
You will be asked to choose the woman's main idea. Through her second saying, the woman wants to go back home early, so she is saying '이제 힘들어서 빨리 갔으면 좋겠어요'. Therefore, the correct answer is ②.

23 ②

남자: 오늘 영화 정말 재미있었지요?
여자: 네, 정말 재미있었어요. 그런데 팝콘 값을 보고 깜짝 놀랐어요. 어떻게 영화표보다 더 비싸요?
남자: 맞아요. 팝콘 값이 좀 비싸죠. 그래도 영화 볼 때 팝콘이 있어야죠.
여자: 저도 팝콘을 좋아하지만 가격을 좀 내려야 하지 않을까요?

여자의 중심 생각을 골라야 합니다. 여자의 두 번째 대화에서 '가격을 좀 내려야 하지 않을까요?'라는 말을 통해 팝콘의 가격을 더 싸게 해야 한다는 생각을 알 수 있습니다. 따라서 정답은 ②입니다.

You will be asked to choose the woman's main idea. Through her second saying '가격을 좀 내려야 하지 않을까요?', you can find that she thinks that the price of the popcorn needs to be lower. Therefore, the correct answer is ②.

24 ③

남자: 새로 이사 간 집은 마음에 들어요?
여자: 집은 깨끗하고 좋은데 아래층 화장실에서 담배를 피워서 냄새가 많이 나요. 어떻게 해야 할지 모르겠어요.
남자: 큰일이네요. 그럼 아래층 사람을 만나서 이야기해 보는 건 어때요?
여자: 생각 중이에요. 많은 사람이 사는 아파트에서는 담배를 안 피웠으면 좋겠어요.

여자의 중심 생각을 골라야 합니다. 여자는 집은 깨끗하고 좋은데 아래층에서 올라오는 담배 연기 때문에 걱정을 하면서 사람이 많이 사는 아파트에서는 담배를 피우지 않으면 좋겠다고 말합니다. 따라서 정답은 ③입니다.

You will be asked to choose the woman's main idea. The woman is saying that the house is clean and good, but she is worried because of the cigarette smell from downstairs and hopes people won't smoke in the apartment where many people live. Therefore, the correct answer is ③.

[25~26]

여자: 신입생 여러분, 안녕하세요. 방금 본 공연이 어땠어요? 음악과 함께 하는 태권도 공연이 신나고 재미있지요? 저희는 태권도 동아리입니다. 매주 월요일과 수요일에 모여서 태권도를 배웁니다. 시간은 오후 5시부터 7시까지입니다. 그리고 한 달에 한 번 서울 공원에 가서 태권도 공연을 합니다. 태권도 동아리에 들어오세요. 여기 신청서가 있습니다. 대학 생활이 즐거울 거예요.

25 ①

태권도 공연을 보여 준 후 신입생들에게 태권도 동아리의 모임 시간, 하는 일, 가입 방법 등을 자세히 소개하고 있습니다. 따라서 정답은 ①입니다.

After showing a Taekwondo performance, the woman is giving detailed information to freshmen about the Taekwondo club's meeting time, what they do, and how to join it. Therefore, the correct answer is ①.

26 ③

여자가 소개하고 있는 동아리는 태권도 동아리입니다. 태권도 동아리는 매주 월요일과 수요일에 태권도를 배웁니다. '여기 신청서가 있습니다'라고 말하면서 동아리에 가입하는 방법을 소개하고 있습니다. 따라서 정답은 ③입니다.

The woman is introducing a Taekwondo club. Its members learn Taekwondo in this club every Monday and Wednesday. She is also introducing how to join the club by saying '여기 신청서가 있습니다'. Therefore, the correct answer is ③.

[27~28]

남자: 요즘 살도 빠지고 예뻐진 것 같아요. 무슨 좋은 일이 있어요?
여자: 고마워요. 매일 두 시간씩 공원에서 걷기 운동을 하고 있어요.
남자: 아, 저도 살을 빼야 하는데……. 걷기 운동 말고 또 뭐가 있어요?
여자: 수영도 좋은 것 같아요. 제 친구는 매일 수영을 해서 날씬해졌어요.
남자: 와, 그렇군요. 저도 다이어트를 위해서 빨리 운동을 시작해야겠어요.
여자: 좋은 생각이에요. 혼자 운동하기 심심했는데, 내일부터 같이 운동해요.

27 ②

남자는 여자에게 살도 빠지고 예뻐졌다고 말합니다. 여자는 요즘 공원에서 걷기 운동을 하고 있다고 말합니다. 남자는 여자에게 살을 빼려면 어떤 운동이 좋냐고 묻습니다. 여자는 수영도 좋다고 말합니다. 따라서 정답은 ②입니다.

The man tells the woman that she has lost weight and looks prettier than before. The woman is saying that she walks at the park nowadays. He asks her what kind of exercise is goood for diet. She recommends swimming as well. Therefore, the correct answer is ②.

28 ③

여자는 요즘 공원에서 걷기 운동을 해서 살이 빠졌습니다. 남자도 다이어트를 위해 운동을 시작해야겠다고 말합니다. 여자는 남자에게 내일부터 같이 걷기 운동을 하자고 제안을 합니다. 따라서 정답은 ③입니다.

The woman has lost weight due to her recent walks at the park. The man is saying that he also needs to begin to work out for diet. She suggests him to walk together from tomorrow. Therefore, the correct answer is ③.

[29~30]

여자: (전화 벨 소리 후) 안녕하십니까? 제주 여행사입니다.

남자: 안녕하세요. 제가 이번 주말에 호텔 예약을 했는데요. 이번 주에 갑자기 회사에 일이 생겨서 다음 주말로 바꾸고 싶은데요.

여자: 아, 그러세요. 그럼 성함과 연락처를 말씀해 주세요.

남자: 김민수입니다. 전화번호는 010-1234-4567입니다. 그리고 제가 예약한 방으로 다시 예약할 수 있을까요?

여자: (컴퓨터 입력 소리 후) 21일 토요일에 예약하셨네요. 그런데 손님이 예약한 방은 이미 다른 분이 예약하셨습니다. 그 방보다 더 경치가 좋은 방이 있습니다. 이 방으로 예약해 드릴까요?

남자: 네, 그 방으로 바꿔 주세요. 주변 유명한 장소도 좀 알려 주세요.

29 ④

여자: 여행사 직원 / 남자: 손님
남자는 이번 주말에 제주도에 가려고 호텔을 예약했지만 회사에 일이 생겨서 갈 수가 없습니다. 그래서 이번 주말에 예약한 방을 다음 주말로 바꾸고 싶어 합니다. 따라서 정답은 ④입니다.

woman: staff of a travel agency / man: guest
The man has booked a hotel to go to Jeju Island this weekend, but he cannot go due to unexpected work in his workplace. So he wants to adjust his reservation from this weekend to next weekend. Therefore, the correct answer is ④.

30 ③

남자는 제주도에 가려고 호텔을 예약했습니다. 따라서 정답은 ③입니다.

The man has booked a hotel to go to Jeju Island. Therefore, the correct answer is ③.

읽기 영역

TOPIK I
한 권이면 OK

꼭 읽어 보세요!
읽기 시험을 보기 위한 TIP

1. 시험의 구성 알아 두기

— TOPIK I 읽기는 60분 동안 40문제를 풀어야 합니다. 31번부터 70번까지입니다. 번호는 31번부터 시작되지만 31번이 1번이라고 생각하시면 됩니다. 그래서 31번 쉬운 문제부터 시작해서 70번까지 점점 어려운 문제가 출제됩니다.

— 31번부터 48까지는 한 지문에 한 문제로, 1급의 어휘와 문법, 두세 개의 짧은 문장으로 구성되어 있습니다.

— 49번부터 70번까지는 57, 58번 '순서에 맞게 문장을 나열'하는 문제를 제외하고 모두 한 지문에 두 문제가 제시됩니다. 문장도 점점 길어지고 문장의 수도 많아집니다. 그리고 어휘와 문법도 2급 수준으로 어려워집니다.

— 31번부터 48번까지는 난이도가 높지 않지만 한 지문에 한 문제가 제시되기 때문에 문장이 짧더라도 시간이 어느 정도 걸릴 수밖에 없습니다. 집중을 해서 실수 없이 빨리 문제를 푸시기 바랍니다. 그리고 49번부터 충분히 시간을 사용하면서 문제를 풀면 높은 점수를 받으실 수 있습니다.

TOPIK은 선택지 ①②③④번이 25%씩 나옵니다. 그렇기 때문에 쉬운 문제부터 확실하게 풀고 어려운 나머지 문제는 자신이 선택한 답 이외에 적게 나온 번호를 골라 표시하는 것이 좋습니다.

2. 입으로 읽지 않고 눈으로 읽기

— 40문제를 모두 풀려면 시간이 많이 부족할 수 있습니다. 초급의 경우 수업 시간에 읽기를 할 때 발음 연습을 위해서 소리를 내어 읽는 경우가 많습니다. 이러한 습관은 시험을 볼 때는 빨리 읽고 전체적인 내용을 이해하는 데 도리어 방해가 됩니다. 한 글자 한 글자 읽는 것이 아니라 단어와 문법이 연결된 하나의 문장, 그리고 문장이 연결된 전체 이야기의 내용을 이해하는 것이 중요합니다.

〈보기〉

1. 비/가/ 오/니/까/ 우/산/을/ 가/지/고/ 가/세/요./

2. 비가 오니까/ 우산을/ 가지고 가세요./

— 〈보기1〉처럼 한 글자 한 글자에 집중해서 읽으면 내용을 이해할 수가 없습니다. 그리고 시간도 많이 걸립니다. 〈보기2〉처럼 띄어쓰기 단위나 의미 단위로 연결어미나 종결어미를 주의하면서 읽어 나가면 빠른 시간에 내용을 이해하면서 읽을 수 있습니다. 충분한 시간을 들여서 연습하시기 바랍니다.

3. 문제 유형 파악해 두기

— 지문을 읽기 전에 먼저 전체 문제 유형을 파악하고 있어야 합니다. TOPIK은 아래와 같이 매회 같은 유형의 문제가 출제됩니다. 정확하게 문제가 무엇을 요구하는지 꼭 파악하고 들어가시기 바랍니다. 자세한 설명은 각 문제들의 〈유형분석〉에 해 두었습니다. 꼼꼼히 읽어 보시기 바랍니다.

[31～33] 무엇에 대한 이야기입니까? 〈보기〉와 같이 알맞은 것을 고르십시오.

[34～39] 〈보기〉와 같이 ( )에 들어갈 가장 알맞은 것을 고르십시오.

[40～42] 다음을 읽고 맞지 않는 것을 고르십시오.

[43～45] 다음의 내용과 같은 것을 고르십시오.

[46～48] 다음을 읽고 중심 생각을 고르십시오.

[49～50, 51～52, 53～54, 55～56] 다음을 읽고 물음에 답하십시오.

[57～58] 다음을 순서대로 맞게 나열한 것을 고르십시오.

[59～60, 61~62, 63~64, 65~66, 67~68, 69~70] 다음을 읽고 물음에 답하십시오.

— 31번부터 33번까지는 지문에 나오는 문장을 읽고 같은 주제의 단어를 선택지에서 고르는 문제가 주로 출제됩니다. 그렇기 때문에 듣기와 마찬가지로 비슷한 의미의 단어나 같은 주제의 단어를 찾는 연습이 필요합니다. 〈유형분석〉에 주제와 관련된 단어들을 정리해 두었습니다. 꼭 외우시기 바랍니다.

— 34번부터 39번까지는 ( )에 들어갈 알맞은 단어를 선택지에서 찾는 문제입니다. 문법(조사), 1급 수준의 명사, 동사, 형용사, 부사, 그리고 불규칙을 찾아 넣어야 합니다. 결국 이 문제들은 단어와 문법의 의미와 사용 방법을 정확하게 알아야 풀 수 있습니다.

— 40번부터 42번까지는 광고나 공지, 그림이나 표와 같은 정보가 있는 내용을 보고 틀린 것을 고르는 문제입니다. 지문의 유형에 따라 무엇을 주의해서 봐야 하는지가 중요합니다. 〈유형분석〉에 지문의 유형에 따라 집중해서 봐야 하는 요소들을 제시해 두었습니다.

— 43번에서 45번은 지문을 읽고 같은 내용의 선택지를 찾는 문제입니다. '그리고, 그래서, 그러면'과 같은 접속부사나 '이, 그, 저'와 같이 지시하는 단어를 주의해서 봐야 합니다.

— 46번부터 48번까지는 지문을 읽고 글의 중심 생각을 선택지에서 찾는 문제입니다.

— 49~56번, 59~70번 문제는 한 지문을 읽고 두 문제를 풀어야 합니다. 첫 번째 문제는 주로 알맞은 표현과 문법을 선택지에서 고르는 문제이고 두 번째 문제는 글의 내용을 전체적으로 이해하고 푸는 문제입니다. 첫 번째 문제는 2급에 나오는 문법의 의미와 사용 방법을 정확하게 알아야 합니다. 〈오늘의 문법〉에 제시된 문법을 꼭 확인하시기 바랍니다.

— 57, 58번 문제는 문장을 순서대로 맞게 나열하는 문제입니다. 접속부사, 시간을 나타내는 명사, 지시 대명사를 주의 깊게 확인해서 흩어져 있는 문장을 자연스럽게 하나의 이야기로 만들면 됩니다.

4. 문제와 선택지를 먼저 파악하고 지문 읽기

— 지문을 읽기 전에 문제와 선택지 ①②③④를 먼저 봐야 합니다. 문제와 선택지를 먼저 보면서 무엇을 찾아야 하는지 미리 생각해 두고 지문을 읽으면 답을 빨리 찾을 수 있습니다.

— 선택지의 내용이 지문에 없는 경우 선택지 옆에 'X'로 표시해 두면 답을 빨리 찾는 데 도움이 됩니다.

5. 단어와 문법의 의미를 정확하게 암기하기

— 신 TOPIK이 내용 중심의 평가로 바뀌면서 '어휘, 문법' 영역이 없어졌지만 초급(TOPIK I)의 경우 기본적인 단어와 문법은 중고급과 비교해서 더욱 중요할 수밖에 없습니다.

— 듣기보다는 읽기에 단어의 의미와 문법의 사용에 대한 문제가 많이 나옵니다. 〈오늘의 어휘〉와 〈오늘의 문법〉은 TOPIK에 꼭 나오는 것들을 모아서 제시해 두었습니다. 반드시 외워야 할 것들입니다.

— 추가적으로 69~70번 〈오늘의 문법〉에 초급에서 알아야 할 불규칙 동사와 형용사를 제시해 두었습니다. 그 부분도 꼭 정리해 두시기 바랍니다.

Tips for Reading Test

1. Tip for Test Composition

- During the reading part of TOPIK, you should complete 40 questions in 60 minutes. They are question #31 to #70. The number begins with #31, but you need to think #31 as #1. From #31 to #70, the questions will get harder and harder as the question number gets higher.

- From the question #31 to #48, there will be one question for each reading passage, and each passage consists of level 1 vocabulary and grammar, and 2~3 short sentences.

- From the questions #49 to #70, there will be two questions for each reading passage, except for the questions # 57 and #58 which ask to 'make the correct order of sentences'. Its sentences get longer and the number of sentences also increases. Moreover, its vocabulary and grammar get harder to level 2 difficultly.

- The difficulty level of questions #31 to #48 is not high, but since there is only one question for each passage, it would take some time to solve them even though the sentences are short. Make sure to concentrate and solve the questions quickly without making mistakes. After that, solve the questions from #49 with enough time to get a high score.Among the answer choices, each of ①, ②, ③ and ④ accounts for 25% of the correct answers of TOPIK. Therefore, it is recommended to solve easy questions first; and then choose the answer choice of which number was less chosen, when you solve the rest difficult questions.

2. Reading in your eyes without speaking out

- Time may be tight for you to solve all 40 questions. Many beginners usually read the text loudly in class in order to practice their pronunciation. Such habit may rather disturb you in reading the passage quickly and understand the overall content while taking the test. It is important to understand each sentence linked with vocabulary and grammars and the contents of whole story linked by sentences, instead of reading each letter one by one.

<보기>

1. 비/가 오/니/까/ 우/산/을/ 가/지/고/ 가/세/요./

2. 비가 오니까/ 우산을/ 가지고 가세요./

- If you focus on each letter one by one like <보기1>, you won't be able to understand the content. Also, it takes longer time. You can understand the content in a short time if you read by taking notice on linking suffixes or ending suffixes in the units of word spacing or corpus, as shown in <보기2>. Take enough time to practice this.

3. Pre-checking the question types

- It is important to know all the question types before reading the passages. In each TOPIK, there are the same question types as follows. Make sure to understand what each question asks you before taking the test. Detailed explanations are listed at <Analysis of Question Types> for each question. Read them thoroughly.

[31-33] What is the text about? Choose the best answer as shown in <보기: Example>.

[34-39] Choose the best word that fills in (   ) as shown in <보기: Example>.

[40-42] Read the following text and choose the answer choice that does not correspond to it.

[43-45] Choose the answer choice that matches with the following content.

[46-48] Read the following text and choose the main idea of the text.

[49-50, 51-52, 53-54, 55-56] Read the following text and answer the questions.

[57-58] Choose the correct order of the following sentences.

[59-60, 61-62, 63-64, 65-66, 67-68, 69-70] Read the following text and answer the questions.

- In the questions #31 to #33, you will be given questions to read a sentence in the reading passage and to choose the word of the same topic among the answer choices. Therefore, you need to practice on finding matching words with similar meaning or same topic, as in the listening part. The words related to each topic are listed in <Analysis of Question Types>. Make sure to memorize all of them.

- In the questions #34 to #39, you will be asked to choose the best word to fill in (   ) among the answer choices. You need to choose and fill in the correct grammar (postposition), level 1 difficultly noun, verb, adjective, adverb and an irregular word. Therefore, you need to know the exact meaning and usage of the words and grammar to solve these questions.

- In the questions #40 to #42, you will be asked to see informative contents such as advertisement, notice, image or table, and to choose the answer choice that does not match with it. It is important to know what to take notice depending on the type of passage. What you need to focus on for each type of passage are listed in <Analysis of Question Types>.

- In the questions #43 to #45, you will be asked to read the passage and to choose the answer choice of which content matches with it. Focus on the conjunctive adverbs such as '그리고', '그래서', '그러면', etc. or demonstrative words such as '이', '그', '저', etc.

- In the questions #43 to #45, you will be asked to choose the main idea of the passage among the answer choices.

- In the questions #49 to #56, and #59 to #70, you will be asked to read a passage and solve two questions. The first question usually asks you to choose the best expression or grammar among the answer choices, and the second question asks you to understand the overall content of the passage and solve the question. To solve the first question, you need to know the meaning and usage of the level 2 grammar properly. Make sure to check the grammar shown in <Today's Grammar>

- In the questions #57 and #58, you will be asked to put the sentences in a correct order, Check the conjunctive adverbs, nouns which indicate time, and demonstrative pronouns carefully and link the scattered sentences so that they naturally form a story.

4. Understanding the questions and answer choices before listening to the passage

- Before reading the passage, check the questions and answer choices ①, ②, ③ and ④ first. You should quickly find the correct answer if you think of what to find while checking the questions and the answer choices before reading the passage.

5. Memorizing the meaning of the vocabulary and grammar accurately

- As new TOPIK has changed to the contents-oriented evaluation of reading ability, the 'vocabulary' and 'grammar' parts do not exist, but the basic vocabulary and grammar are more important in the TOPIK Ⅰ than that in higher level TOPIK.

- There are many questions which ask the meaning of vocabulary and the usage of grammar in the reading part rather than in the listening part. Those which are sure to appear in the test are shown in <Today's Vocabulary> and <Today's Grammar>. Make sure to memorize them.

- Additionally, the irregular verbs and adjectives which beginners should know are shown in <Today's Grammar> of #69-#70. Make sure to study them as well.

가족	family	noun	우리 가족은 아버지, 어머니, 저, 동생 4명입니다. There are four people in my family; my father, mother, I, and my younger brother/sister.
고향	hometown	noun	저는 방학 때 고향에 돌아갑니다. I am going to return to my hometown
날씨	weather	noun	오늘은 하늘이 맑고 날씨가 좋습니다. Today, the sky is clear and the weather is fine.
날짜	date	noun	가: 오늘 날짜가 며칠입니까? / 나: 오늘은 11월 1일입니다. A: What date is it today? / B: Today is November first.
눈	snow	noun	눈이 내려서 아이들이 눈사람을 만듭니다. As it snowed, children are making a snowman.
방학	vacation	noun	내일부터 방학이라서 학교에 가지 않습니다. Vacation begins tomorrow, so I will not go to school.
선물	present	noun	친구에게 생일 선물을 주었습니다. I gave my friend a birthday present.
쇼핑	shopping	noun	백화점에서 쇼핑을 합니다. I go shopping at`a department store.
약속	appointment	noun	저는 주말에 친구와 약속이 있습니다. I have an appointment with my friend this weekend.
여름	summer	noun	한국의 여름은 덥습니다. It is hot in summer in Korea.
여행	travel	noun	주말에 제주도 여행을 다녀왔습니다. I went on a travel to Jeju Island last weekend.
옷	clothes	noun	백화점에서 옷을 삽니다. I buy some clothes at a department store.
운동	exercise	noun	'축구, 수영, 테니스'는 모두 운동입니다. 'Soccer, swimming and tennis' are all exercises.

장소	place	noun	약속 장소가 어디입니까? Where is the place of appointment?
주말	weekend	noun	이번 주말에 부산으로 여행을 갑니다. I am going on a travel to Busan this weekend.
직업	job/ occupation	noun	우리 형의 직업은 선생님입니다. My brother's job is a teacher.
취미	hobby	noun	제 취미는 요리입니다. My hobby is cooking.
친구	friend	noun	제 친구는 한국 사람입니다. My friend is a Korean.
학교	school	noun	오늘은 일요일이라서 학교에 안 갑니다. Today is Sunday, so I do not go to school.
자주	often	adverb	저는 영화를 자주 봅니다. I often watch a movie.
내리다	fall/lower/get off	verb	어제는 비가 내렸는데 오늘은 눈이 내립니다. Yesterday, rain fell, but today, snow is falling. (It rained yesterday, but it is snowing today.)
사다	buy	verb	시장에서 사과를 삽니다. I buy some apples at the market.
좋아하다	like	verb	저는 축구를 좋아합니다. I like soccer.
춥다	cold	adjective	날씨가 추워서 옷을 많이 입었습니다. The weather was cold, so I wore a lot of clothes.
오늘	today	noun/adverb	어제는 토요일이고 오늘은 일요일입니다. Yesterday was Saturday, and today is Sunday.

N에	1. 어떤 것이 있는 장소를 나타냅니다. '있다, 없다, 많다' 등과 자주 사용합니다. This indicates a place where something is. This is often used with '있다', '없다', '많다', etc. 예 책이 책상 위에 있습니다. A book is on the desk. 2. 어떤 일이 일어나는 때나 시간을 나타냅니다. This indicates the time when a certain event happens. 예 저는 아침 7시에 일어납니다. I get up at 7 a.m. 3. 수량을 나타내는 명사와 함께 사용하여 그 기준을 나타냅니다. This is used with a noun which indicates the amount or quantity of something, in order to indicate the standard. 예 볼펜 한 개에 1,000원입니다. It is 1,000 won for one ballpoint pen.
N에 가다/오다/다니다	장소 명사와 함께 사용하여 도착하는 지점을 나타냅니다. '도착하다, 올라가다/올라오다, 내려가다/내려오다, 들어가다/들어오다, 나가다/나오다' 등 이동하는 동사와 함께 사용합니다. This is used with a noun which indicates a place, in order to indicate a point of arrival. It can be used with verbs which indicates movement such as '도착하다', '올라가다/올라오다', '내려가다/내려오다', '들어가다/들어오다', '나가다/나오다', etc. 예 매일 학교에 갑니다. I go to school every day.
A/V-지 않다	어떤 행동이나 상태에 대한 부정을 나타냅니다. 비슷한 표현으로 '안 A/V'가 있습니다. This indicates denial of a certain action or state. This expression is similar to '안 A/V'. 예 일요일에는 학교에 가지 않습니다. We do not go to school on Sundays. 　　일요일에는 학교에 안 갑니다. We do not go to school on Sundays.

31-33

📖 유형분석 Analysis of Question Types

31~33 무엇에 대한 이야기인지 고르기

글을 읽고 무엇에 대한 이야기인지 고르는 문제입니다. 지문은 두 문장으로 나오며, 두 문장을 읽으면서 핵심 단어들을 찾고, 이를 통해 주제가 무엇인지 파악하여, 그 **주제를 잘 나타내는 단어를 선택지**에서 골라야 합니다. 그리고 **두 문장에서 공통적으로 사용한 어휘**가 있다면 핵심 단어가 분명하므로 주제를 쉽게 파악할 수 있습니다.

지문은 가족, 직업, 나라, 계절 등 여러 가지 주제들이 출제되고 있습니다. 아래 표는 출제 가능성이 높은 주제별 어휘 및 표현이므로 꼭 외워 두시기 바랍니다.

31~33 Choosing what the text is about

You will be asked to read a text and to choose what the text is about. The text consists of two sentences, and you should find the key words while reading the two sentences, and understand what the main topic is, in order to choose the word that best describes the topic among the answer choices. Moreover, if a certain word is used in both sentences, it must be the key word, so it becomes easier to understand the main topic.

The text is usually about various main topics such as family. job, country, season, etc. Make sure to memorize those in the following table which lists the vocabulary and expressions for each topic, which are all likely to be in the test.

주제 Topic	어휘 및 표현 Vocabulary and Expressions
가구 furniture	책상, 의자, 침대, 옷장, 책장
가족 family	할아버지, 할머니, 부모(아버지, 어머니), 형, 오빠, 누나, 언니, 동생
값(가격) price	원, 얼마, 가격, 싸다, 비싸다, 깎다
계절 season	봄, 여름, 가을, 겨울
고향 hometown	[도시 이름: 서울, 부산], ○○ 사람, 어디, 태어나다
과일 fruit	배, 수박, 사과, 포도, 딸기, 토마토, 바나나
교통 traffic	버스, 지하철, 자동차, 택시, 기차, 비행기, 타다, 내리다, 갈아타다
국적(나라) nationality(country)	[나라 이름: 한국, 중국, 미국, 일본, 베트남], ○○ 사람, 어느 나라, 오다
기분 feeling	좋다, 나쁘다, 기쁘다, 슬프다, 즐겁다, 행복하다, 화가 나다
나이 age	○○(스무, 서른, 마흔) 살
날씨 weather	덥다, 춥다, 따뜻하다, 시원하다, 맑다, 흐리다, 비가 오다, 눈이 오다, 바람이 불다
날짜 date	달력, ○○월 ○○일, 언제, 며칠, 날, 어제, 오늘, 내일, 주말(토요일, 일요일), 휴일
몸 body	머리, 가슴, 배, 팔, 다리, 허리, 얼굴(눈, 코, 입, 귀)
사진 photograph	카메라(사진기), 찍다, 잘 나오다
생일 birthday	○○월 ○○일, 언제, 태어나다, 선물(을 주다/받다)
쇼핑 shopping	가게, 시장, 백화점, 사다, 팔다, 싸다, 비싸다
시간 time	○○시, ○○분, 언제
식사 meal	아침, 점심, 저녁, 먹다, 드시다
여행 travel	가방, 여권, 카메라, 기차, 배, 비행기, 출발하다, 도착하다, 다녀오다
영화 movie	극장, 영화관, 보다, 재미있다, 재미없다
옷 clothes	치마, 바지, 티셔츠, 블라우스, 원피스, 양복, 입다, 벗다, 예쁘다, 멋있다, 어울리다, 잘 맞다
음식(맛) food(taste)	[음식 이름: 김치, 불고기, 비빔밥], 먹다, 맛있다, 맛없다, 맛(달다, 짜다, 맵다, 쓰다, 시다)
직업 job/occupation	기자, 의사, 군인, 선생님, 간호사, 회사원, 경찰관, 요리사, 은행원, 미용사, 일하다
집 home	아파트, 거실, 방, 화장실, 부엌/주방, 살다, 넓다(크다), 좁다
책 book	서점, 도서관, 읽다, 재미있다, 재미없다, 쉽다, 어렵다
취미 hobby	독서, 요리, 노래, 영화, 등산, 여행, 운동(수영, 농구, 축구, 야구, 테니스), 자주, 주로
학교 school	교실, 수업, 공부, 숙제, 선생님, 학생, 방학

31-33

기출문제 Questions of Previous Tests

※[31~33] 무엇에 대한 이야기입니까? 〈보기〉와 같이 알맞은 것을 고르십시오. 각 2점

31~33

> 8월에는 수업이 없습니다. 학교에 가지 않습니다.

① 날짜　　② 방학　　③ 여행　　④ 약속

〈TOPIK 41회 읽기 [32]〉
• 월 month
• 수업 class

31~33

'8월, 수업이 없다, 학교에 가지 않는다' 등의 내용으로 방학을 유추할 수 있습니다. 따라서 정답은 ②입니다.
Through the content '8월', '수업이 없다', '학교에 가지 않는다', etc., it can be assumed that the main topic is vacation. Therefore, the correct answer is ②.

샘플문제 Sample Questions

※[31~33] 무엇에 대한 이야기입니까? 〈보기〉와 같이 알맞은 것을 고르십시오. 각 2점

31~33

> 형은 회사원입니다. 누나는 미용사입니다.

① 장소　　② 취미　　③ 직업　　④ 고향

• 형 elder brother (used when a male calls his elder brother)
• 누나 elder sister (used when a male calls his elder sister)
• 회사원 company worker
• 미용사 hairdresser

31~33

'회사원, 미용사'는 직업입니다. 즉, 형과 누나의 직업을 이야기하고 있습니다. 따라서 정답은 ③입니다.
'회사원, 미용사' are names of occupations. They are talking about their brother's and sister's job. Therefore, the correct answer is ③.

※ 형과 누나는 가족을 나타내는 어휘이므로 선택지에 '가족'이 있을 경우에는 '가족'도 정답이 될 수 있습니다.
※Elder brother and sister are vocabulary that expresses family members, so if '가족' is in the answer choices, '가족' could be the correct answer as well.

31-33

※[31~33] 무엇에 대한 이야기입니까? <보기>와 같이 알맞은 것을 고르십시오. 각 2점

31

> 오늘은 춥습니다. 눈도 내립니다.

① 여름   ② 날씨   ③ 방학   ④ 날짜

32

> 저는 농구를 좋아합니다. 제 친구는 독서를 자주 합니다.

① 학교   ② 운동   ③ 주말   ④ 취미

33

> 저는 옷을 삽니다. 제 동생은 구두를 삽니다.

① 사람   ② 가족   ③ 쇼핑   ④ 선물

농구 basketball | 독서 reading | 동생 younger brother/sister | 구두 dress shoes | 사람 person

34-39

✏ 오늘의 어휘 Today's Vocabulary

수업	class	noun	학교에서 한국어 수업을 합니다. There are Korean language classes at school.
시간	time	noun	시간을 몰라서 시계를 봅니다. I do not know the time, so I am watching the clock.
시험	test	noun	내일 시험이 있어서 공부를 합니다. I will take a test tomorrow, so I am studying.
가끔	sometimes	adverb	저는 운동을 자주 하지만 친구는 가끔 합니다. I often work out, but my friend does it sometimes.
너무	so/very	adverb	밥을 많이 먹어서 배가 너무 부릅니다. I ate a lot, so my stomach is so full.
별로	not so/really	adverb	오늘은 별로 덥지 않습니다. Today is not so hot.
아주	so/very	adverb	제 동생은 공부를 아주 잘합니다. My younger brother/sister studies very well.
오래	for a long time	adverb	컴퓨터를 오래 하면 눈에 좋지 않습니다. Using the computer for a long time is not good for your eyes.
일찍	early	adverb	저는 아침 6시에 일찍 학교에 갑니다. I go to school early at 6 a.m.
가르치다	teach	verb	선생님은 한국어를 가르칩니다. The teacher teaches us Korean language.
걷다	walk	verb	저는 집에서 회사까지 걸어서 갑니다. I walk to work from home.
그리다	draw	verb	저는 그림 그리는 것을 좋아합니다. I like drawing pictures.
기다리다	wait	verb	친구가 약속 시간에 안 와서 지금 기다리고 있습니다. My friend has not come in time, so I am waiting for him.

끝나다	end/finish	verb	우리 회사는 일이 오후 6시에 끝납니다. Our company finishes work at 6 p.m.
나오다	come out	verb	영화가 끝나서 사람들이 극장에서 나옵니다. The movie ended, so people are coming out from the cinema.
도와주다	help	verb	친구가 이사를 해서 제가 친구를 도와줬습니다. My friend was moving, so I helped my friend.
만들다	make	verb	나무로 종이를 만듭니다. Paper is made from wood.
모르다	do not know	verb	저는 그 사람의 얼굴은 알지만 이름은 잘 모릅니다. I know his face but do not know his name.
물어보다	ask	verb	길을 몰라서 친구에게 물어봤습니다. I did not know the direction, so I asked my friend.
불다	blow	verb	따뜻한 바람이 붑니다. Warm breeze is blowing.
빌리다	lend	verb	돈이 없어서 친구에게 돈을 빌렸습니다. I had no money, so I borrowed some from my friend.
시작하다	start/begin	verb	한국어 수업은 9시에 시작합니다. Korean language class starts at 9 o' clock.
지내다	do/be	verb	저는 요즘 한국에서 잘 지내고 있습니다. I am doing well in Korea these days.
가깝다	near	adjective	우리 집은 학교에서 가깝습니다. My home is near from school.
깨끗하다	clean	adjective	조금 전에 방을 청소해서 깨끗합니다. I just cleaned up my room, so it is clean.
나쁘다	bad	adjective	날씨가 나빠서 밖에 나가기 싫습니다. The weather was bad, so I do not want to go outside.

더럽다	dirty	adjective	청소를 안 해서 방이 너무 더럽습니다. I have not cleaned up my room, so it is so dirty.
따뜻하다	warm	adjective	봄에는 날씨가 따뜻합니다. In the spring, it is warm.
쉽다	easy	adjective	시험 문제가 쉬워서 다 맞았습니다. The test questions were easy, so I got them all correct.
어렵다	difficult	adjective	한국어로 이야기하는 것이 어렵습니다. It is difficult to speak in Korean.
있다	have	adjective	저는 동생이 있습니다. I have a younger brother/sister.
재미있다	fun/ interesting	adjective	생일 파티가 정말 재미있었습니다. The birthday party was so fun.
조용하다	quiet	adjective	교실에 학생들이 없어서 조용합니다. The classroom is quiet as there are no students in it.
친절하다	kind	adjective	우리 선생님은 친절하십니다. My teacher is kind.
아까	a while ago	noun/adverb	동생이 아까부터 잤는데 지금도 자고 있습니다. My younger brother/sister has been sleeping since a while ago.

A/V-(으)ㄹ 것이다	1. 미래의 행동이나 계획을 말할 때 사용합니다. This is used to state a future action or plan. 예 방학에는 고향에 돌아갈 겁니다. I will return to my hometown during the vacation. 2. 어떤 행동이나 상태를 추측할 때 사용합니다. 명사일 때는 'N일 것이다'를 사용합니다. This is used to guess a certain action or state. When a noun precedes this, 'N일 것이다' is used instead. 예 민수 씨는 지금 공부할 겁니다. Minsu may be studying now. 제주도는 아주 아름다울 겁니다. Jeju Island may be very beautiful. 그 사람은 선생님일 겁니다. That person must be a teacher.
N에게/한테	어떤 행동을 받는 대상을 나타냅니다. '주다, 보내다, 연락하다, 전화하다, 질문하다' 등과 함께 자주 사용합니다. 비슷한 표현으로 '한테'를 사용할 수 있습니다. '윗사람'의 경우 '께'를 사용합니다. This indicates a subject who receives a certain action. This is often used with '주다', '보내다', '연락하다', '전화하다' or '질문하다'. This expression is similar to '한테'. As for elders, its honorific form '께' is used. 예 저는 친구에게(한테) 선물을 주었습니다. I gave my friend a present. 선생님께 선물을 드렸습니다. I gave my teacher a present.
N도	앞에서 말한 것과 같음을 나타내거나 무엇을 더할 때 사용합니다. This is used when the content is same as the afore-said one, or when something is added. 예 친구는 공부를 잘합니다. 그리고 운동도 잘합니다. My friend is good at studying. He is also good at exercise.
N와/과	1. 두 개 이상의 대상이 함께 하는 것을 나타냅니다. 비슷한 표현으로 'N하고, N(이)랑'이 있습니다. This expresses that two or more subjects are combined. This expression is similar to 'N하고' or 'N(이)랑'. 예 저는 비빔밥과(하고, 이랑) 김치찌개를 좋아합니다. I like Bibimbap and Kimchi-jjigae. 2. 어떤 일을 같이 하는 대상을 나타냅니다. This expresses a subject to do something together. 예 친구와 (같이) 도서관에 갑니다. I am going to library (together) with my friend.

34-39

📖 **유형분석** Analysis of Question Types

( )에 들어갈 가장 알맞은 것 고르기

글을 읽고 '( )' 괄호에 들어갈 가장 알맞은 말을 고르는 문제입니다. 지문은 두 문장으로 나오며, 두 문장 중 하나에 '( )' 괄호가 있습니다. 앞, 뒤 문장을 잘 읽고 '( )' 괄호에 들어갈 가장 알맞은 말을 고르면 됩니다.

34, 35, 36, 39번은 2점이고 37. 38번은 3점입니다. 34~38 번까지 기본적으로 **문법(조사), 명사, 동사, 형용사, 부사 문제**가 하나씩 나오고, 37~38번은 부사가 한 문제, 동사나 형용사 중에서 한 문제가 출제됩니다. 그리고 39번에는 **불규칙 동사·형용사가 자주 출제**됩니다.

본 교재에서는 34~39번까지 '문법(조사), 단어(명사), 단어(형용사), 단어(동사), 단어(부사), 단어(불규칙)'의 순서로 문제를 제시했습니다. 그러나 실제 시험 문제들의 순서는 '39번 단어(불규칙)'을 제외하고 모두 섞어서 제시됩니다.

문장의 시제는 과거(-았/었-), 현재(-ㅂ/습니다), 미래(-(으)ㄹ 겁니다)의 기본 시제들이 나옵니다. 선택지에는 현재형으로만 나옵니다. '( )' 괄호 안에 들어갈 말을 잘 유추하기 위해서는 '( )' 괄호가 없는 다른 문장의 내용을 잘 이해해야 합니다. 또한 '그리고, 그래서, 다음에' 등과 같이 두 문장을 이어 주는 말들을 잘 알고 있으면 내용을 이해하기 쉽고, '( )' 괄호 안에 들어갈 말을 잘 유추할 수 있습니다.

34~39 Choosing the best word to fill in ( )

You will be asked to read a text and to choose the best word to fill in the parenthesis ( ). The text consists of two sentences, and one of them has a parentheses ( ). Read the two sentences carefully and choose the best word to fill in the parentheses '( )'.

Question #34, #35, #36 and #39 are alloted 2 points, and the question #37 and #38 are alloted 3 points. Question #34-#38 will ask the correct grammar (postposition), noun, verb, adjective and adverb respectively, and in the questions #37 and #38, one will ask the correct adverb, and the other will ask the correct verb or adjective. Moreover, the question #39 frequently asks the correct irregular verb or adjective.

In this textbook, the questions #34-#38 are presented in the order of 'grammar(postposition), word(noun), word(verb), word(adjective), word(adverb) and word(irregular verb)'. However, in the actual test, all questions will be shuffled except the 'word(irregular verb) for question #39.'

As for the tense of sentences, the basic tenses of past(-았/었-), present(-ㅂ/습니다) and future(-(으)ㄹ 겁니다) appear. The answer choices are all in the present tense. To guess correctly the word to fill in the parenthesis ( ), you should properly understand the contents of the other sentences without parenthesis ( ). Moreover, if you know the words that connect the two clauses, such as '그리고', '그래서' or '다음에', it would be easy to understand the contents and to guess correctly the word to fill in the parenthesis ( ).

---

34 ( ) 안에 들어갈 가장 알맞은 문법(조사) 고르기

'조사'는 명사와 결합해서 문장에서 명사가 하는 기능이 무엇인지 도와주는 역할을 합니다. 자주 나오는 조사에는 '이/가, 을/를, 의, 에, 에서, 에게, 도, 만, 와/과' 등이 있습니다. **'조사'를 고르는 문제는 앞에 있는 명사의 의미가 무엇인지, 또는 뒤에 있는 동사·형용사의 의미나 역할을 잘 파악**해야 합니다.

34 Choosing the best grammar (postposition) to fill in ( )

'Postposition' is combined with a noun and modifies what the noun function in a sentence. '이/가', '을/를', '의', '에', '에서', '에게', '도', '만', '와/과', etc. are the postpositions that frequently appear in the test. To solve the questions which ask the best 'postposition', make sure to properly comprehend what the preceding noun means, and what the following verb or adjective means.

35 ( ) 안에 들어갈 가장 알맞은 단어(명사) 고르기

앞, 뒤 문장의 내용을 이해하고 '( )' 괄호 안에 들어갈 가장 알맞은 명사를 유추하여 고르면 됩니다. **31~33번의 유형 설명에서 제시한 '주제 관련 어휘 및 표현'**을 참고하시면 좋습니다.

35 Choosing the best word(noun) to fill in ( )

You should understand the former and latter sentences, and then guess and choose the best noun to fill in the parenthesis ( ). It is recommended to refer to the 'Vocabulary and Expressions for Topic' which appears in 'Analysis of Question Types' for questions #31-#33.

36~37 ( ) 안에 들어갈 가장 알맞은 단어(형용사/동사) 고르기

앞, 뒤 문장의 내용을 이해하고 '( )' 괄호에 들어갈 가장 알맞은 형용사나 동사를 유추하여 고르면 됩니다. **'그래서, 그리고, 하지만' 등의 접속 부사가 있으면 앞 문장이 뒤 문장의 '이유나 원인'이 되는 것이므로 문장의 관계를 잘 파악**해야 합니다.

36~37 Choosing the best word(adjective/verb) to fill ( )

Understand the former and latter sentences, and then guess and choose the best adjective or verb to fill in the parentheses ( ). If there is a conjunctive adverb such as '그래서', '그리고', '하지만', etc., the former sentence becomes the latter sentence's 'reason or cause', so you should comprehend the relationship between two sentences properly.

38 ( ) 안에 들어갈 가장 알맞은 단어(부사) 고르기

앞, 뒤 문장의 내용을 이해하고 '( )' 괄호에 들어갈 가장 알맞은 부사를 유추하여 고르면 됩니다. **부사는 동사나 형용사의 의미를 도와주기 때문에 동사나 형용사의 의미를 잘 파악**하여 부사를 골라야 합니다. 자주 사용하는 부사는 '자주, 아주, 아까, 다시, 가끔, 아직, 일찍, 오래, 벌써, 아마, 별로' 등이 있습니다.

38 Choosing the best word(adverb) to fill in ( )

After understanding the former and latter sentences, guess and choose the best adverb to fill in the parentheses ( ). Because adverbs modify the meaning of verb or adjective, you should pick up the exact meaning of the verb or adjective to choose the best adverb. The adverbs that frequently appear in the test are '자주', '아주', '아까', '다시', '가끔', '아직', '일찍', '오래', '벌써', '아마', '별로', etc.

39 ( ) 안에 들어갈 가장 알맞은 단어(불규칙) 고르기

문장이 약간 더 어려워지고, 불규칙 동사나 형용사가 자주 출제됩니다. 문장이 끝날 때는 '-ㅂ/습니다'로 끝나기 때문에 **'ㄹ' 탈락이 일어나는 동사나 형용사**가 주로 나옵니다. 예를 들면, 동사는 '열다, 불다, 달다, 들다, 살다, 팔다, 풀다, 만들다', 형용사는 '멀다, 길다' 등이 있습니다.

39 Choosing the best word(irregular verb) to fill in ( )

The sentences will be a little harder and irregular verbs or adjectives will frequently appear in the test. The sentences end with '-ㅂ/습니다', so verbs or adjectives of which their 'ㄹ' is eliminated commonly appear. For example, such verbs are '열다', '불다', '달다', '들다', '살다', '팔다', '풀다', '만들다'; and such adjectives are '멀다', '길다', etc.

34-39

기출문제 Questions of Previous Tests

※[34~39] 〈보기〉와 같이 (   )에 들어갈 가장 알맞은 것을 고르십시오.

34 2점

> 한국어가 어렵습니다. 친구(   ) 물어봅니다.

① 의   ② 를   ③ 에게   ④ 에서

35 2점

> 시간을 모릅니다. (   )를 봅니다.

① 잡지   ② 시계   ③ 주소   ④ 편지

〈TOPIK 36회 읽기 [35]〉
• 한국어 Korean language
• 친구 friend

34

알맞은 문법(조사)을 고르는 문제입니다. '물어보다'는 질문하는 '대상'과 '내용'이 필요하기 때문에 '누구에게 무엇을 물어보다'라는 표현으로 사용합니다. 지문에서 '( )' 앞에 있는 '친구'라는 단어는 대상이기 때문에 '에게'를 사용해야 합니다. 따라서 정답은 ③입니다.

You will be asked to choose the best grammar(postposition). The verb '물어보다' requires a 'target' and 'content' to ask a question, so it is used in the expression of '누구에게 무엇을 물어보다'. In the text, the word '친구' which precedes '( )' is the target, so '에게' should be used. Therefore, the correct answer is ③.

〈TOPIK 37회 읽기 [36]〉
• 잡지 magazine
• 시계 clock
• 주소 address
• 편지 letter

35

뒤 문장에 '보다'라는 말이 있습니다. 시간을 모를 때 우리가 보는 것을 찾는 문제입니다. 우리는 시간을 몰라서 알고 싶을 때, '시계'를 봅니다. 따라서 정답은 ②입니다.

In the latter sentence, there is a verb '보다'. You will be asked to choose what we look at when we don't know the time. When we want to know what time it is, we look at a '시계'. Therefore, the correct answer is ②.

36 `2점`

학교가 (　　　). 그래서 걸어서 갑니다.

① 작습니다　② 많습니다　③ 가깝습니다　④ 깨끗합니다

〈TOPIK 36회 읽기 [36]〉

- 학교 school
- 작다 small/short
- 많다 many

36

뒤 문장에서 학교에 걸어서 간다고 말하고 있습니다. '그래서'가 있으므로 앞 문장에는 학교에 걸어가는 이유가 나와야 합니다. 걸어갈 수 있는 이유로 '가깝습니다'를 고를 수 있습니다. 따라서 정답은 ③입니다.

The latter sentence indicates that the subject walks to school. As there is '그래서', the former sentence should have a reason why the subject walks to school. '가깝습니다' can be chosen as the reason of walking. Therefore, the correct answer is ③.

37 `3점`

학교 앞에서 약속이 있습니다. 그래서 친구를 (　　　).

① 기다립니다　② 도와줍니다　③ 좋아합니다　④ 가르칩니다

〈TOPIK 41회 읽기 [38]〉

- 학교 school
- 앞 front
- 약속 appointment
- 친구 friend
- 좋아하다 like

37

학교 앞에서 약속이 있습니다. '그래서'가 있으므로 뒤 문장에는 약속이 있을 때 할 수 있는 행동이 나와야 합니다. 그러한 행동으로 '기다립니다'가 가장 적당합니다. 따라서 정답은 ①입니다.

The subject has an appointment to meet in front of the school. As there is '그래서', the former sentence should have an action that can be done if there is an appointment. '기다립니다' is the best word to state such action. Therefore, the correct answer is ①.

38 3점

> 바다 여행이 재미있었습니다. 다음에 ( ) 갈 겁니다.

① 다시   ② 서로   ③ 아주   ④ 제일

〈TOPIK 36회 읽기 [38]〉

- 바다 ocean
- 여행 travel
- 다시 again
- 서로 each other
- 제일 (the) first/(the) most

38

바다 여행을 갔는데 재미있었습니다. '다음에'라는 말을 통해 바다 여행을 다시 갈 거라는 것을 알 수 있습니다. 따라서 정답은 ①입니다.
The subject went on a travel to the seaside and enjoyed it. Through the word '다음에', it can be guessed that the subject will go on a travel to the seaside again. Therefore, the correct answer is ①.

39 2점

> 이 그림이 마음에 ( ). 이것을 사고 싶습니다.

① 듭니다   ② 납니다   ③ 옵니다   ④ 잡니다

〈TOPIK 41회 읽기 [39]〉

- 그림 picture
- 마음에 들다 like
- 이것 this
- 사다 buy
- 작다 small/short
- 나다 grow/happen/occur
- 오다 come
- 자다 sleep

39

뒤 문장에서 '사고 싶다'는 말로 자신의 마음을 표현하고 있습니다. 그림을 사고 싶은 이유는 그 그림이 마음에 들기 때문입니다. '듭니다'는 '들다'와 '-ㅂ/습니다'가 만나 'ㄹ'이 탈락된 것입니다. 따라서 정답은 ①입니다.
The latter sentence expresses the subject's mind through the phrase '사고 싶다'. The reason why the subject wants to buy the picture is that the subject likes it. '듭니다' is formed after its 'ㄹ' is eliminated when '들다' is combined with '-ㅂ/습니다'. Therefore, the correct answer is ①.

※[34~39] <보기>와 같이 ( )에 들어갈 가장 알맞은 것을 고르십시오.

34 2점

민수 씨는 <u>선생님입니다</u>. 수미 씨( ) <u>선생님입니다</u>.

① 과　　　　② 도　　　　③ 에　　　　④ 를

- 씨 Ms./Mr.
- 선생님 teacher

34

'민수 씨'와 '수미 씨'는 모두 선생님입니다. 수미 씨가 민수 씨와 같이 선생님이라는 것을 표현하려면, '수미 씨' 다음에 문법(조사) '도'를 사용하는 것이 가장 자연스럽습니다. 따라서 정답은 ②입니다.

'민수 씨' and '수미 씨' are both teachers. To say that Sumi is also a teacher like Minsu, it is most natural to use the grammar(postposition) '도' next to '수미 씨'. Therefore, the correct answer is ②.

35 2점

지갑에 ( )이 없습니다. <u>은행에 갑니다</u>.

① 옷　　　　② 빵　　　　③ 책　　　　④ 돈

- 지갑 wallet
- 없다 no (noun)/do not have
- 은행 bank
- 가다 go
- 옷 clothes
- 빵 bread
- 책 book
- 돈 money

35

뒤 문장에서 은행에 간다고 했습니다. 지갑에 무엇이 없을 때 은행에 가는지 유추해 보면 됩니다. 선택지에서 가장 알맞은 것은 '돈'입니다. 따라서 정답은 ④입니다.

The latter sentence indicates that the subject is going to bank. You can guess what is missing from our wallet, which makes us go to bank. Among the answer choices, the best answer is '돈'. Therefore, the correct answer is ④.

36 2점

집에 <u>사람이 없습니다.</u> ⟨그래서⟩ (   ).

① 조용합니다   ② 따뜻합니다   ③ 친절합니다   ④ 가깝습니다

37 3점

<u>수업이 끝났습니다.</u> 학생들이 교실에서 (   ).

① 지냅니다   ② 나옵니다   ③ 가르칩니다   ④ 도와줍니다

- 집 house/home
- 사람 person
- 없다 no (noun)/do not have

34

집에 사람이 없습니다. 뒤 문장에는 '그래서'라는 말이 있으므로 집에 사람이 없을 때 집의 분위기가 어떤지 유추해 보면 됩니다. 선택지에서 가장 알맞은 말은 '조용합니다'입니다. 따라서 정답은 ①입니다.
There is no one in the house. As there is '그래서' in the latter sentence, you can guess what the house's atmosphere would be like when there's no one in the house. Among the answer choices, the best answer is '조용합니다'. Therefore, the correct answer is ①.

- 학생 student
- 교실 classroom

37

'수업이 끝났습니다'라는 앞 문장을 통해 수업이 끝나고 학생들이 교실에서 나올 거라는 것을 유추할 수 있습니다. 따라서 정답은 ②입니다.
It can be assumed through the former sentence '수업이 끝났습니다' that the students would come out from the classroom after class. Therefore, the correct answer is ②.

38 `3점`

저는 운동을 좋아합니다. 그래서 축구를 (   ) 합니다.

① 가끔   ② 아주   ③ 자주   ④ 별로

39 `2점`

바람이 (   ). 비도 내립니다.

① 옵니다   ② 됩니다   ③ 붑니다   ④ 납니다

- 운동 excercise
- 좋아하다 like
- 축구 soccer
- 자주 often

38

운동을 좋아하기 때문에 축구를 자주 할 거라고 유추할 수 있습니다. 따라서 정답은 ③입니다.
It can be assumed that the subject will play soccer often because the subject likes exercise. Therefore, the correct answer is ③.

- 바람 wind
- 비 rain
- 내리다 fall/lower/get off
- 나다 grow/happen/occur
- 되다 be/become

39

뒤 문장은 '비도 내립니다'라는 표현으로 날씨를 이야기하고 있습니다. 뒤 문장의 '비도'라는 표현을 통해 앞 문장에서도 날씨 표현이 나올 거라고 유추할 수 있습니다. 그러므로 앞 문장에서는 '바람이 불다'라고 날씨를 표현하면 됩니다. '붑니다'는 '불다'와 '-ㅂ/습니다'가 만나 'ㄹ'이 탈락된 것입니다. 따라서 정답은 ③입니다.
The latter sentence is a talk about the weather by the expression '비가 내립니다'. Through the expression '비도' of the latter sentence, it can be presumed that the former sentence is also a talk about the weather. For this reason, the former sentence should describe the weather such as '바람이 불다'. Therefore, the correct answer is ③.

34-39

연습문제 Exercise Questions

※[34~39] 〈보기〉와 같이 (   )에 들어갈 가장 알맞은 것을 고르십시오.

34 `2점`

한국어 수업이 있습니다. 아침 9시(   ) 시작합니다.

① 가　　　　　② 를　　　　　③ 의　　　　　④ 에

35 `2점`

길을 잘 모릅니다. (   )를 봅니다.

① 도로　　　　② 잡지　　　　③ 지도　　　　④ 시계

36 `2점`

공부를 하지 않았습니다. 그래서 시험이 (   ).

① 쉽습니다　　② 나쁩니다　　③ 조용합니다　　④ 어렵습니다

37 `3점`

저는 한국 사람이 아닙니다. 그래서 한국어를 잘 (   ).

① 씁니다　　　② 줍니다　　　③ 모릅니다　　　④ 그립니다

38 3점

청소를 하지 않았습니다. 그래서 방이 (   ) 더럽습니다.

① 일찍   ② 오래   ③ 너무   ④ 아까

39 2점

오늘 파티를 합니다. 그래서 친구와 한국 음식을 (   ).

① 먹습니다   ② 만듭니다   ③ 만납니다   ④ 빌립니다

길 path/road | 도로 road | 잡지 magazine | 지도 map | 시계 clock | 공부 study | 시험 test | 쉽다 easy | 쓰다 use/write/wear | 청소 cleaning | 방 room | 파티 party | 만나다 meet

40-42

우리	we/us/our	pronoun	우리 4명은 한국대학교 학생입니다. Four of us are students of Hankuk University.
값	price	noun	이 자동차는 값이 아주 비쌉니다. The price of this car is very high.
기간	period (of time)	noun	우리 학교는 방학 기간이 2달입니다. The vacation period of my school is two months.
등산	hiking	noun	저는 등산을 좋아해서 자주 산에 갑니다. I like hiking, so I often go to mountains.
무료	free	adjective/noun	오늘은 무료니까 돈이 필요 없습니다. It is free for today, so we don't need to pay.
밤	night	noun	밤에는 잠을 잡니다. I sleep at night.
부엌	kitchen	noun	부엌에서 요리를 합니다. I cook in the kitchen.
비	rain	noun/verb	비가 와서 우산을 씁니다. It is raining, so I am wearing my umbrella.
사무실	office	noun	사무실에서 회의를 합니다. We have a meeting in the office.
생일	birthday	noun	생일을 축하합니다. Happy birthday!
안내	guide	noun/verb	직원이 손님을 방으로 안내합니다. The staff is guiding the guest to the room.
약	medicine	noun	배가 아파서 약을 먹었습니다. I have a stomachache, so I took some medicine.
영화	movie	noun	지금 영화관에서 영화를 봅니다. I am now watching a movie in the cinema.

오후	afternoon	noun	오전에 수업이 끝나면 오후에는 도서관에 갑니다. After classes end in the morning, I go to library in the afternoon.
이름	name	noun	제 이름은 민수입니다. My name is Minsu.
일주일	one week	noun	'월, 화, 수, 목, 금, 토, 일'(요일)이 일주일입니다. There are Monday, Tuesday, Wednesday, Thursday, Friday, Saturday and Sunday in a week.
전화	telephone/ phone call	noun	친구에게 전화를 합니다. I am making a phone call to my friend. (= I am calling my friend.)
점심	lunch	noun	아침, 점심, 저녁 breakfast, lunch, dinner
행복	happiness/ happy	noun/ adjective	대학교에 합격해서 행복합니다. I got admitted to university, so I feel happy. (= I am happy because I got admitted to university.)
회의	meeting	noun	저희 회사는 매주 월요일에 회의를 합니다. Our company has a meeting every Monday.
모든	all/every	article	모든 책을 다 읽어서 더 읽을 책이 없습니다. I have read all the books, so I have no more books to read.
내다	pay	verb	오늘 식사 값은 제가 내겠습니다. I will pay for the meal today.
드리다	give (honorific form of 주다)	verb	오늘 어머니 생신이라서 어머니께 선물을 드릴 겁니다. Today is my mother's birthday, so I will give her a present.
들어가다	go in	verb	문을 열고 교실에 들어갑니다. I open the door and go into the classroom.
받다	receive	verb	친구가 보낸 메일을 받았습니다. I received an e-mail from my friend.
열다	open	verb	날씨가 더워서 창문을 열었습니다. The weather was hot, so I opened the window.

찾다	find	verb	잃어버린 지갑을 찾았습니다. I found my lost wallet.
같다	same	adjective	저와 제 친구는 21살입니다. 우리는 나이가 같습니다. I and my friend are 21 years old. We are the same age.
맑다	clear/sunny	adjective	오늘은 구름이 없고 맑겠습니다. Today will be sunny with no clouds.
미안하다	sorry	adjective	전화를 못 받아서 미안합니다. I am sorry for not getting the phone call.
쉬다	rest	verb	일요일에는 집에서 쉽니다. On Sundays, I rest at home.
좋다	good	adjective	운동이 건강에 좋습니다. Exercising is good for your health.
매주	every week	noun/ adverb	매주 일요일은 집에서 쉽니다. Every Sunday, I rest at home.
지금	now	noun/ adverb	지금 저는 한국어를 공부하고 있습니다. Now, I am studying Korean.

V-는 동안(에)	어떤 일이 계속 되는 일정한 시간을 나타냅니다. 시간을 나타내는 명사일 경우 'N 동안'을 사용합니다. This expresses the duration when a certain event continues. If the preceding noun describes a certain time, 'N 동안' is used. 예 제가 쇼핑하는 동안 친구는 기다리고 있습니다. My friend will be waiting while I go shopping. 　방학 동안 여행을 할 거예요. I will go on a travel during the vacation.
V-기 전에	앞의 행동이 뒤의 행동보다 먼저 이루어질 때 사용합니다. 시간을 나타내는 명사일 경우 'N 전에'를 사용합니다. This is used when the action mentioned earlier occurs before the action mentioned later. If the noun describes a certain time, 'N 전에' is used. 예 잠을 자기 전에 책을 읽었습니다. I read a book before going to bed. 　1시간 전에 출발했습니다. I left one hour ago.
N(으)로	1. 어떤 지점을 향하는 방향을 나타냅니다. '가다, 오다, 출발하다' 등과 같이 사용합니다. 　This indicates a direction towards a certain point of place. It is used with '가다', '오다', '출발하다', etc. 　예 오른쪽으로 가세요. Go right. 2. 어떤 행동을 할 때 사용되는 물건이나 방법을 나타냅니다. 　This indicates an object or a method used for a certain action. 　예 저는 학교에 버스로 갑니다. I go to school by bus. 3. 어떤 물건을 만들 때 사용되는 재료를 나타냅니다. '만들다, 되다' 등과 자주 사용합니다. 　This indicates a material used to make some product. It is often used with '만들다', '되다', etc. 　예 종이는 나무로 만듭니다. Paper is made from wood. 4. 어떤 것을 바꿀 때 사용하거나 변화를 나타냅니다. 　This indicates some change, or is used to change something. 　예 한국 돈으로 환전을 했습니다. I exchanged it with Korean money. 　지하철로 갈아탔습니다. I transferred to a subway train.
V-(으)ㄴ/는/(으)ㄹ	'V-(으)ㄴ/는/(으)ㄹ + N(명사)'의 형태로 뒤에 오는 명사를 꾸며 줄 때 사용합니다. '-(으)ㄴ' 은 과거, '-는'은 현재 또는 반복되는 일, '-(으)ㄹ'은 미래를 나타냅니다. 명사일 경우에는 'N 인 N'을 사용합니다. This is used to modify the following noun, in the form of 'V-(으)ㄴ/는/(으)ㄹ+N(noun)'. '-(으)ㄹ' expresses the future tense. When a noun precedes, 'N인 N' is used. 예 어제 본 영화가 재미있었습니다. The movie I watched yesterday was fun. 　지금 보는 영화가 재미있습니다. The movie I am watching right now is fun. 　내일 볼 영화가 재미있을 겁니다. The movie I will watch tomorrow will be fun. 　취미가 등산인 사람은 민수 씨입니다. The one whose hobby is mountain hiking is Minsu.

40-42

40~42 읽고 맞지 않는 것 고르기

글을 읽고 맞지 않는 것을 고르는 문제입니다. 선택지에서 맞는 것을 고르는 게 아니라 **틀린 것을 골라야 하는 문제**이므로 실수하지 않도록 해야 합니다. 문장의 시제는 과거(-았/었-), 현재(-ㅂ/습니다), 미래(-(으)ㄹ 겁니다)의 기본 시제들이 나옵니다. 배점은 각각 3점씩입니다.

지문의 종류는 크게 '문장형'과 '단어형'으로 나눌 수 있습니다. '문장형'은 주로 문장으로 나오는 것이고 '광고, 공지(안내), 개인 메시지 전달' 등이 포함됩니다. '단어형'은 주로 문장보다는 단어로 나오며, 그림이나 표로 제시됩니다.

아래는 지문의 유형에 따라 주로 출제되는 내용과 어휘 및 표현을 자세히 정리한 것입니다.

1. 문장형 지문

1) 안내 공지형

박물관, 미술관, 도서관, 학교(교실, 연습실)와 같은 **관공서 이용 안내문**이나 음악회, 영화제, 요리 교실, 노래 모임과 같은 **여러 가지 행사에 대한 안내문**이 나옵니다.

안내 공지형 지문에는 주로 **'기간, 일시(날짜, 요일, 시간), 장소'** 등이 공통적으로 나오며, 가장 아래 부분에는 '선물을 주거나 음식을 무료로 주는 것'과 같은 **행사의 특징에 대한 추가 정보**가 나오기도 합니다. 또한 지문 내용에는 '안내, 교실, 모임, 공원, 학원, 커피, 주스, 드리다, 배우다, 초대하다' 등의 단어가 자주 나옵니다. 안내 공지형에도 광고형과 같은 가격 정보가 나올 수 있지만 '기간, 일시, 장소' 등을 공지한다는 점에서 광고형과 차이가 있습니다.

2) 광고형

중고 물품(컴퓨터, 냉장고, 세탁기 등)을 파는 광고문이나 책을 무료로 나누어 주는 광고문, 또는 학원 광고문, 새로운 식당이나 커피숍에 대한 광고문, 부동산 광고문, 슈퍼마켓 할인 광고문 등이 나옵니다.

40~42 Reading the text and choosing the answer choice that does not match

You will be asked to read the passage and to choose the answer choice that does not match with the passage. Make sure not to make a mistake; you need to choose the incorrect one from the answer choices, not the correct one. The tense of the sentences are the basic tenses of past(-았/었-), present(-ㅂ/습니다), and future(-(으)ㄹ 겁니다). Each question is alloted 3 points.

The type of passages can be roughly classified into 'sentence type' and 'word type'. 'Sentence type' mainly consists of sentences, and include 'commercials', 'notice(announcement)', 'personal messages', etc. 'Word type' mainly consists of words instead of sentences, and presented as an image or table.

The following are the details of the contents, vocabulary and expressions by each type of passages that frequently appear in the test.

1. 'Sentence Type' Passages

1) Announcement Type

The passage may be presented as a notice of using public places such as museum, art museum, library, and school (classroom, practice room) or a notice of various events such as music concert, film festivals, cooking class, singing club, etc.

Notice passages commonly include '기간(time period)', '일시(date and time (날짜, 요일, 시간-date, day, time)', '장소(venue)', etc. and may also include additional information of the event such as 'Gifts provided' or 'Free food provided'. at the bottom part. They often use certain vocabulary such as '안내(notice)', '교실(classroom)', '모임(meeting)', '공원(park)', '학원(academy)', '커피(coffee)', '주스(juice)', '드리다(give)', '배우다(learn)', '초대하다(invite)', etc. The notice type may have price information like the commercial type, but is different in the aspect that it includes '기간(time period)', '일시(date and time)', '장소(venue)', etc.

2) Commercial Type

The passage may appear as a copy of ads for selling secondhand goods(computers, refrigerator, washing machine, etc.) or giving away free books, or as ads for private educational institute, new restaurant or coffee shop, real estate, or supermarket discount sale.

광고형 지문에는 주로 **'물건의 가격, 연락처'** 등이 공통적으로 나오며, '선물'에 대한 추가 정보가 나오기도 합니다. 지문 내용에는 '메뉴, 팔다, 쉬다, 사용하다, 문을 열다' 등의 단어 및 표현이 자주 나옵니다.

특히 부동산 광고문에는 '방, 부엌, 욕실, 화장실, 침대, 책상, 지하철역 앞과 같은 집의 위치' 등이 나올 수 있으며, 슈퍼마켓 광고문에는 '물, 치약, 우유' 등의 물건 이름과 할인 가격이나 할인 기간 등이 제시될 수 있습니다. 그리고 학원 광고문은 음악이나 미술, 운동, 춤, 노래, 요리 등과 관련된 단어들이 나올 수 있습니다. 식당이나 커피숍 광고문은 '갈비탕, 비빔밥, 냉면'과 같은 음식 이름 및 '커피, 주스'와 같은 음료수 이름 등 메뉴 관련 단어가 나올 수 있습니다.

3) 메시지 전달형

문자메시지, 이메일, 인터넷 게시판 글, 초대 카드, 내용 전달을 위한 메모(외출할 때 남기는 메모) 등과 같이 **어떤 내용을 다른 사람에게 전달하는 것**들입니다.

이 중에서 문자메시지가 자주 출제되었으므로 잘 알아 둘 필요가 있습니다. 메시지를 전달하기 때문에 보통 보내는 사람과 받는 사람이 이름이 함께 나옵니다. 문자메시지나 초대 카드와 같은 편지 형식에서는 **받는 사람의 이름이 지문의 위 부분에, 보내는 사람의 이름은 지문의 아래 부분에** 나옵니다. 그리고 문자메시지 내용에는 '회사, 사무실, 도서관, 커피숍, 전화하다, 전화를 못 받다, -(으)ㄹ게요. -겠습니다' 등의 단어 및 표현이 나올 수 있고, 초대 카드의 경우는 어떤 모임이나 행사에 초대하는 내용으로 일시와 장소에 대한 정보가 포함될 수 있습니다.

이메일의 경우도 보내는 사람과 받는 사람을 잘 확인해야 하며, **어떤 모임에 대한 일시와 장소 정보**를 개인적으로 전달할 수 있습니다. 따라서 '학교, 모임, 커피숍, 만나다' 등의 단어가 나올 수 있습니다.

메모는 전화 메모나 외출할 때 다른 사람에게 전달하는 메모 등 간단한 내용을 써 놓은 것으로 '누구에게 전화가 왔다든지 중요한 회의가 있다든지 하는 전달 사항', '외출 사실에 대한 정보나 식사를 어떻게 하라는 내용' 등이 나올 수 있습니다.

Commercial passages commonly include '물건의 가격(price)', '연락처(contact number)', etc. and may also include additional information on '선물(gifts)'. They often use certain vocabulary and expressions such as '메뉴(menu)', '팔다(sell)', '쉬다(rest)', '사용하다(use)', '문을 열다(open the door)', etc.

Particularly, an ad of real estate may include '방(room)', '부엌(kitchen)', '욕실(bathroom)', '화장실(restroom)', '침대(bed)', '책상(desk)', '지하철역 앞과 같은 위치(location of house such as front of subway station)', etc. and an ad of supermarket may include product names such as '물(water)', '치약(toothpaste)', '우유(milk)', etc. and the price and period of discount sale, etc. An ad of restaurant or coffee shop may include menu-related words like name of dishes such as '갈비탕', '비빔밥', '냉면', etc. or beverage such as '커피(coffee)', '쥬스(juice)', etc.

3) Message Delivery Type

The passage is a certain content sent to another person, such as text messages, e-mail, internet posting, invitation card, memo to deliver a message(such as a memo left by someone when going out), etc.

Among them, text messages often appear in the tests, you need to understand them properly. They usually deliver a message, so the name of sender and receiver both appear. In the letter type such as text message or invitation card, the sender's name appears at the top of passage, and the receiver's name appear at the bottom of passage. Moreover, text messages often use certain vocabulary and expressions such as '회사', '사무실', '도서관', '커피숍', '전화하다', '전화를 못 받다', '-(으)ㄹ게요', '-겠습니다', etc., and as for invitation cards, they invite someone to a certain gathering or event and may include information of date, time and venue.

As for e-mail messages, you need to check who are the sender and the receiver respectively, and to notice that the date and time, venue, and other information of a certain meeting, so you need to check the sender and receiver. Therefore, certain vocabulary such as '학교', '모임', '커피숍', '만나다', etc. may appear.

Memos have a simple description such as a telephone message or a message sent to another person when someone goes out, etc., so some memos about 'phone call from someone', 'important meeting', 'going out', 'what to do for dining', etc. may be presented.

2. 단어형 지문

1) 그림형

날씨 예보, 영화표, 약 봉투, 교통 표지판, 지하철 이용 안내 등과 관련된 그림이 제시되고, 관련 정보를 가진 단어들이 그림과 함께 제시됩니다.

날씨와 관련된 그림에는 '해, 우산, 구름, 눈사람' 등이 있으며 각각 '맑음, 비, 구름, 눈'과 같은 날씨를 나타냅니다. 그리고 '서울, 부산, 대전, 광주, 춘천, 제주'와 같은 도시 이름, '25℃(25도), 30℃(30도)'와 같은 온도에 대한 정보가 제시될 수 있습니다.

영화표에는 '영화 제목, 극장 이름, 날짜와 시간, 층수, 자리 번호' 등의 단어 및 표현이 나오고, 약 봉투에는 '환자의 이름, 아침, 점심, 저녁, 식사 전, 식사 후 30분 등의 복용 시간, 복용 횟수' 등이 표시되어 있습니다.

교통 표지판에는 방향을 알려 주는 그림이 나올 수 있고, 지하철 이용 안내는 목적지에 따른 출구 방향이나 지하철을 갈아타는 방법 등이 제시될 수 있습니다. 지하철과 관련된 단어 및 표현에는 '출발, 도착, 환승, 역 이름, (숫자)호선, 갈아타는 곳, 나가는 곳' 등이 나올 수 있습니다.

2) 표형

개인 수첩(다이어리)에 있는 날짜별 일정표에 쓴 메모, 시간별 TV 프로그램 제목, 날짜별 혹은 시간별 여행 일정 등의 **간단한 메모 내용이 표로 제시**됩니다.

개인 일정표는 휴대전화와 같은 그림형으로도 출제될 수 있으며, '점심, 저녁, 약속, 쇼핑, 생일, 수영, 등산, 시험' 등의 단어가 나옵니다. TV 프로그램 제목에는 '드라마, 뉴스, 영화' 등의 단어가 나옵니다. 여행 일정에는 '출발, 도착, 아침, 점심, 저녁, 등산, 바다, 관광, 구경' 등의 단어가 나올 수 있습니다.

2. 'Word Type' Passages

1) Image Type

Images such as weather forecast, movie ticket, medicine envelope, traffic sign, guidance for use of subway, etc. and words including related information will appear together with images.

The images related to weather are '해(sun)', '우산(umbrella)', '구름(cloud)', '눈사람(snowman)', etc., and they indicate the weather '맑음(fine)', '비(rain)', '구름(cloud)', and '눈(snow)' respectively. Moreover, they may also include city names such as '서울', '부산', '대전', '광주', '춘천', '제주', and the temperature such as '25℃(25도), 30℃(30도).'

In movie tickets, certain vocabulary or expressions such as '영화 제목(movie title)', '극장 이름(theater name)', '날짜와 시간(date and time)', '층수(floor No.)', '자리 번호(seat No.)', etc. may appear, and on medicine envelopes, '환자의 이름(patient name)', '아침, 점심, 저녁, 식사 전, 식사 후 30분 등의 복용 시간(time of taking such as 30 minutes before/after breakfast, lunch or dinner)', '복용 횟수(times of taking)', etc. are marked.

Traffic signs may have images that show directions, and a guidance for using the subway may show directions to each exit of destination or informing how to transfer from one line to another. Vocabulary and expressions related to subway are '출발(departure)', '도착(arrival)', '환승(transfer)', '역 이름(station name)', '(숫자)호선(number -line No.)', '갈아타는 곳(transfer platform)', '나가는 곳(exit)', etc.

2) Table Type

Simple descriptions will appear in tables, such as notes written in the daily schedule of personal notebook(diary), TV program titles by hours, travel schedule by dates or hours, etc.

Personal schedules may appear as an image such as image of a cell phone, and certain words such as '점심', '저녁', '약속', '쇼핑', '생일', '수영', '등산', '시험', etc. In TV program titles, certain words such as '드라마', '뉴스', '영화', etc. may appear. In travel schedules, certain words such as '출발', '도착', '아침', '점심', '저녁', '등산', '바다', '관광', '구경', etc. may appear.

40-42

기출문제 Questions of Previous Tests

※[40~42] 다음을 읽고 맞지 <u>않는</u> 것을 고르십시오. 각 3점

40

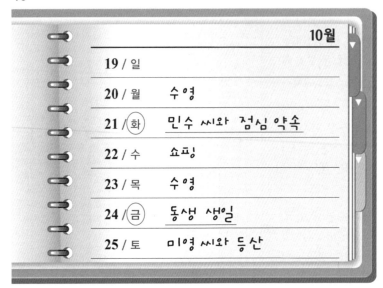

① 금요일에 민수 씨를 만납니다.
② 주말에 미영 씨와 산에 갑니다.
③ 일주일에 두 번 수영을 합니다.
④ 시월 이십이 일에 쇼핑을 합니다.

<TOPIK 36회 읽기 [40]>
• 수영 swimming
• 약속 appointment
• 쇼핑 shopping
• 동생 younger brother/sister

40

수첩(다이어리)에 간단하게 적은 개인 일정
표입니다. <u>금요일은 동생 생일입니다.</u> 민수
씨는 화요일에 점심 약속이 있기 때문에 화
요일에 만납니다. 따라서 정답은 ①입니다.
It is a brief personal schedule written
in a notebook(diary). The coming
Friday is my younger brother's/sister's
birthday. I have a lunch appointment
with Minsu on Tuesday, so I am going
to meet him on Tuesday. Therefore,
the correct answer is ①.

41

인형 박물관 안내

● 요 일: 화요일~일요일
● 시 간: 09:00~19:00
● 입장료: 5,000원

※ 7세 이하 어린이에게 작은 인형을 드립니다.

① 오천 원을 냅니다.
② 월요일에 문을 엽니다.
③ 어린이가 갈 수 있습니다.
④ 오후 일곱 시에 끝납니다.

〈TOPIK 37회 읽기 [40]〉
• 인형 doll
• 박물관 museum
• 요일 day (of the week)
• 시간 time
• 입장료 admission fee
• 이하 no more than
• 어린이 children
• 끝나다 end/finish
• 화요일 Tuesday
• 일요일 Sunday

41

인형 박물관에 대한 안내문입니다. 입장료는 5,000원입니다. 7세 이하 어린이에게 작은 인형을 준다고 했으므로 어린이가 갈 수 있습니다. 관람 시간은 오전 9시부터 오후 7시까지입니다. 박물관 문을 여는 요일은 화요일부터 일요일까지입니다. 따라서 정답은 ②입니다.

It is information of a doll museum. The admission fee is 5,000 Korean won. It stated a small doll will be given to children under 7 years old, so it can be guessed that it is available for children. The opening hours are 9 a.m. to 7 p.m. The museum opens from Tuesday to Sunday. Therefore, the correct answer is ②.

42

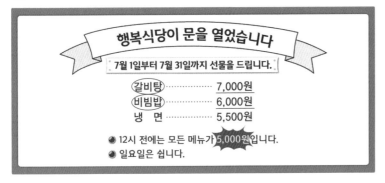

① 한 달 동안 선물을 받을 수 있습니다.
② 일요일에는 식당이 문을 열지 않습니다.
③ 오후에는 갈비탕과 비빔밥의 값이 같습니다.
④ 오전에는 냉면을 오천 원에 먹을 수 있습니다.

샘플문제 Sample Questions

※ [40~42] 다음을 읽고 맞지 <u>않는</u> 것을 고르십시오. 각 3점

40

① 부산은 비가 옵니다.
② 서울은 눈이 옵니다.
③ 대전은 제일 춥습니다.
④ 제주는 날씨가 맑습니다.

<TOPIK 41회 읽기 [42]>

• 선물　present
• 메뉴　menu
• 갈비탕　Galbitang
• 비빔밥　Bibimbap
• 냉면　Naengmyeon

42

새로 문을 연 식당에 대한 광고문입니다. 7월 한 달 동안 선물을 받을 수 있고, 일요일에는 쉬므로 문을 열지 않습니다. 12시 전, 즉 오전에는 모든 메뉴를 5,000원에 먹을 수 있습니다. 오후에는 <u>갈비탕이 7,000원, 비빔밥이 6,000원, 냉면이 5,500원이므로 각각 값이 다릅니다.</u> 따라서 정답은 ③입니다.

It is an ad of a restaurant which opened recently. The restaurant gives away presents for one month in July, and does not open on Sundays. Before noon, that is, in the morning, every menu is provided at 5,000 Korean won. In the afternoon, Galbitang is 7,000 Korean won, Bibimbap is 6,000 Korean won, and Naengmyeon is 5,500 Korean won, of which prices are different. Therefore, the correct answer is ③.

• 눈　snow
• 제일　(the) first/(the) most
• 날씨　weather

40

한국 주요 도시의 겨울 날씨입니다. <u>서울은 눈이 오고 온도가 -3도입니다.</u> 부산은 비가 오고 온도가 4도입니다. <u>대전은 구름이 끼고 온도가 -1도입니다.</u> 제주는 날씨가 맑고 온도가 9도입니다. 그러므로 <u>서울이 제일 춥습니다.</u> 따라서 정답은 ③입니다.

It shows the weather of each of the main cities of Korea in the winter. In Seoul, it is snowing and the temperature is -3 degrees Celsius. In Busan, it is raining and the temperature is -1 degree Celsius. In Daejeon, it is cloudy and the temperature is -1 degree Celsius. In Jeju, it is sunny and the temperature is 9 degrees Celsius. Therefore, the correct answer is ③.

41

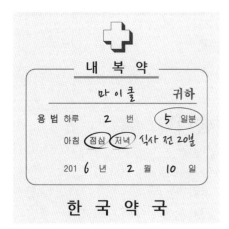

① 약을 먹고 밥을 먹습니다.
② 이 일 동안 약을 먹습니다.
③ 마이클 씨가 약을 먹습니다.
④ 점심, 저녁에 약을 먹습니다.

- 회 time(s) (a term used for counting number of times)
- 아침 morning/breakfast
- 저녁 evening/dinner
- 식사 meal
- 전 before/ago
- 분 minute
- 약국 pharmacy
- 밥 meal
- 먹다 eat

41

약 봉투에 약의 복용 방법이 쓰여 있습니다. 환자의 이름은 '마이클'입니다. 점심에 1번, 저녁에 1번, 하루에 약을 2번 먹습니다. 식사 전, 즉 밥을 먹기 20분 전에 약을 먹습니다. 그리고 2일이 아니라 5일 동안 약을 먹습니다. 따라서 정답은 ②입니다.
How to take the medicine is written on its envelope. The patient's name is 'Michael'. Therefore, the correct answer is ②.

42

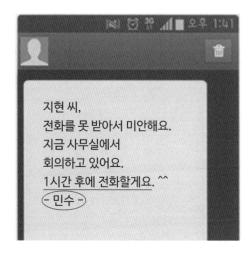

① 민수 씨는 사무실에 있습니다.
② 민수 씨는 전화를 못 받았습니다.
③ 지현 씨는 민수 씨에게 전화를 했습니다.
④ 지현 씨는 1시간 후에 회의를 할 겁니다.

- 전화 telephone/phone call
- 받다 receive
- 회의 meeting
- 사무실 office
- 식사하다 take a meal
- 전화하다 make a phone call

42

민수 씨가 지현 씨에게 보낸 문자메시지입니다. 전화를 못 받아서 미안하다는 말을 통해 민수 씨가 문자메시지를 보내기 전에 지현 씨가 민수 씨에게 전화를 했다는 것을 알 수 있습니다. 민수 씨는 지금 사무실에서 회의를 하고 있고, 1시간 후에 지현 씨에게 전화를 할 겁니다. 따라서 정답은 ④입니다.
It is a text message from Minsu to Jihyeon. Through the saying that he is sorry for not answering the phone call, it can be guessed that Jihyeon had made a phone call to Minsu before Minsu sent the text message. Therefore, the correct answer is ④.

40-42

※[40~42] 다음을 읽고 맞지 <u>않는</u> 것을 고르십시오. <u>각 3점</u>

40

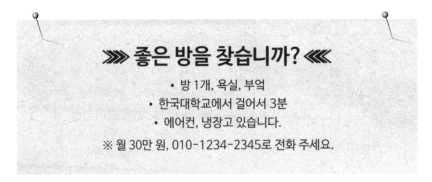

① 한국대학교에서 가깝습니다.
② 이 방 안에 에어컨이 있습니다.
③ 이 방은 한 달에 삼십만 원입니다.
④ 좋은 방이 있는 사람은 전화를 할 겁니다.

41

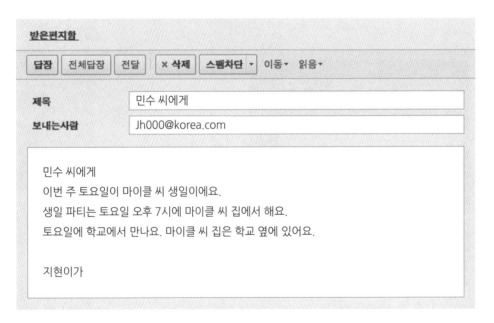

① 마이클 씨 집은 학교에서 가깝습니다.
② 토요일에 학교에서 생일 파티를 합니다.
③ 지현 씨가 민수 씨에게 이메일을 보냈습니다.
④ 민수 씨와 지현 씨는 토요일 저녁에 만날 겁니다.

42

한여름 밤의 영화제

우리 대학교 학생들은 영화를 무료로 볼 수 있어요.

기간: 7월 1일부터 8월 31일까지
일시: 매주 토요일 오후 8시
장소: 한국대학교 학생회관 101호

※ 음식과 음료수는 가지고 들어갈 수 없습니다.

① 대학교에서 음료수를 줍니다.
② 영화제는 두 달 동안 합니다.
③ 오후 여덟 시에 영화가 시작됩니다.
④ 한국대학교 학생회관에서 영화를 봅니다.

방 room | 욕실 bathroom | 대학교 university/college | 걷다 walk | 분 minute | 에어컨 air conditioner | 냉장고 refrigerator | 가깝다 near | 안내 guide/guidance | 보내다 send | 주 week | 토요일 Saturday | 파티 party | 집 house/home | 학교 school | 만나다 meet | 옆 beside | 이메일 e-mail | 저녁 evening/dinner | 한여름 midsummer | 영화제 film festival | 장소 venue | 학생회관 students' hall | 음식 food | 음료수 drinks/beverage | 시작되다 begin/start

43-45

경치	scenery	noun	설악산은 가을에 단풍이 들어서 경치가 좋습니다. At Seoraksan Mountain, the leaves get tinted in autumn, which makes great scenery.
공원	park	noun	저는 친구와 공원에서 자전거를 탑니다. I ride a bike at the park with my friend.
기차	train	noun	서울역에서 기차를 타고 부산까지 갔습니다. I took a train at Seoul Station to go to Busan.
부모님	parents	noun	부모님은 아버지와 어머니를 함께 부르는 말입니다. 'Parents' means both of father and mother.
요리	cooking	noun	저는 요리를 잘 해서 한국 음식도 만들 수 있습니다. I am good at cooking and can cook Korean cuisines as well.
자전거	bicycle	noun	자전거를 타고 공원에 갔습니다. I rode a bicycle to go to the park.
그러면	then	adverb	가: 다이어트를 하고 싶습니다. / 나: 그러면 저하고 같이 운동합시다. A: I want to go on a diet. / B: Then, let's work out together.
함께	together	adverb	이번 주말에 부모님과 함께 제주도에 갑니다. I am going to Jeju Island together with my parents this weekend.
구경하다	browse	verb	명동에서 여러 가지 옷과 화장품을 구경했습니다. I browsed a variety of clothes and cosmetics at Myoung-dong.
놀다	play	verb	친구들과 공원에서 놉니다. I play at the park with my friends.
배우다	learn	verb	한국어 선생님께 한국어를 배웁니다. I learn Korean language from my Korean language teacher.
부르다	sing	verb	노래방에서 노래를 부릅니다. I sing songs in a Karaoke room.

타다	take/ride	verb	지하철을 타고 학교에 갑니다. I take the subway to go to school.
맛있다	tasty/ delicious	adjective	음식이 맛있어서 많이 먹었습니다. I ate a lot as the foods were delicious.
비싸다	expensive	adjective	사과 값이 비쌉니다. Apples are expensive.
심심하다	bored	adjective	저는 주말에 친구가 없어서 심심합니다. I have no friends, so I feel bored during weekends.
싸다	cheap	adjective	학교 식당은 음식이 쌉니다. The food served at the school cafeteria is cheap.
아름답다	beautiful	verb	한국의 제주도는 경치가 아름답습니다. The scenery is Jeju Island in Korea is beautiful.
재미없다	boring	adjective	이 영화는 재미없습니다. This movie is boring.
즐겁다	enjoyable	adjective	한국 생활이 즐겁습니다. Life in Korea is enjoyable.
내일	tomorrow	noun/adverb	오늘은 금요일이고 내일은 토요일입니다. Today is Friday, and tomorrow is Saturday.
매일	every day	noun/adverb	저는 매일 일기를 씁니다. I write a diary every day.

A/V-(으)ㄹ 때	어떤 일이나 상황이 일어나는 시간을 나타냅니다. This expresses the time when a certain event or situation occurs. 예 기분이 좋을 때 노래를 부릅니다. I sing when I feel good.
V-(으)러 가다/오다/다니다	이동하는 목적을 나타냅니다. This expresses the purpose of moving from one place to another. 예 공부하러 도서관에 갑니다. I am going to the library to study.
A/V-(으)면	뒤의 내용에 대한 조건을 나타냅니다. This expresses the condition for the following content. 예 봄이 오면 꽃이 핍니다. Flowers bloom when spring comes.
V-아/어 주다	다른 사람을 위해서 하는 일을 나타냅니다. '윗사람'을 위해서 하는 일은 'V-아/어 드리다'를 사용합니다. The expresses a task or an action done for other people. For a tasks or action done for an elderly person, the honorific form 'V-아/어 드리다' is used. 예 여자 친구에게 꽃을 사 주었습니다. I bought some flower for my girlfriend. 선생님의 일을 도와 드렸습니다. I helped my teacher for her/her work.

43-45

43~45 글의 내용과 같은 것 고르기

지문을 읽고 글의 내용과 같은 것을 고르는 문제입니다. 지문은 3문장 정도로 나오며, **일상적인 생활을 주제로 '어제, 오늘, 내일, 주말, 매일, N마다, -(으)ㄹ 때' 등의 시간 표현을 사용하여 경험이나 느낌을 설명하는 글**이 출제됩니다. 43, 45번 문제는 배점이 3점이고, 44번 문제는 배점이 2점입니다. 하지만 문제별 난이도는 크게 다르지 않으므로 배점 차이는 신경 쓰지 않아도 됩니다.

문장 사이에서 **'그리고, 그래서, 그러면'과 같은 접속부사**가 자주 나오기 시작합니다. 그리고 **앞 문장의 내용을 지시하는 '그 N, 거기, 그곳' 등의 표현**이 자주 등장합니다. 문장을 연결할 때에는 '-고, -아/어서, -(으)면'처럼 비교적 쉬운 문법이 사용되며, 문장을 마칠 때에는 '-았/었습니다, -ㅂ/습니다, -고 있습니다, -(으)ㄹ 겁니다'와 같은 시제 표현이 나타납니다. 선택지는 '저는'으로 시작하는 경우가 많고, 문장을 마칠 때에는 지문과 마찬가지로 기본적인 시제를 나타내는 문법들이 사용되고 있습니다.

이 문제는 글을 읽으면서 해당되는 선택지가 맞는지 틀리는지 판단해야 합니다. 글의 내용과 선택지를 잘 비교해 가며 일치하지 않는 내용을 하나씩 지워 나가면서 답을 찾으면 됩니다. 선택지에 나오는 표현들은 지문에 있는 표현을 그대로 사용하지 않는 경우도 있기 때문에 **유사한 단어들을 알고 있어야 같은 의미**를 찾아내기가 쉽습니다.

선택지에서는 주로 '어제, 오늘, 내일, 주말, 매일, N마다, -(으)ㄹ 때' 등의 시간 표현이나 '자주, 혼자, 조금, 잘' 등과 같은 부사를 지문과 다르게 사용하여 틀린 답을 제시하는 경우가 많습니다. 그러므로 이러한 부분을 주의해서 보는 것이 좋습니다.

43~45 Choose the answer choice that matches with the content of passage.

You will be asked to read the passage and to choose the answer choice that matches with the passage. The passage consists of about three sentences and includes the expressions which indicate a certain time such as '어제, 오늘, 내일, 주말, 매일, N마다, -(으)ㄹ 때', etc. to describe an experience or feeling of which main topic is about daily life. Questions #43 and #45 are alloted 3 points, and question #44 is alloted 2 points. However, the difficulty level of each question is not much different, so you don't need to care about the difference in points.

Conjunctive adverbs such as '그리고', '그래서', '그러면', etc. begin to appear frequently between each sentence. Moreover, expressions such as '그 N', '거기', '그곳', etc. which indicate the content of the preceding sentence will often appear. When clauses need to be connected, relatively easy grammar such as '-고', '-아/어서', '-(으)면', etc. are used, when a sentence ends, expression that indicate the sentence's tense such as '-았/었습니다, -ㅂ/습니다, -고 있습니다, -(으)ㄹ 겁니다' are used. The answer choices usually begin with '저는'; and when a sentence ends, grammars which indicate basic tense are used as in the passage.

For this question, you need to determine whether each concerned answer choice is correct or not while reading the passage. Comparing the contents of the passage with each answer choices carefully, eliminate each answer which doesn't match with the passage to find the correct answer. The answer choices may not use the exactly same expressions as those in the passage, it will be helpful to know similar words to them in order to find those having the same meaning.

In the answer choices, expressions which indicate a certain time such as '어제', '오늘', '내일', '주말', '매일', 'N마다', '-(으)ㄹ 때', etc. or adverbs such as '자주', '혼자', '조금', '잘', etc. are often used differently from those in the passage, to present the incorrect answer. This is why it is recommended to read this part carefully.

43-45

기출문제 Questions of Previous Tests

※[43~45] 다음의 내용과 같은 것을 고르십시오. 각 2, 3점

43~45

> 저는 요리를 못합니다. 그래서 (매일) 학생 식당에서 밥을 먹습니다. 학생 식당은 음식 값이 싸고 김치가 맛있습니다.

① 학생 식당은 조금 비쌉니다.
② 학생 식당에 김치가 없습니다.
③ 저는 학생 식당에 날마다 갑니다.
④ 저는 맛있는 음식을 잘 만듭니다.

  ① 학생식당은 음식 값이 싸고
  ② 김치가 맛있습니다
  ④ 요리를 못합니다

<TOPIK 37회 읽기 [45]>
• 그래서 therefore/so
• 학생 식당 students' cafeteria
• 김치 Kimchi
• 날마다 every day

43~45

'저'는 요리를 못합니다. 그리고 학생 식당은 값이 싸고 김치가 맛있습니다. 매일 학생 식당에서 밥을 먹는다고 했으므로 학생 식당에 날마다 간다는 것을 알 수 있습니다. 따라서 정답은 ③입니다.

'I (저 = honorific form of 나)' cannot cook. Also, at the students' cafeteria, foods are cheap and its Kimchi is delicious. It is said that the subject eats meals at the students' cafeteria every day, so it can be guessed that the subject goes to students' cafeteria every day. Therefore, the correct answer is ③.

샘플문제 Sample Questions

※[43~45] 다음의 내용과 같은 것을 고르십시오. 각 2, 3점

43~45

> 저는 가족과 기차로 경주에 갔습니다. 그곳에서 자전거를 타고 아름다운 경치를 구경했습니다. 다음에는 친구들과 경주에 다시 가고 싶습니다.

① 저는 자전거를 타고 경주에 갔습니다.
② 저는 친구들과 함께 기차를 탔습니다.
③ 저는 경주에서 아름다운 경치를 봤습니다.
④ 저는 다음에 부모님과 경주에 가려고 합니다.

• 경주 Gyeongju (a city in the far southeastern part of Korea)
• 그곳 that place/there
• 다음 next
• 다시 again

43~45

가족과 기차를 타고 경주에 갔습니다. 그리고 다음에는 부모님이 아니라 친구들과 가려고 합니다. 경주에서 자전거를 타고 아름다운 경치를 구경했습니다. 따라서 정답은 ③입니다.

The subject took a train with his family to go to Gyeongju. Also, the subject wants to go there again with his friends instead of his parents. The subject rode a bike and watched the beautiful scenery. Therefore, the correct answer is ③.

43-45

연습문제 Exercise Questions

※[43~45] 다음의 내용과 같은 것을 고르십시오.

43 `3점`

> 오늘은 친구의 생일입니다. 그래서 친구 집에 놀러 가서 파티를 했습니다. 저는 친구에게 책을 사 주었습니다.

① 저는 생일 선물을 받았습니다.
② 저는 오늘 친구 집에 갔습니다.
③ 친구는 저와 함께 책을 샀습니다.
④ 친구는 가족과 생일 파티를 했습니다.

44 `2점`

> 저는 재미없고 심심할 때 노래방에 갑니다. 노래방에 가서 제가 좋아하는 한국 노래를 부릅니다. 그러면 재미있고 즐겁습니다.

① 저는 한국 노래를 잘 모릅니다.
② 저는 즐거울 때 노래방에 갑니다.
③ 저는 노래방에 가면 재미없습니다.
④ 저는 심심할 때 한국 노래를 부릅니다.

45 `3점`

> 내일 오후에 공원에서 친구를 만납니다. 그 친구는 주말마다 공원에서 운동을 합니다. 저도 친구와 만나서 함께 운동을 할 겁니다.

① 저는 주말마다 친구를 만납니다.
② 저는 매일 오후에 공원에 갑니다.
③ 저는 내일 친구와 운동을 합니다.
④ 저는 친구에게 운동을 배울 겁니다.

그래서 therefore/so | **집** house/home | **파티** party | **노래방** Karaoke (room) | **한국 노래** Korean songs | **만나다** meet

46-48

사진	photograph	noun	여행을 가서 사진을 찍었습니다. I took photographs while traveling.
앞	front	noun	앞, 뒤, 옆, 위, 아래(밑), 안(속), 밖 front, back, side, top, bottom(under), inside, outside
옛날	old days/ ancient times	noun	옛날에는 세탁기도 텔레비전도 없었습니다. In the old days, there was no washing machine or television.
요즘	nowadays	noun/adverb	요즘 저는 한국어를 배웁니다. I learn the Korean language nowadays.
인기	popularity	noun	그 가수는 우리나라에서 인기가 많습니다. That singer has high popularity in our country. (= That singer is very popular in my country.)
키	height	noun	제 친구는 저보다 키가 작습니다. My friend's height is lower than mine. (= My friend is shorter than me.)
그런데	by the way	adverb	가: 안녕하십니까? / 나: 네, 안녕하십니까? 그런데 어디 가십니까? A: Hello! / B: Hello! By the way, where are you going?
그리고	moreover/ and	adverb	그 식당은 음식이 맛있습니다. 그리고 값도 쌉니다. That restaurant serves delicious foods. Moreover, their prices are also low as well.
더	more	adverb	형은 동생보다 키가 더 큽니다. The elder brother's height is taller than his younger brother's/sister's.
많이	many/much/ a lot	adverb	밥을 많이 먹어서 배가 부릅니다. I ate a lot, so I feel full.
빨리	quickly	adverb	바빠서 밥을 빨리 먹었습니다. I was busy, so I ate quickly.
입다	wear/put on (clothing)	verb	저는 청바지를 입었습니다. I wore jean pants.

찍다	take photographs)	verb	토요일에 친구들과 공원에 가서 사진을 찍었습니다. On last Saturday, I went to the park with my friends and took photographs.
다르다	different	adjective	나라마다 국기가 다릅니다. Each country has each different national flag.
어리다	young	adjective	동생은 언니보다 두 살 어립니다. The younger brother/sister is two years younger than the elder sister.
예쁘다	pretty	adjective	꽃이 예쁩니다. The flower is pretty.
짧다	short	adjective	저는 짧은 치마를 좋아합니다. I like short skirts.
크다	big	adjective	수박은 사과보다 큽니다. A watermelon is bigger than an apple.
힘들다	tired	adjective	오늘 오래 걸어서 힘듭니다. Today, I walked for a long time, so I am tired.
보통	usually	adverb	주말에는 보통 친구를 만납니다. I usually meet my friends on weekends.

☕ 오늘의 문법 Today's Grammar

부터 ~ 까지	'부터'는 어떤 일의 시작이나 출발, '까지'는 도착이나 끝을 나타냅니다. '부터' expresses starting of a certain event or departure at a certain point, and '까지' expressing ending of a certain event or arrival at a certain point. 예 12시부터 1시까지 점심시간입니다. Lunch time is from noon to 1 p.m.
A/V-(으)면 좋겠다	말하는 사람의 희망이나 바람을 나타냅니다. This expresses the speaker's hope or wish. 예 시험에 합격하면 좋겠습니다. I wish I would pass the exam.
A/V-지만	앞과 뒤의 내용이 반대나 대조일 때 사용합니다. This is used when the preceding content is contrary or contrastable to the following content. 예 집 안은 따뜻하지만 밖은 춥습니다. It is warm inside home but cold outside. 김치를 좋아하지만 매워서 조금만 먹었습니다. I like Kimchi but it is spicy, so I ate a little only.

46-48

46~48 글의 중심 생각 고르기

글의 중심 생각을 고르는 문제입니다. **이 글이 전달하고 싶은 내용이 무엇인지, 어떤 의도로 이 글을 썼는지에 집중**해서 글을 읽어야 합니다. 지문은 3문장 정도로 나오며, 주로 **글의 중간 부분이나 끝부분에 필자의 중심 생각**이 들어있는 경우가 많으므로 이 부분에 유의하여 글을 읽는 것이 좋습니다. 46, 47번 문제는 배점이 3점이고, 48번 문제는 배점이 2점입니다. 하지만 문제별 난이도는 크게 다르지 않으므로 배점 차이는 신경 쓰지 않아도 됩니다

이 문제부터는 '-고 싶다, -(으)ㄹ 수 있다, -아/어 주다, -(으)려고 하다, -(으)면 좋겠다, -기가 힘들다/어렵다' 등의 새로운 문법 표현들이 다양하게 등장합니다. 선택지는 '저는'으로 시작하는 경우가 대부분이며, 다른 주어로 'N은/는'이 제시되더라도 ① ~④ 모두 동일하게 나타납니다.

지문에 '그래서, 그리고, 그런데'와 같은 접속부사가 자주 등장합니다. 특히 **'그래서'는 앞의 내용이 뒤의 내용의 이유나 근거가 될 때 사용하므로 뒤의 내용에 글의 중심 생각이 나타나는 경우**가 많습니다. 따라서 '그래서' 뒤에 나오는 문장을 주의 깊게 보는 것이 좋습니다.

46~48 Choosing the main idea of text

You will be asked to choose the main idea of text. While reading the text, focus on what message it attempts to deliver and what intention is implied in the text. The passage consists of about three sentences, and the author's main idea is usually found in the middle or end of the passage, so it is recommended to focus on it. Questions #46 and #47 are alloted 3 points, and question #48 is alloted 2 points. However, the difficulty level of each question is not much different, so there is no need to care about the difference in points.

From this question, a variety of new grammatic expressions such as '-고 싶다', '-(으)ㄹ 수 있다', '-아/어 주다', '-(으)려고 하다', '-(으)면 좋겠다', '-기가 힘들다/어렵다', etc. appear in the passage. The answer choices mostly start with '저는', and even though a different subject 'N은/는' is used, all answer choices ①-④ which appear will be same.

In the passage, conjunctive adverbs such as '그래서', '그리고', '그런데' often appear. Especially, '그래서' is used to indicate that the preceding content is the reason or ground of the following content, so in this case, the main idea of the passage is usually found in the following content. Therefore, it is recommended to carefully read the sentences which follows '그래서'.

46-48

기출문제 Questions of Previous Tests

※ [46~48] 다음을 읽고 ⟨중심 생각⟩을 고르십시오. 각 2, 3점

46~48

> 일이 재미없으면 그 일을 오래 하기 힘듭니다. 그래서 저는 재미있는 일을 찾고 있습니다. 시간이 많이 걸리겠지만 즐겁게 할 수 있는 일을 찾을 겁니다.

① 저는 일을 많이 할 겁니다.
② 저는 일을 빨리 찾고 싶습니다.
③ 저는 지금 일을 시작할 겁니다.
④ 저는 재미있는 일을 하고 싶습니다.

⟨TOPIK 41회 읽기 [47]⟩
• 일 work/job
• 그래서 therefore/so
• 걸리다 take (an amount of time)/catch (a disease)

46~48

일이 재미없으면 오래 하기 힘듭니다. '그래서' 재미있는 일을 찾고 있습니다. 그렇기 때문에 중심 생각은 재미있는 일을 하고 싶다는 것입니다. 따라서 정답은 ④입니다.
If you are bored with your job, it's hard for you to do it for a long time. '그래서(So)', the subject is finding an interesting job. For this reason, the main idea is that the subject wants to do an interesting job. Therefore, the correct answer is ④.

샘플문제 Sample Questions

※ [46~48] 다음을 읽고 중심 생각을 고르십시오. 각 2, 3점

46~48

> 민수 씨는 어릴 때 키가 작고 뚱뚱했습니다. 그리고 친구가 많지 않았습니다. 그런데 지금은 키가 크고 살이 빠져서 사람들에게 인기가 많습니다.

① 민수 씨는 옛날과 많이 다릅니다.
② 민수 씨는 앞으로 키가 더 클 겁니다.
③ 민수 씨는 요즘 살이 빠지고 있습니다.
④ 민수 씨는 옛날부터 친구들이 많았습니다.

• 작다 small/short
• 뚱뚱하다 fat
• 많다 many/much
• 살 flesh
• 빠지다 lose weight

46~48

민수 씨는 어릴 때 키가 작고 뚱뚱하고 친구가 많지 않았습니다. 그러나 지금은 반대로 키가 크고 살이 빠져서 인기가 많습니다. 옛날과 지금이 서로 다르다는 것이 중심 생각입니다. 따라서 정답은 ①입니다.
When Minsu was young, he was short, fat and had few friends. Now, however, he is tall, lost weight and is popular. The main idea is that his condition in the old days is different from that in nowadays. Therefore, the correct answer is ①.

46-48

※[46~48] 다음을 읽고 중심 생각을 고르십시오.

46 `3점`

> 저는 키가 아주 큽니다. 보통 옷 가게에서 바지를 사면 짧아서 입을 수가 없습니다. 그래서 저는 바지 사는 것이 어렵습니다.

① 저는 짧은 바지를 좋아합니다.
② 저는 바지를 입을 수가 없습니다.
③ 저는 바지를 사러 옷 가게에 갑니다.
④ 저는 키가 커서 바지 사기가 힘듭니다.

47 `3점`

> 이번 주말에 제주도로 여행을 갑니다. 제주도에 가면 예쁜 바다 앞에서 사진을 많이 찍을 겁니다. 빨리 주말이 오면 좋겠습니다.

① 저는 주말에 자주 여행을 갑니다.
② 저는 주말마다 제주도에 갈 겁니다.
③ 저는 제주도에 빨리 가고 싶습니다.
④ 저는 제주도 바다 사진을 찍었습니다.

48 `2점`

> 저는 한국 음식을 좋아하지만 만들 줄 모릅니다. 그래서 형이 한국 음식을 자주 만들어 줍니다. 형이 만든 불고기와 잡채는 모두 맛있습니다.

① 형은 한국 음식을 잘 만듭니다.
② 형은 불고기와 잡채를 좋아합니다.
③ 형은 한국 음식을 맛있게 먹습니다.
④ 형은 한국 음식을 만들 줄 모릅니다.

옷 가게 clothing shop | **바지** pants | **그래서** therefore/so | **이번** this time | **제주도** Jeju Island | **바다** ocean/sea | **한국 음식** Korean cuisines | **형** elder brother (used when a male calls his elder male sibling) | **불고기** Bulgogi (a Korean dish of grilled marinated beef) | **잡채** Japchae (a Korean dish of sweet potato noodles mixed with vegetables)

49-50

근처	near	noun	우리 집 근처에는 공원도 있고 백화점도 있습니다. There is a park and a department store near my home.
버스	bus	noun	저는 버스를 타고 회사에 갑니다. I go to work by bus.
손님	customer/ guest	noun	가게에 손님이 많습니다. There are many customers at the shop.
이사	movement/ move	noun/verb	저는 다음 달에 학교 근처로 이사를 갑니다. I am going to move to a place near my school next month.
주인	owner	noun	이 책의 주인은 누구입니까? Who is the owner of this book?
직원	staff/ employee	noun	저는 이 회사에서 일하는 직원입니다. I am an employee who works at this company.
화장실	restroom	noun	남자 화장실은 1층에 있고 여자 화장실은 2층에 있습니다. The restroom for men is on the first floor and that for women is on the second floor.
회사	company	noun	저는 한국 회사에 취직하려고 합니다. I am trying to get a job at a Korean company.
새	new	adjective	새 옷을 샀습니다. I bought new clothes.
같이	together	adverb	주말에 친구하고 같이 영화를 보려고 합니다. I am going to watch a movie together with my friend this weekend.
바로	immediately	adverb	집에 도착하면 바로 연락하십시오. If you arrive home, call me immediately.
하지만	however	adverb	저는 듣기를 잘 합니다. 하지만 쓰기를 잘 못 합니다. I am good at listening. However, I am not good at writing.
살다	live	verb	저는 서울에 삽니다. I live in Seoul.

이야기하다	talk	verb	저는 함께 사는 친구와 매일 이야기합니다. I talk to my friend who lives with me.
인사하다	greet/say hello	verb	학교에서 친구를 만나면 반갑게 인사합니다. I greet my friends when I meet them at school. (= When I see my friends at school, I say hello to them.)
읽다	read	verb	저는 매일 신문을 읽습니다. I read a newspaper every day.
졸업하다	graduate	verb	저는 내년에 대학교를 졸업합니다. I will graduate from university next year.
길다	long	adjective	머리가 길어서 미용실에 머리를 자르러 갑니다. My hair has got long, so I am going to hair salon to have my hair cut.
넓다	spacious/wide/broad	adjective	제 방은 아주 넓습니다. My room is very spacious.
멀다	far	adjective	학교가 멀어서 걸어갈 수 없습니다. The school is too far to walk.
좁다	narrow	adjective	지금 사는 방이 조금 좁지만 깨끗합니다. The room I live in is a little narrow but clean.
편하다	convenient/comfortable	adjective	운동화를 신으면 발이 편합니다. When we wear sneakers, it makes your feet comfortable.
먼저	first	adverb	밥을 먹기 전에 먼저 손을 씻습니다. Before eating your meal, wash your hands first.
정말	very/so	adverb	삼계탕이 정말 맛있습니다. Samgyetang (Chicken soup with ginseng) is very delicious.

만	다른 것은 배제하고 그것 하나에 대해서 말할 때 사용합니다. This is used to express only one excluding all others. 예 우리 반에서 마이클 씨만 미국 사람입니다. Michael is the only American in my class.
V-(으)ㄴ 후에	앞의 행동이 끝나고 뒤의 행동을 할 때 사용합니다. 시간을 나타내는 명사일 경우 'N 후에'를 사용합니다. 비슷한 표현으로 '-(으)ㄴ 다음에', '-(으)ㄴ 뒤에'가 있습니다. This is used when an action mentioned later is done after the one mentioned earlier is completed. If the noun describes a certain time, 'N 후에' is used. Similar expressions to it are '-(으)ㄴ 다음에' and '-(으)ㄴ 뒤에'. 예 밥을 먹은 후에(다음에, 뒤에) 커피를 마십니다. I drink coffee after having a meal.
A/V-아/어도	앞의 내용과 상관없이 항상 뒤의 일이 있음을 나타냅니다. This is used when the following content is valid regardless of the preceding content. 예 저는 키가 작아도 농구를 잘 합니다. I am short but can play basketball well.

49-50

📖 유형분석 Analysis of Questions Types

글을 읽고 물음에 답하는 문제입니다. 49~50번부터는 한 지문을 읽고 두 개의 문제를 풀게 됩니다. 지문은 5문장 정도로 나오며, 글을 읽기 전에 49번의 선택지부터 확인하는 것이 좋습니다. 그리고 나서 글 전체를 읽으면서 대략적인 내용을 파악해야 합니다. 50번 문제는 선택지와 글의 내용을 비교해 가면서 문제를 푸는 것이 효율적입니다.

You will be asked to read the text and answer the questions. From questions #49-#50, you should read a passage and solve two questions. The passage consists of about five sentences, and it is recommended to check the answer choices of question #49 before reading the passage. Thereafter, read the whole passage and comprehend the overall content. As for question #50, it is efficient to compare the passage content with the answer choices while solving the question.

49 ㉠에 들어갈 알맞은 말 고르기

㉠에 들어갈 표현을 찾는 문제입니다. ㉠의 앞뒤 문장을 잘 읽어 보면 답을 쉽게 찾을 수 있습니다. 선택지에는 '책을 읽고, 잠을 자고, 일을 하고, 밥을 먹고'와 같이 4개의 단어가 하나의 문법 표현으로 나옵니다. 이와 같은 경우에는 **문법보다는 단어의 의미를 파악하여 문맥에 어울리는 적절한 단어를 선택**해야 합니다.

49 Choosing the best phrase to fill in ㉠

You will be asked to choose the best expression to fill in ㉠. You should easily find the correct answer by reading the sentences preceding and following ㉠ carefully. While reading the text, you should focus on what message is intended to give, what intention is implied in it. In the answer choices, there are four collocations as one grammatical expression such as '책을 읽고', '잠을 자고', '일을 하고', and '밥을 먹고'. In this case, you should comprehend the meaning of words rather than grammar, and choose the best word that matches with the context.

50 글의 내용과 같은 것 고르기

전체적인 내용을 잘 읽고 같은 내용을 찾아야 합니다. 글을 읽으면서 해당되는 선택지가 맞는지 틀리는지 판단해야 합니다. **글의 내용과 선택지를 잘 비교해 가며 관련이 없는 내용을 하나씩 지워 나가면 답을 찾을 수 있습니다.** 그리고 선택지에 나오는 표현들은 글에 있는 표현을 그대로 사용하지 않는 경우도 있기 때문에 **유사한 단어들을 알고 있어야 같은 의미를 찾아내기가 쉽습니다.**

50 Choosing the answer choice that matches with the content

You will be asked to read the overall contents and to choose the answer choice that matches with it. While reading the text, you need to determine whether each answer choice is correct or not. You should find the answer by comparing the contents of passage with the answer choices properly and eliminating each answer not corresponding to the content of passage one by one. The answer choices may not use the exactly same expressions as those in the passage, so it will be helpful to know similar words when you find the same meaning more easily.

49-50

기출문제 Questions of Previous Tests

※[49~50] 다음을 읽고 물음에 답하십시오. 각 2점

> 우리 회사 지하에는 운동하는 방, 책을 읽는 방, 낮잠을 자는 방, 이야기하는 방이 있습니다. 이 방들은 점심시간에만 문을 엽니다. 우리 회사 사람들은 이곳을 좋아합니다. 이 방에 가고 싶은 사람들은 (㉠) 바로 지하로 갑니다. 식사 후에 짧은 시간 동안 하고 싶은 것을 할 수 있기 때문입니다.

49 ㉠에 들어갈 알맞은 말을 고르십시오.

① 책을 읽고   ② 잠을 자고

③ 일을 하고   ④ 밥을 먹고

50 이 글의 내용과 같은 것을 고르십시오.

① 우리 회사 식당은 지하에 있습니다.

② 우리 회사에서는 낮잠을 잘 수 없습니다.

③ 우리 회사 지하에 있는 방은 인기가 많습니다.

④ 우리 회사 사람들은 저녁에 지하에서 운동합니다.

① 지하 ▷ 운동, 책, 낮잠, 이야기 방
② 낮잠을 자는 방 ▷ 낮잠을 잘 수 있습니다
④ 지하 방은 점심시간만 문을 엽니다

<TOPIK 41회 읽기 [49~50]>

- 지하 underground/basement
- 방 room
- 낮잠 nap
- 점심시간 lunch time
- 문을 열다 open the door
- 이곳 this place
- 동안 for/during (an amount of time or a certain event)
- 때문 because

49

㉠ 뒤에 있는 문장을 살펴보면 '식사 후에' 하고 싶은 것을 할 수 있다고 했습니다. 따라서 정답은 ④입니다.
The sentence following ㉠ states that the employees are allowed to do what they want '식사 후에'. Therefore, the correct answer is ④.

50

회사 지하에는 운동하기, 책 읽기, 낮잠 자기, 이야기하기를 할 수 있는 방이 있습니다. 회사 식당에 대한 이야기는 없습니다. '우리 회사 사람들은 이곳을 좋아합니다'라고 했으므로 인기가 많다는 것을 알 수 있습니다. 따라서 정답은 ③입니다.
At the basement of the company, there is a room where employees can work out, read books, take a nap, or talk with others. The company's cafeteria is not mentioned. Through '우리 회사 사람들은 이곳을 좋아합니다', it can be guessed that the room is popular among the employees. Therefore, the correct answer is ③.

※[49~50] 다음을 읽고 물음에 답하십시오. 각 2점

> 학교 앞에 새 미용실이 문을 열었습니다. 이 미용실에는
> (㉠). 손님이 오면 주인이 인사하기 전에 먼저 고양이
> 가 인사합니다. 그리고 머리를 하는 동안 고양이와 함께 즐
> 거운 시간을 보낼 수 있습니다. 이 미용실은 고양이 때문에
> 인기가 많습니다.

- 미용실 hair salon
- 고양이 cat
- 머리를 하다 have one's hair trimmed
- 시간을 보내다 spend time
- 오래되다 been long

49 ㉠에 들어갈 알맞은 말을 고르십시오.
① 손님이 별로 없습니다　　② 기다리는 시간이 깁니다
③ 고양이 직원이 있습니다　　④ 주인이 인사하지 않습니다

49
㉠ 뒤에 있는 문장을 살펴보면 미용실에서 손님에게 인사하고, 손님들과 놀아 주는 '고양이'에 대한 내용이 나옵니다. 따라서 정답은 ③입니다.
The sentence which follows ㉠ describes about a '고양이' which greets the customers and play with them. Therefore, the correct answer is ③.

50 이 글의 내용과 같은 것을 고르십시오.
① 이 미용실은 오래되었습니다.
② 고양이는 미용실 주인보다 친절합니다.
③ 머리를 할 때에는 고양이를 볼 수 없습니다.
④ 이 미용실은 고양이가 있어서 손님이 많습니다.

50
새 미용실이 문을 열었습니다. 고양이는 손님에게 미용실 주인보다 먼저 인사하고, 머리를 하는 동안 놀아 줍니다. '이 미용실은 고양이 때문에 인기가 많습니다'라고 했으므로 고양이를 보려고 오는 손님이 많다는 것을 알 수 있습니다. 따라서 정답은 ④입니다.
A new hair salon has opened. The cat greets the customers even before the owner of the hair salon does, and plays with them while their hair is being made up. Through the saying '이 미용실은 고양이 때문에 인기가 많습니다(This hair salon is popular thanks to the car)', so it can be guessed that many customers come to this hair salon to see the cat. Therefore, the correct answer is ④.

49-50

※[49~50] 다음을 읽고 물음에 답하십시오. 각 2점

저는 지금 학교 앞에서 오빠와 같이 살고 있습니다. 우리 집은 오래됐지만 방도 넓고, 화장실도 깨끗합니다. 저는 (㉠) 정말 편합니다. 하지만 오빠는 회사가 멀어서 매일 한 시간씩 버스를 탑니다. 그래서 졸업한 후에는 오빠 회사 근처로 이사를 하려고 합니다.

49 ㉠에 들어갈 알맞은 말을 고르십시오.

① 새 집이라서　　　　　　　　② 졸업을 해서
③ 학교가 가까워서　　　　　　④ 버스를 타야 해서

50 이 글의 내용과 같은 것을 고르십시오.

① 저는 학교 앞에서 살고 싶습니다.
② 오빠는 버스를 타고 회사에 갑니다.
③ 저는 오빠 집 근처에 살고 있습니다.
④ 우리 집은 좁아도 화장실이 깨끗합니다.

오빠 elder brother (used when a female calls his elder male sibling) | 집 house/home | 방 room

51-52

감기	cold	noun	감기에 걸려서 열이 납니다. I caught a cold, so I have fever.
과일	fruit	noun	여름에는 수박, 포도 같은 과일을 많이 먹습니다. I eat a lot of fruit such as watermelon and grapes in the summer.
내용	content	noun	이 책의 내용은 재미있습니다. The content of this book is fun.
마지막	last	adjective	마지막 사람이 문을 닫았습니다. The last person closed the door.
방법	way/method	noun	공부를 잘 하는 방법을 알고 싶습니다. I want to know the way of studying well. (= I want to know how to be good at studying.)
순서	order	noun	요리하는 순서가 중요합니다. The order of cooking is important.
이유	reason	noun	민수 씨가 학교에 안 온 이유를 알고 싶습니다. I want to know the reason why Minsu did not come to school.
차	tea	noun	저는 자기 전에 따뜻한 차를 마십니다. Before going to bed, I drink warm tea.
나가다	go out/leave	verb	수업이 끝나서 교실에서 나갑니다. The class was over, so I am leaving the classroom.
돌아오다	come back	verb	고향에 가면 한 달 후에 서울에 돌아옵니다. After going to my hometown, I will come back to Seoul after a month.
들어오다	come into	verb	동생이 제 방에 들어옵니다. My younger brother/sister is coming into my room.
떠나다	leave/get out	verb	저는 내일 여행을 떠납니다. I will leave for a travel tomorrow.
사용하다	use	verb	화장실을 깨끗하게 사용해야 합니다. You should use the restroom cleanly.

신청하다	ask/apply/ request	verb	저는 몸이 아파서 회사에 휴가를 신청했습니다. I was sick, so I requested my company for a day-off.
씻다	wash	verb	비누로 손을 씻습니다. I wash hands with soap.
예약하다	book/reserve	verb	저는 고향으로 갈 비행기 표를 예약했습니다. I reserved an air ticket to go to my hometown.
이용하다	use	verb	저는 책을 빌릴 때 학교 도서관을 이용합니다. I use the school library to borrow books.
조심하다	be careful	verb	문제를 풀 때 틀리지 않게 조심하십시오. While solving the questions, be careful not to get wrong answer.
지나가다	pass by	verb	그 버스는 학교 앞을 지나갑니다. That bus passes by the school.
지키다	keep	verb	건강을 지키려면 운동을 해야 합니다. To keep your health, you need to work out.
건강하다	healthy	adjective	우리 형은 운동을 해서 아주 건강합니다. My elder brother is very healthy because he works out.
괜찮다	fine	adjective	가: 늦게 와서 미안합니다. / 나: 괜찮습니다. A: I am sorry for coming late. / B: It's fine.
중요하다	important	adjective	무엇보다 건강이 중요합니다. Your health is more important than any others.
필요하다	need	verb	다른 나라로 여행을 가려면 비자가 필요합니다. To go on a travel to other countries, you need to get a visa.
모두	all	noun/adverb	책을 모두 읽어서 더 읽을 책이 없습니다. I have read all the books, so I have no more books to read.

A-(으)ㄴ데 V-는데	1. 뒤 내용에 대한 상황이나 배경을 설명할 때 사용합니다. 명사일 때는 'N인데'를 사용합니다. This is used to describe a situation or background of the latter contents. If a noun precedes, 'N인데' is used. 예 공부를 하는데 전화가 왔습니다. While I was studying, the phone rang. 제 고향은 부산인데 바다가 아름다운 곳입니다. My hometown is Busan, and the sea is beautiful there. 2. 뒤 내용에 대한 이유를 말할 때 사용합니다. 'A/V-(으)니까'와 비슷한 표현입니다. 뒤의 내용은 주로 명령 '-(으)십시오, -(으)세요', 청유 '-(으)ㅂ시다, -(으)ㄹ까요?' 등을 사용합니다. This is used to describe the reason of the latter content. It is similar to 'A/V-(으)니까.' These kind of sentences usually end with either an imperative tone such as '-(으)십시오, -(으)세요', or a requesting tone such '-(으)ㅂ시다, -(으)ㄹ까요?', etc. 예 여기는 사람이 많은데 다른 곳으로 갈까요? There are a lot of people here; shall we go to another place? 비가 오는데 여행을 취소하세요. It will rain, so cancel your travel. 3. 앞과 뒤의 내용이 반대나 대조일 때 사용합니다. 'A/V-지만'과 비슷한 표현입니다. This is used when the former content and the latter content are contrary or contrastable. It is similar to 'A/V-지만'. 예 집 안은 따뜻한데 밖은 춥습니다. It is warm inside home but cold outside. 김치를 좋아하는데 매워서 조금만 먹었습니다. I like Kimchi, but it is spicy, so I ate it a little.
V-(으)려고	어떤 행동을 하는 목적을 나타냅니다. This expresses the purpose of a certain action. 예 대학에 가려고 한국어를 배웁니다. I learn Korean language to go to university.
A/V-거나	앞의 것이나 뒤의 것 중에서 하나를 선택할 때 사용합니다. 명사일 때는 'N(이)나'를 사용합니다. This is used while choosing either the former one or the latter one. If the preceding word is a noun, 'N(이)나' is used. 예 주말에는 친구를 만나거나 집에서 쉽니다. On weekends, I meet my friends or rest at home. 아침에 우유나 커피를 마십니다. In the morning, I drink milk or coffee.

51-52

글을 읽고 물음에 답하는 문제입니다. 5~6문장으로 나오는 지문을 읽고 두 개의 문제를 풀게 됩니다. 무엇에 대해 설명하는 내용의 글이 출제되며, '-(으)ㄹ 수 있다/없다, -(으)면 되다, -아/어야 하다/되다' 등의 표현이 자주 나옵니다.

글을 읽기 전에 51번의 선택지부터 확인하는 것이 좋습니다. 그러고 나서 글 전체를 읽으면서 대략적인 내용을 파악해야 52번 문제를 풀 수 있습니다.

You will be asked to read the passage and answer the questions. You should read the passage which consists of 5-6 sentences and solve two questions. The passage will describe something and usually has certain expressions such as '-(으)ㄹ 수 있다/없다, -(으)면 되다, -아/어야 하다/되다', etc.

It is recommended to check the answer choices of question #51 before reading the text. Thereafter, you need to read the whole text and comprehend the overall content to solve question #52.

51 ㉠에 들어갈 알맞은 말 고르기

㉠에 들어갈 표현을 찾는 문제입니다. 따라서 특히 ㉠의 앞뒤 문장을 잘 읽어 보면 답을 쉽게 찾을 수 있습니다.

선택지는 주로 하나의 단어가 4개의 문법 표현으로 나오거나 4개의 단어가 하나의 문법 표현으로 나옵니다. '먹지만, 먹거나, 먹는데, 먹으면'과 같이 '먹다' **하나의 단어가 4개의 문법 표현으로 나오는 경우에는 단어의 의미보다는 문법 표현의 기능을 파악**하는 것이 중요합니다. 반면에 '기차가 지나가서, 기차를 기다려서, 기차역에 내려서, 기차역에 돌아와서'와 같이 **4개의 단어가 '-아/어서' 하나의 문법 표현으로 나오는 경우에는 단어의 의미를 파악**하여 적절한 단어를 선택해야 합니다.

51 Choosing the best phrase to fill in ㉠

You will be asked to choose the best expression to fill in ㉠. You may easily find the correct answer particularly by reading the preceding and following sentences of ㉠ carefully.

The answer choices usually show four different grammatical expressions for one word or one grammatical expressions for four different words. If they show four different grammatical expressions for one word such as '먹지만', '먹거나', '먹는데' and '먹으며' for one word '먹다', it is important to comprehend their grammatical expression rather than the meaning of word. On the contrary, if they show four different words in one grammatical expression such as '기차가 지나가서', '기차를 기다려서', '기차역에 내려서' and '기차역에 돌아와서' in one grammatical expression '-아/어서', you should make sure to comprehend the meaning of words and choose the best word.

52 무엇에 대한 이야기인지 맞는 것 고르기

전체적인 내용을 잘 읽고 무엇에 대한 글인지 맞는 것을 고르는 문제입니다. 일반적으로 첫 문장에서 전체적인 내용에 대한 화제를 제시합니다. 그리고 '물건을 사용하는 방법, 건강이 나빠지는 이유, 공공시설의 서비스 내용, 한국에서 갈 수 있는 관광지, 행사에서 할 수 있는 일, 음식을 만드는 순서 등'과 같은 화제에 대한 구체적인 내용이 나옵니다. 그렇기 때문에 **먼저 글의 화제를 찾고 전체적인 내용이 그 화제에 대해 무엇을 말하고 있는지 선택지에서 찾아야** 합니다. 선택지에서 부분적인 내용을 오답으로 사용하기 때문에 전체적인 내용을 설명하는 표현을 찾는 것이 중요합니다.

52 Choosing the best answer choice of what the text is about

You will be asked to read the overall contents and to choose what the text is about. Generally, the main topic of the overall content appears in the first sentence. After that, there will be specific details of main topic such as 'how to use a certain object', 'why your health is getting worse', 'details of services from public facilities', 'tourist attractions in Korea', 'what can be done in a certain event', 'order of cooking a certain dish', etc.' Therefore, you should find the main topic of the text and find what the overall content is about the main topic among the answer choices. The incorrect answer choices use only partial information of the text, so it is important to find the expression which describes the overall content.

51-52

기출문제 Questions of Previous Tests

※[51~52] 다음을 읽고 물음에 답하십시오.

> 겨울에 기차를 타고 떠나는 '눈꽃 여행'이 있습니다. '눈꽃 여행'은 (㉠) 즐거운 시간을 보내고 다음 역으로 가는 여행입니다. <u>첫 번째 역에서</u> <u>내리면</u> 눈길을 산책하고 얼음낚시를 합니다. <u>다음 역</u>에서는 눈사람을 만듭니다. 그리고 <u>마지막 역</u>에서는 따뜻한 차를 마십니다.

51 ㉠에 들어갈 알맞은 말을 고르십시오. **3점**

① 기차가 지나가서 ② 기차를 기다려서

③ 기차역에 내려서 ④ 기차역에 돌아와서

52 무엇에 대한 이야기인지 고르십시오. **2점**

① 기차 안에서 볼 수 있는 것

② 기차를 다시 탈 수 있는 곳

③ 눈꽃 여행을 갈 수 있는 날

④ 눈꽃 여행에서 할 수 있는 일

〈TOPIK 37회 읽기 [51~52]〉

- 겨울 winter
- 눈꽃 여행 snow tour
- 역 station
- 내리다 get off
- 눈길 snow road(=road covered with snow)
- 산책하다 take a walk
- 얼음낚시 ice fishing
- 눈사람 snowman

51

세 번째 문장을 보면 '첫 번째 역에 내리면'이라는 내용이 나옵니다. 그리고 이어서 다음 역과 마지막 역에서 하는 일도 설명합니다. 즉 '눈꽃 여행'은 기차역마다 내려서 즐거운 시간을 보내는 여행입니다. 따라서 ㉠에 들어갈 정답은 ③입니다.

In the third sentence, you will see '첫 번째 역에서 내리면'. It also explains what to do at the next station and the last station. Thus, this '눈꽃 여행' is a tour where you get off the train at every station and enjoy a good time. Therefore, the correct answer to fill in ㉠ is ③.

52

눈꽃 여행을 가면 <u>눈길을 산책하고 얼음낚시를 하고, 눈사람을 만들고, 따뜻한 차를 마실 수 있습니다.</u> 즉 눈꽃 여행에서 할 수 있는 일을 설명하고 있습니다. 따라서 정답은 ④입니다.

If you go on a snow tour, you can take a walk on snow roads, enjoy ice fishing, make a snowman, and drink warm tea. Thus, it is explaining what can be done during a snow tour. Therefore, the correct answer is ④.

※[51~52] 다음을 읽고 물음에 답하십시오.

> 요즘 감기에 걸린 사람들이 많은데 감기는 걸리기 전에 조심해야 합니다. 밖에 나갔다가 집에 들어오면 손과 발을 깨끗하게 씻어야 합니다. 과일을 많이 먹는 것도 좋습니다. 제일 중요한 것은 몸을 따뜻하게 해 주는 것입니다. 따뜻한 물을 (㉠) 목도리를 하면 목을 건강하게 지킬 수 있습니다.

- 걸리다 catch (a disease)
- 사람 person
- 밖 outside
- 손 hand
- 발 foot
- 제일 (the) first/(the) most
- 몸 body
- 물 water
- 목도리를 하다 wear a scarf
- 목 neck

51 ㉠에 들어갈 알맞은 말을 고르십시오. 3점

① 마시거나
② 마시니까
③ 마시려고
④ 마시지만

51

㉠이 있는 문장을 살펴보면 '따뜻한 물을 마시다'와 '목도리를 하다'를 하면 '목을 건강하게 지킬 수 있습니다'라고 합니다. 이 표현을 통해 ㉠에는 목을 건강하게 지키기 위해 선택할 수 있는 방법을 나열할 때 사용하는 '-거나'가 들어가는 것을 알 수 있습니다. 따라서 ㉠에 들어갈 정답은 ①입니다.
The sentence which has ㉠ states '따뜻한 물을 마시다', '목도리를 하다', and '목을 건강하게 지킬 수 있습니다'. Through this expression, it can be guessed that '-거나' should be fill in ㉠, which is used to list the ways of keeping one's neck healthy. Therefore, the correct answer to fill in ㉠ is ①.

52 무엇에 대한 이야기인지 맞는 것을 고르십시오. 2점

① 몸을 지키는 순서
② 감기에 좋은 음식
③ 몸을 따뜻하게 하는 이유
④ 감기에 걸리지 않는 방법

52

감기는 걸리기 전에 조심해야 하니까 손과 발을 깨끗하게 씻고, 과일을 많이 먹고, 몸을 따뜻하게 해 주고, 따뜻한 물을 마시거나 목도리를 해야 합니다. 즉 감기에 걸리지 않는 방법을 설명하고 있습니다. 따라서 정답은 ④입니다.
To be careful not to catch a cold, you should wash your hands and feet clean, eat plenty of fruit, keep your body warm, drink warm water or wear a scarf. Thus, it is explaining how to avoid catching a cold. Therefore, the correct answer is ④.

51-52

연습문제 Exercise Questions

※[51~52] 다음을 읽고 물음에 답하십시오.

1345는 외국인의 한국 생활을 도와주는 안내 전화입니다. 이 전화는 한국에서 생활하고 있는 외국인들이 모두 이용할 수 있습니다. 한국 생활에서 필요한 정보가 있으면 1345에 (㉠). 한국어를 몰라도 괜찮습니다. 은행이나 우체국 이용 방법을 친절하게 가르쳐 줍니다. 비자를 신청하는 방법도 확인할 수 있습니다.

51 ㉠에 들어갈 알맞은 말을 고르십시오. 3점

① 갈 수 있습니다　　　　　　　　② 보낼 수 있습니다

③ 예약할 수 있습니다　　　　　　④ 물어볼 수 있습니다

52 무엇에 대한 이야기인지 맞는 것을 고르십시오. 2점

① 비자를 신청하는 방법　　　　　② 외국인과 한국인 비교

③ 1345 전화의 서비스 내용　　　④ 1345 전화를 사용하는 사람

외국인 foreigner | 생활 life | 도와주다 help | 정보 information | 한국어 Korean language | 은행 bank | 우체국 post office | 비자 visa | 확인하다 confirm/check | 보내다 send | 물어보다 ask | 서비스 service

53-54

날	day	noun	일요일은 학교에 안 갑니다. 쉬는 날입니다. I don't go to school on Sunday. It is a holiday.
모양	shape/form/ style	noun	저와 동생은 머리 모양이 다릅니다. I and my younger brother/sister have different hair styles.
색깔	color	noun	옷 색깔이 예쁩니다. The color of the clothes is pretty.
어른	adult	noun	어른을 만나면 먼저 인사해야 합니다. When you see an adult, you should greet first.
얼굴	face	noun	제 여동생은 얼굴이 예쁩니다. My little sister has a pretty face.
흰색	white	noun	제 남자 친구는 흰색이 잘 어울립니다. My boyfriend looks good in white.
또	again	adverb	어제 입은 옷을 오늘 또 입습니다. I am wearing the clothes which I wore yesterday for today again.
특히	especially	adverb	저는 운동을 좋아합니다. 특히 축구를 좋아합니다. I like working out. Especially, I like playing soccer.
항상	always	adverb	저는 공부할 때 항상 음악을 듣습니다. I always listen to music while studying.
다니다	go	verb	아버지는 회사에 다닙니다. My father goes to company.
벗다	take off	verb	집에 들어갈 때에는 신발을 벗습니다. When you go into the house, you should take off your shoes.
생각하다	think	verb	내일 할 일을 생각하고 있습니다. I am thinking of what to do tomorrow.
올라가다	go up	verb	주말마다 산에 올라갑니다. I go up on a mountain every weekend.

웃다	smile/laugh	verb	웃는 얼굴이 예쁩니다. A smiling face looks pretty.
태어나다	born	verb	저는 서울에서 태어났습니다. I was born in Seoul.
노랗다	yellow	adjective	그 옷은 색깔이 노랗습니다. The color of the clothes is yellow.
비슷하다	similar	adjective	저와 제 동생은 얼굴이 비슷합니다. I and my younger brother/sister have similar faces.
빨갛다	red	adjective	가을에는 단풍의 색이 빨갛습니다. The color of leaves is red in autumn.
하얗다	white	adjective	어젯밤에 하얀 눈이 많이 내렸습니다. Lots of white snow fell last night.
둘	two	numeral	하나, 둘, 셋, 넷, 다섯, 여섯, 일곱, 여덟, 아홉, 열 One, two, three, four, five, six, seven, eight, nine, ten
다	all	noun/adverb	가: 숙제 다 했습니까? / 나: 네, 다 했습니다. A: Have you finished all of your homework? / B: Yes, I have finished them all.
화가 나다	angry (feel anger)		저는 친구가 약속 시간에 늦어서 화가 났습니다. I was angry because my friend was late for the appointment.
화를 내다	get angry (express anger to someone else)		제가 숙제를 안 해서 선생님께서 화를 내셨습니다. My teacher got angry at me because I did not do my homework.

께 께서	1. '께'는 '에게'의 높임 표현으로 어떤 행동을 받는 대상이 윗사람일 때 사용합니다. '주다, 보내다, 연락하다, 전화하다, 질문하다' 등의 높임 표현인 '드리다, 보내 드리다, 연락드리다, 전화드리다, 질문드리다' 등과 자주 사용합니다. '께' is an honorific form of '에게', and is used when the target of a certain action is an elderly person. It is often used with '드리다', '보내드리다', '연락드리다', '전화드리다', '질문드리다', etc. which are honorific forms of '주다', '보다', '연락하다', '전화하다', '질문하다', etc. 예 저는 부모님께 선물을 드렸습니다. I gave my parents a present. 2. '께서'는 '이/가'의 높임 표현으로 문장의 주어를 나타냅니다. '께서' is the honorific form of '이/가', which indicates that the preceding noun is the subject of the sentence. 예 부모님께서 저에게 선물을 주셨습니다. My parents gave me a present.
A-아/어지다	점점 그렇게 변함을 나타냅니다. This expresses a gradual change. 예 봄이 되면 날씨가 따뜻해집니다. When spring comes, the weather gets warmer.
V-아/어 보다	어떤 일을 한번 시도하거나 경험한 적이 있음을 나타냅니다. This indicates that the speaker has attempted or has experienced an attempt. 예 그 사람을 한번 만나 보겠습니다. I will try to meet that person. 저는 명동에 여러 번 가 봤습니다. I have been to Myeong-dong several times.

53-54

📖 유형분석 Analysis of Question Types

글을 읽고 물음에 답하는 문제입니다. 4~6문장으로 나오는 지문을 읽고 두 개의 문제를 풀게 됩니다. 앞의 문제보다 단어의 난이도가 높아지며, 글의 핵심 내용은 마지막 문장에 위치합니다.

글을 읽기 전에 53번의 선택지부터 확인하는 것이 좋습니다. 그러고 나서 글 전체를 읽으면서 대략적인 내용을 파악해야 합니다. 54번 문제는 선택지와 글의 내용을 비교해 가면서 문제를 푸는 것이 효율적입니다.

You will be asked to read the text and answer the questions. You will read a passage which consists of 4 to 6 sentences and solve two questions. The difficulty level of vocabulary will be higher than those in the previous questions, and the core content is included in the last sentence.

It is recommended to check the answer choices of question #53 before reading the text. After that, you need to read the whole text and comprehend the overall content to solve question #52. As for question #54, it is efficient to compare the answer choices to the text's content while solving the question.

53 ㉠에 들어갈 알맞은 말 고르기

'㉠에 들어갈 표현을 찾는 문제입니다. 따라서 특히 ㉠의 앞뒤 문장을 잘 읽어 보면 답을 쉽게 찾을 수 있습니다.

선택지는 주로 하나의 단어가 4개의 문법 표현으로 나오거나 4개의 단어가 하나의 문법 표현으로 나옵니다. '먹지만, 먹거나, 먹는데, 먹으면'과 같이 '먹다' **하나의 단어가 4개의 문법 표현으로 나오는 경우에는 단어의 의미보다는 문법 표현의 기능을 파악**하는 것이 중요합니다. 반면에 '기차가 지나가서, 기차를 기다려서, 기차역에 내려서, 기차역에 돌아와서'와 같이 **4개의 단어가 '-아/어서' 하나의 문법 표현으로 나오는 경우에는 단어의 의미를 파악**하여 적절한 단어를 선택해야 합니다.

53 Choosing the best phrase to fill in ㉠

You will be asked to choose the best expression to fill in ㉠. You should easily find the correct answer especially by reading the sentences preceding and following ㉠ carefully.

In the answer choices, one word is presented in four different grammatical expressions, four different words are presented in one grammatical expression. For example, if one word of '먹다' is presented in four different grammatical expressions such as '먹지만', '먹거나', '먹는데' and '먹으며', it is important to catch the grammatical expression rather than the meaning of the words. On the other hand, if four different words are presented in one grammatical expression such as '기차가 지나가서', '기차를 기다려서', '기차역에 내려서' and '기차역에 돌아와서' in one grammatical expression of '-아/어서', you should catch the meaning of the words and choose the suitable word.

54 글의 내용과 같은 것 고르기

전체적인 내용을 잘 읽고 같은 내용을 찾아야 합니다. 글을 읽으면서 해당되는 선택지가 맞는지 틀리는지 판단해야 합니다. **글의 내용과 선택지를 잘 비교해 가며 관련이 없는 내용을 하나씩 지워 나가면 답을 찾을 수 있습니다.** 그리고 선택지에 나오는 표현들은 글에 있는 표현을 그대로 사용하지 않는 경우도 있기 때문에 **유사한 단어들을 알고 있어야 같은 의미를 찾아내기가 쉽습니다.**

54 Choosing the answer choice that matches with the text's content

You will be asked to read the overall contents and to choose the answer choice that matches with it. While reading the text, you should determine whether each answer choice is correct or not. You should find the answer by comparing the contents of text with the answer choices properly and eliminating each answer which is not correct one by one. The answer choices may not use the exactly same expressions as the text, so it will be helpful for you to know the similar words in finding the same meaning more easily.

53-54

기출문제 Questions of Previous Tests

※ [53~54] 다음을 읽고 물음에 답하십시오.

> 저와 제 여동생은 같은 날 태어났습니다. 우리는 얼굴이 아주 비슷합니다. 머리색과 머리 모양도 같습니다. 또 청바지와 흰색 티셔츠를 좋아하는 것도 똑같습니다. 그리고 둘 다 작은 일에도 잘 웃습니다. 그래서 많은 사람들이 (㉠) 동생으로 생각합니다.

〈TOPIK 36회 읽기 [53~54]〉
- 여동생 younger sister
- 머리색 hair color
- 청바지 jeans
- 티셔츠 t-shirt
- 똑같다 same

53 ㉠에 들어갈 알맞은 말을 고르십시오. [2점]
① 저를 봐서
② 저를 보면
③ 저를 보거나
④ 저를 보니까

53
㉠이 있는 문장을 살펴보면 '많은 사람들이, 동생으로 생각합니다'라고 합니다. 이 표현을 통해 ㉠에는 '저'를 동생으로 생각하는 조건이나 가정을 나타내는 '-(으)면'이 들어가는 것을 알 수 있습니다. 따라서 ㉠에 들어갈 정답은 ②입니다.
The sentence where there is ㉠ shows '많은 사람들이, 동생으로 생각합니다'. Through this expression, it can be guessed that what can be filled in ㉠ is '-(으)면' which is used to indicate a certain condition or assumption which leads the listener to believe that 'I(저)' am the younger person. Therefore, the correct answer to fill in ㉠ is ②.

54 이 글의 내용과 같은 것을 고르십시오. [3점]
① 저와 여동생은 잘 웃지 않습니다.
② 저와 여동생은 머리 색깔이 다릅니다.
③ 저와 여동생은 태어난 날이 같습니다.
④ 저와 여동생은 청바지를 잘 입지 않습니다.

① 작은 일에도 잘 웃습니다
② 머리색과 머리 모양도 같습니다
④ 청바지와 흰색 티셔츠를 좋아합니다

54
'저'와 여동생은 태어난 날, 얼굴, 머리색, 머리 모양, 청바지와 흰색 티셔츠를 좋아하는 것, 잘 웃는 것이 같습니다. 따라서 정답은 ③입니다.
'I(저)' and my younger sister have the same birthday, faces, hair color and hair style, liking jeans and white t-shirts, and smiling frequently. Therefore, the correct answer is ③.

※[53~54] 다음을 읽고 물음에 답하십시오.

> 저는 모자 쓰기를 좋아해서 항상 모자를 쓰고 다닙니다. 오늘도 모자를 쓰고 길을 가는데 할아버지를 만났습니다. 제가 인사를 하니까 <u>할아버지께서 화를 내셨습니다</u>. 한국에서는 어른 앞에서 인사할 때 (㉠) 때문입니다. 그래서 저는 앞으로 <u>모자를 벗고 인사할 겁니다</u>.

- 모자 hat
- 쓰다 use/write/wear
- 길 path/road
- 할아버지 grandfather/old man
- 만나다 meet
- 싫어지다 get bored

53 ㉠에 들어갈 알맞은 말을 고르십시오. `2점`
- ① 모자가 예쁘기
- ② 모자를 좋아하기
- ③ 모자를 써야 하기
- ④ 모자를 벗어야 하기

53

할아버지께서 화를 내신 이유를 설명하기 위해 어른 앞에서 인사할 때 어떻게 해야 하는지를 파악해야 합니다. ㉠의 앞 문장에서 할아버지는 '제'가 모자를 쓰고 인사하니까 화를 내셨고, 뒤 문장에서 '저'는 앞으로 모자를 벗고 인사할 거라고 합니다. 그러므로 ㉠에는 모자를 벗는다는 내용이 들어가야 합니다. 따라서 정답은 ④입니다.

To explain why the old man was angry, you need to comprehend how to greet an elderly person. In the sentence which precedes ㉠, the old man got angry because 'I(제)' greeted him, putting on my hat, so in the following sentence, it is said that from now on, 'I(저)' will take off my hat while greeting. Thus, 'taking off a hat' should be mentioned in ㉠. Therefore, the correct answer is ④.

54 이 글의 내용과 같은 것을 고르십시오. `3점`
- ① 인사를 할 때 모자가 필요합니다.
- ② 저는 앞으로 모자 쓰기가 싫어졌습니다.
- ③ 저는 할아버지께 인사를 하지 않았습니다.
- ④ 할아버지께서 모자 때문에 화가 나셨습니다.

54

인사를 할 때 모자를 벗어야 하는데, '저'는 모자를 쓰고 할아버지께 인사를 했습니다. 할아버지께서는 모자 때문에 화를 내셨지만, '저'는 모자 쓰기가 싫어졌다는 말은 하지 않았습니다. 따라서 정답은 ④입니다.

I have to take off my hat while greeting others, but I greeted the old man putting on my hat. The old man was angry because of my hat on my head, but it is not mentioned that 'I(저)' have become to be bored at putting on a hat. Therefore, the correct answer is ④.

53-54

※[53~54] 다음을 읽고 물음에 답하십시오.

> 제주도는 사계절이 아름다운 곳입니다. 봄에는 노란 유채꽃을 볼 수 있고, 여름에는 푸른 바다에서 수영을 합니다. 가을에는 빨간 단풍이 예쁘고, 겨울에는 하얀 눈이 내린 한라산을 구경할 수 있습니다. 특히 저는 등산을 (㉠   ) 계절마다 한라산에 올라가 보고 싶습니다. 이번 주말에도 한라산의 단풍을 보러 제주도에 갈 생각입니다.

53 ㉠에 들어갈 알맞은 말을 고르십시오. [2점]

① 좋아해도
② 좋아해서
③ 좋아하거나
④ 좋아하지만

54 이 글의 내용과 같은 것을 고르십시오. [3점]

① 제주도는 사계절이 비슷합니다.
② 저는 계절마다 한라산에 갔습니다.
③ 이번 주말에 제주도에 가려고 합니다.
④ 제주도에는 산은 있지만 바다는 없습니다.

제주도 Jeju Island | **사계절** four seasons | **곳** place/site/spot | **봄** spring | **유채꽃** rape blossoms | **여름** summer | **푸르다** blue (in color) | **바다** ocean/sea | **수영** swimming | **가을** autumn | **단풍** autumn leaves | **겨울** winter | **한라산** Hallasan Mountain | **이번** this time

55-56

물건	thing/stuff	noun	가방 안에 물건이 많아서 무겁습니다. There are many things in my bag, so it is heavy.
시장	market	noun	시장에서 과일을 삽니다. I am buying some fruit at the market.
오랜만	after a long time	noun	오랜만에 친구를 만났습니다. I have met my friend after a long time.
올해	this year	noun	저는 올해 스무 살입니다. I am twenty years old this year.
놀라다	be surprised	verb	부모님이 갑자기 학교에 오셔서 깜짝 놀랐습니다. I was surprised as my parents suddenly visited my school.
팔다	sell	verb	백화점에서는 여러 가지 물건을 팝니다. Many kinds of things are sold in a department store.
바라다	wish	verb	시험에 합격하기를 바랍니다. I wish you would pass the exam.
보내다	send/pass/ spend (time)	verb	친구와 즐거운 시간을 보냈습니다. I spent enjoyable time with my friends.
주고받다	exchange	verb	친구들과 문자를 주고받았습니다. I exchanged text messages with my friends.
다양하다	various	adjective	시장에 가면 다양한 음식과 물건이 있습니다. There are various foods and things at the market.
소중하다	precious/ valuable	adjective	저에게 제일 소중한 물건은 아버지의 편지입니다. The most valuable thing to me is my father's letters.
특별하다	special	adjective	방학에 특별한 계획이 있습니까? Do you have any special plans for vacation?

V-기로 하다	1. 앞으로의 어떤 계획이나 결심을 나타냅니다. This shows a certain future plan or decision. 예 내년부터 담배를 피우지 않기로 했습니다. I have decided to quit smoking from next year. 2. 다른 사람과 약속한 것을 말할 때 사용합니다. This is used to express what the subject promised with another person. 예 저는 내년에 민수와 결혼하기로 했습니다. I have decided to marry Minsu next year.
N처럼	앞의 명사와 행동이나 상태가 같거나 비슷한 정도임을 나타냅니다. This indicates that a certain action or state is same or similar to the noun mentioned earlier. 예 저는 아버지처럼 노래를 잘합니다. I sing well like my father.
V-(으)려고 하다	어떤 일을 할 계획을 나타냅니다. This shows a plan for something. 예 저는 내년에 대학에 입학하려고 합니다. I am going to enter a university next year.

55-56

글을 읽고 물음에 답하는 문제입니다. 지문이 5~7문장으로 이루어져 있으며, 55번은 2점, 56번은 각 3점입니다.

주로 수필이나 설명문 형식의 글로 자신의 경험을 소개하거나 어떤 대상을 설명하는 글이 많습니다. 지문은 과거와 현재를 비교하여 달라진 점이나, 어떤 음식, 물건, 장소에서 평범하지 않은 특별한 점을 소개하는 내용들이 출제되었습니다. 예를 들어 '전통 시장의 변화, 장소와 기분에 따라 바꿔 쓰는 안경, 전통 떡볶이와 일반 떡볶이와의 차이점, 많이 웃으면 가격을 깎아 주는 웃음 극장' 등이 있습니다. 따라서 주제가 무엇인지, 달라진 점이 무엇인지, 특별한 점이 무엇인지를 생각해 가면서 문제를 푸는 것이 좋습니다.

55 ㉠에 들어갈 알맞은 말 고르기

㉠에 들어갈 알맞은 **접속 부사**를 찾는 문제입니다. 따라서 ㉠ **의 앞 문장과 뒤 문장의 관계를 이해**하면 답을 쉽게 찾을 수 있습니다. 앞 문장과 뒤 문장의 내용이 반대이면 '그러나, 하지만, 그런데, 그렇지만' 등을 사용하며, 비슷한 내용을 계속 나열할 때는 '그리고'를 사용합니다. 그리고 원인과 결과의 관계일 때는 '그래서, 그러니까'를 사용하며, 앞 문장이 뒤 문장의 조건이 될 때는 '그러면'을 사용합니다. 초급에서는 이 정도의 접속 부사가 나오므로 아래 정리한 내용을 꼭 기억해 두시기 바랍니다.

1) 반대: 그러나, 하지만, 그런데, 그렇지만
   예 그들은 사랑했습니다. '그러나/하지만/그런데/그렇지만' 부모님의 반대로 결혼은 하지 못했습니다.
2) 나열: 그리고
   예 저는 수영을 좋아합니다. '그리고' 테니스도 좋아합니다.
3) 원인-결과: 그래서, 그러니까
   예 아이가 숙제를 하지 않았습니다. '그래서/그러니까' 엄마가 나가지 못하게 했습니다.
4) 조건: 그러면
   예 열심히 공부하세요. '그러면' 장학금을 탈 수 있을 거예요.

56 글의 내용과 같은 것 고르기

전체적인 내용을 잘 읽고 같은 내용을 찾아야 합니다. 글을 읽으면서 해당되는 선택지가 맞는지 틀리는지 판단해야 합니다. **글의 내용과 선택지를 잘 비교해 가며 관련이 없는 내용을 하나씩 지워 나가면 답을 찾을 수 있습니다.** 그리고 선택지의 문장에 사용되는 표현들은 지문에 나온 표현들을 그대로 사용하지 않는 경우도 있기 때문에 **유사한 어휘들을 알고 있어야 같은 의미를 찾아낼 수 있습니다.**

You will be asked to read the text and to answer the questions. You will read a passage which consists of 5 to 7 sentences, and question #55 is alloted 2 points, and question #56 is alloted 3 points.

The text is usually an essay or explanation which describes one's experience or explains something. The passages in previous tests described what has changed by comparing the past to the present, or introduce how a certain food, object, or place is not ordinary but unique. For example, it may be about 'changes in traditional market', 'glasses which you can change depending on where you are and how you feel', 'the difference between traditional Tteok-bokki and ordinary Tteok-bokki', 'a theatre of laughter where you can get discounts if you laugh a lot', etc. Therefore, it is recommended to figure out what is the main topic, what has changed, and what is unique while solving the questions.

55 Choosing the best phrase to fill in ㉠

You will be asked to choose the best expression to fill in ㉠. Therefore, you can easily find the correct answer by understanding the relation between the preceding and following sentences of ㉠. If the contents of the sentence and the following sentence are contrary, '그러나', '하지만', '그런데', '그렇지만', etc. are used, and if similar contents are connected, '그리고' is used. Also, if the two sentences describe the cause and effect, '그래서' and '그러니까' are used, and if the preceding sentence becomes the condition of the following sentence, '그러면' is used. Conjunctive adverbs of this level will appear in the TOPIK I test, so make sure to remember the following contents:

56 Choosing the answer choice that matches with the text's content

You will be asked to read the overall contents and to choose the answer choice that matches with it. While reading the text, you need to determine whether each answer choice is correct or not. You should find the answer by comparing the contents of the text with the answer choices properly and eliminating each answer which is incorrect one by one. The answer choices may not use the exact same expressions of the passage, so it is helpful for you to know similar words in finding the same meaning more easily.

55-56

※ [55~56] 다음을 읽고 물음에 답하십시오.

> 제가 어렸을 때 우리 집 근처에 있는 작은 시장에 자주 갔습니다. (㉠) 백화점이 생긴 후에는 그 시장에 가지 않았습니다. 오늘은 오랜만에 그 시장에 가 보고 많이 놀랐습니다. 시장 안에 가게가 많고 살 수 있는 물건도 다양했습니다. 또 아주머니들이 맛있는 음식을 만들어서 팔고 있었습니다. 앞으로 집 근처 시장을 자주 이용하기로 했습니다.

55 ㉠에 들어갈 알맞은 말을 고르십시오. `2점`

① 그래서

② 그리고

③ 그런데

④ 그러니까

56 이 글의 내용과 같은 것을 고르십시오. `3점`

① 저는 이제 시장에 자주 가려고 합니다.

② 물건을 사는 아주머니들이 많았습니다.

③ 시장이 생기기 전에 백화점에 자주 갔습니다.

④ 전에는 가게가 많아서 물건 사기가 편했습니다.

② 아주머니들 ▷ 팔고 있었습니다

③ 백화점이 생긴 후에 시장에 가지 않았습니다

④ 오늘 시장에 갔습니다 ▷ 가게가 많고 물건이 다양했습니다

<TOPIK 37회 읽기 [55~56]>
- 어리다 young
- 근처 nearby
- 작다 small/short
- 자주 often
- 생기다 occur/appear
- 많다 many/much/a lot of
- 맛있다 delicious
- 만들다 make
- 이용 use

55

첫 번째 문장을 보면 '어렸을 때는 시장에 자주 갔다'는 내용이 나오며 ㉠ 뒤의 문장에서는 '시장에 자주 가지 않았다'는 내용이 나옵니다. ㉠의 앞뒤 문장의 내용이 반대이므로 ㉠에는 '그런데'가 와야 합니다. 따라서 정답은 ③입니다.
In the first sentence, it is mentioned that '어렸을 때는 시장에 자주 갔다'; and in the sentence which follows ㉠, it is mentioned that '시장에 자주 가지 않았다'. The preceding and following sentences of ㉠ are contrary, so '그런데' fits ㉠. Therefore, the correct answer is ③.

56

이 사람은 백화점이 생긴 후에 시장에 전혀 가지 않았습니다. 오랜만에 시장에 가 보니 맛있는 음식을 파는 아주머니들도 많고, 옛날 보다 가게도 많았습니다. 앞으로 시장을 자주 이용하려고 합니다. '자주 이용하다'와 '자주 가다'는 유사한 의미로 해석될 수 있습니다. 따라서 정답은 ①입니다.
This person has never gone to market since department stores appeared. He went to market after a long time and found that there were many women selling delicious foods and more stores than before. He will go to markets more frequently in the future. '자주 이용하다' and '자주 가다' can be interpreted to be similar. Therefore, the correct answer is ①.

※[55~56] 다음을 읽고 물음에 답하십시오.

> 옛날에는 집에서만 전화를 사용할 수 있었습니다. 그러나 지금은 휴대전화가 생겨서 밖에서도 전화를 할 수 있습니다. 저는 휴대전화로 사진도 찍고 텔레비전도 봅니다. (㉠   ) 외국에 있는 친구들과도 메시지를 주고받으며 즐거운 시간을 보냅니다. 이제 휴대전화는 <u>저에게 없으면 안 되는 소중한 물건</u>이 되었습니다.

- 옛날 old days
- 사용 use
- 지금 now
- 휴대전화 cell phone
- 밖 outside
- 사진 photograph
- 찍다 take (a photo)
- 외국 foreign country
- 메시지 message
- 즐겁다 enjoyable/pleasant
- 시간 time
- 이제 now
- 물건 thing/stuff
- 되다 be/become

55 ㉠에 들어갈 알맞은 말을 고르십시오. **2점**

① 그래서　　　　　② 그리고

③ 그런데　　　　　④ 그러니까

55

㉠ 앞 문장을 보면 '휴대전화로 사진도 찍고 텔레비전도 본다'는 내용이 나오며 ㉠ 뒤 문장에서는 '휴대전화로 외국에 있는 친구들과 메시지를 주고받는다'는 내용이 나옵니다. ㉠의 앞뒤 문장 모두 휴대전화의 기능을 나열하고 있으므로 ㉠에는 '그리고'가 와야 합니다. 따라서 정답은 ②입니다.
In the sentence which precedes ㉠, '휴대전화로 사진도 찍고 텔레비전도 본다' is mentioned, and in the sentence which follows ㉠, '휴대전화로 외국에 있는 친구들과 메시지를 주고 받는다' is mentioned. In the preceding and following sentences of ㉠, the functions of a cell phone are listed, so '그리고' fits ㉠. Therefore, the correct answer is ②.

56 이 글의 내용과 같은 것을 고르십시오. **3점**

① 저에게 휴대전화는 꼭 필요한 물건입니다.

② 저는 외국에 있는 친구들과 자주 만납니다.

③ 옛날에는 집에서만 휴대전화를 사용했습니다.

④ 옛날에는 휴대전화로 자주 사진을 찍었습니다.

56

변화된 전화기의 기능에 대한 내용입니다. 옛날에는 집전화만 있어서 집전화로 통화만 가능했습니다. 휴대전화가 나오면서 사진기, 텔레비전, 컴퓨터 등과 같은 기능을 하고 있습니다. 그래서 사람들이 소중히 여기는 물건 중 하나가 휴대전화가 되었습니다. '소중한 물건'과 '꼭 필요한 물건'은 유사한 의미를 갖습니다. 따라서 정답은 ①입니다.
It is about the changed functions of telephone. In old days, there were only home phones, so we could make telephone calls by home phone only. After the cell phone appeared, it functions like camera, television, computer, etc. This is why the cell phone became people's most valuable item. '소중한 물건' and '꼭 필요한 물건' have the similar meaning. Therefore, the correct answer is ①.

55-56

※[55~56] 다음을 읽고 물음에 답하십시오.

> 설날은 한국의 큰 명절 중에 하나입니다. 설날 아침에는 밥 대신 떡국을 먹습니다. 떡국은 설날에 먹는 특별한 음식입니다. 새해 떡국을 먹는 이유는 흰 떡처럼 깨끗하게 살고, 긴 떡처럼 건강하게 오래 살고 싶은 사람들의 마음이 들어있습니다. 남쪽 지방에서는 떡국을 먹지만 북쪽 지방에서는 만둣국을 먹기도 합니다. 만둣국을 먹는 이유는 올해 농사가 잘 되기를 바라는 의미입니다. (㉠) 설날이 되면 북쪽 지방에서는 만둣국을 먹습니다.

55 ㉠에 들어갈 알맞은 말을 고르십시오. `2점`

① 그래서   ② 그리고

③ 그렇지만   ④ 그러니까

56 이 글의 내용과 같은 것을 고르십시오. `3점`

① 설날 아침에는 밥과 떡국을 먹습니다.

② 설날 남쪽 지방 사람들은 만둣국을 먹습니다.

③ 설날에 먹는 음식은 지방마다 다르지 않습니다.

④ 사람들은 오래 살고 싶은 마음으로 떡국을 먹습니다.

설날 Seolnal (Lunar New Year's Day) | 명절 festive day | 아침 morning/breakfast | 대신 instead of | 떡국 Tteok-guk (a Korean soup with rice cake) | 새해 new year | 이유 reason | 희다 white | 떡 Tteok (Korean rice cake) | 건강하다 healthy | 오래 살다 live long | 마음 mind | 남쪽 지방 southern area | 북쪽 지방 northern area | 만둣국 Mandut-guk(a Korean Dumpling Soup) | 농사 farming | 의미 meaning

57-58

오늘의 어휘 Today's Vocabulary

공항	airport	noun	공항에서 비행기를 탑니다. I am riding an airplane at the airport.
노래	song	noun	노래방에서 노래를 부릅니다. I sing songs in a Karaoke room.
다행	luck/fortune	noun	교통사고가 났는데 안 다쳐서 다행입니다. It is luck that you were not hurt although you had a traffic accident.
산책	walk	noun	식사 후에 공원에서 산책을 합니다. I take a walk in the park after a meal.
가입하다	join	verb	저는 대학교에서 태권도 동아리에 가입했습니다. I joined the Taekwondo club at my university.
다녀오다	go and be back	verb	어머니, 학교에 다녀오겠습니다. Mom, I am going to school (and will be back).
잘하다	be good at/ do well	verb	저는 한국에 살아서 한국어를 잘합니다. I am good at Korean language because I live in Korea.
지나다	pass	verb	봄이 지나고 여름이 왔습니다. Spring has passed and summer has come.
잃어버리다	lose	verb	아침에 지하철에서 지갑을 잃어버렸습니다. In the morning, I lost my wallet in the subway train.
그립다	miss/long for	adjective	한국에서 혼자 살고 있어서 부모님이나 친구가 많이 그립습니다. I live alone in Korea, so I miss my parents and friends a lot.
유명하다	famous	adjective	한국의 김치는 외국에서도 유명합니다. Kimchi of Korea is famous as well in foreign countries.

V-아/어 버리다	1. 해야 할 일을 완전히 끝내서 마음에 부담이 없음을 나타냅니다. This indicates that the speaker feels no burden because the task which the speaker needs to do is completely done. 예 숙제를 모두 끝내 버렸습니다. I have finished all of my homework. 2. 어떤 결과에 대한 아쉬움이나 서운함을 나타냅니다. This expresses regret or sadness due to a certain result. 예 기숙사에서 함께 살던 친구가 고향으로 돌아가 버렸습니다. My friend who was my dormitory roommate went back to his hometown.
A/V-(으)면서	동시에 둘 이상의 행동이나 상태가 있음을 나타냅니다. 명사일 경우 'N(이)면서'를 사용합니다. This indicates that there are two or more actions or conditions at the same time. If a noun precedes, 'N(이)면서' is used. 예 민수는 텔레비전을 보면서 밥을 먹고 있습니다. Minsu is eating his meal while watching TV. 이 빵은 맛있으면서 쌉니다. This bread is delicious but cheap. 민수는 어학당 학생이면서 회사원입니다. Minsu is a student of a language school and also an office worker.
N밖에	다른 선택이나 어떤 가능성도 없음을 나타냅니다. '안, 못, 없다, 모르다'와 같은 부정적인 표현이 함께 사용됩니다. This indicates that there is no other choice or possibility. It is used with negative expressions such as '안', '못', '없다', and '모르다'. 예 저는 운동은 수영밖에 못합니다. The only exercise I can do is swimming. 지금 지갑에 1000원밖에 없습니다. I have only 1,000 won in my wallet.

57-58

57~58 순서대로 맞게 나열한 것 고르기

순서가 맞지 않는 네 개의 문장을 내용에 맞게 순서대로 나열한 것을 고르는 문제입니다. '그래서, 그런데, 그러나, 그리고, 그래도'와 같은 접속부사와 '요즘, 지난주, 주말, 어제, 오늘, 내일'과 같은 시간 명사, 그리고 '이, 그, 저'와 같은 지시대명사 등이 문장의 순서를 판단하는 데 중요한 역할을 합니다.

• 접속부사

앞뒤 문장을 연결하는 접속부사에는 다음과 같은 것들이 있습니다. **반대의 의미로 '그러나, 하지만, 그런데, 그렇지만', 나열의 의미로 ' 그리고', 원인-결과의 의미로 '그래서, 그러니까', 조건의 의미로 '그러면'**이 있습니다.

• 시간 명사

네 개의 문장을 순서대로 고르는 문제에서 **'요즘, 지난주, 주말, 어제, 오늘, 내일'과 같은 시간 명사는 주로 첫 문장에 옵니다.** 어떤 일이나 사건을 소개할 때 '언제, 어떤 일'이 발생했는지를 가장 먼저 소개하기 때문입니다. 따라서 시간 명사의 특성을 알면 첫 문장을 찾을 수 있으며 두 번째 문장은 첫 문장과의 상관관계를 이해하면서 풀면 다음 문장도 쉽게 찾을 수 있습니다.

• 지시대명사

지시대명사는 '이, 그, 저'와 같이 무엇을 가리킬 때 사용하며, 문장 앞에 **지시대명사가 있다는 것은 앞 문장에서 어떤 대상을 소개했거나 언급한 적이 있다는 의미**입니다. 보통 소개한 대상은 다음 문장에서 지시대명사와 함께 사용되어 '이 사람, 그 동전, 그 남자, 이 축제'와 같은 형태로 제시됩니다. 이 경우 앞에서 말한 대상을 좀 더 자세하게 소개하거나 설명하는 경우가 많으므로 **지시대명사가 있는 문장은 보통 두 번째 문장이나 세 번째 문장이 됩니다.**

한 문제는 '나'와 관련된 이야기로 출제되고, 다른 한 문제는 어떤 대상에 대한 소개나 설명하는 글이 출제됩니다. 그러므로 **유형을 먼저 파악한 후 그 유형의 특성에 맞게 문장을 나열하면서 정답을 찾아야 합니다.** 보통 첫 번째 문장에는 전체 내용의 배경이나 주제가 제시됩니다. 그러나 지금까지 출제된 문제들은 **선택지에서 첫 문장을 제시해 주었기 때문에 두 번째 문장부터 찾으면 됩니다.** 아래에 유형별 문장의 특성을 정리해 두었으니 참고하시기 바랍니다.

57~58 Choosing the correct order of sentences

You will be asked to choose the correct order of four sentences which are in incorrect order. Conjunctive adverbs such as '그래서', '그런데', '그러나', '그리고' or '그래도' and nouns describing a certain time such as '요즘', '지난주', '주말', '어제', '오늘' or '내일' play an important role in determining the order of sentences.

• Conjunctive adverbs

Conjunctive adverbs which connect the preceding sentence and the following sentence are as follows: '그러나', '하지만', '그런데' and '그렇지만' which indicate that the two sentences are opposite; '그리고' which indicates that multiple contents are lined up; '그래서' and 그러니까' which indicate the cause and effect; and '그러면' which indicates a certain condition.

• Nouns indicating a certain time

In questions which ask to choose the correct order of sentences, nouns that indicate a certain time such as '요즘', '지난주', '주말', '어제', '오늘', '내일', etc. usually appear in the first sentence. This is because when a certain event or incident is introduced, 'when and what' happened is introduced first. Therefore, you can find the first sentence if you know the characteristics of nouns indicating a certain time, and can easily find the second sentence if you comprehend its corelation with the first sentence.

• Demonstrative pronouns

Demonstrative pronouns are used to indicate something such as '이', '그' or '저', and if a demonstrative pronoun comes in front of a sentence, it means that the preceding sentence has introduced or mentioned a certain subject. Usually, it introduces or explains the subject mentioned previously in more detail, so the sentence including a demonstrative pronoun is usually the second or third sentence.

One question provides a story about 'me', and the other question provides an introduction or explanation of a certain subject. Therefore, you need to comprehend the type of the text and list the sentences in order according to the characteristics of such type. Usually, the background or topic of the overall content appears in the first sentence. However, in the actual tests so far, the answer choices have shown which one is the first sentence, so you need to figure out which is the second sentence and so on. For your reference, the following are the characteristics of sentences by each type:

1. 나와 관련된 이야기

지금까지 나와 관련된 이야기로 '고향의 딸기 축제 소개, 남자 친구 소개, 아는 사람 소개, 지갑을 잃어버린 후 찾게 된 과정 소개'와 같은 내용이 출제되었습니다. 보통 문장의 순서는 '사건의 배경 제시, 사건 소개, 사건 처리 과정 설명, 사건의 결과에 대한 정리'와 같은 형태로 제시되니 **순서에 따른 문장의 형태를 꼭 알아 두시기 바랍니다.**

첫째 문장 first sentence	주로 어떤 일이 일어난 배경을 제시합니다. mainly provides the background of a certain event.
둘째 문장 second sentence	어떤 일이나 사건을 소개하는 문장이 옵니다. introduces a certain event or incident.
셋째 문장 third sentence	앞 문장의 내용을 더 이어가거나 더 자세히 설명합니다. continues with the previous sentence or explains it in more detail.
넷째 문장 fourth sentence	지금까지의 내용을 정리하거나 그 결과를 이야기합니다. summarizes the contents presented above and states its result.

2. 어떤 대상에 대한 소개나 설명

지금까지 어떤 대상에 대한 소개나 설명에 대한 글로 '동물마다 다른 수면시간, 노란 토마토 소개, 특별한 볼펜 소개, 외국 동전 사용처 소개'와 같은 내용이 출제되었습니다. 문장의 순서는 아래와 같은 형태로 제시되니 **순서에 따른 문장의 형태를 꼭 알아 두시기 바랍니다.**

첫째 문장 first sentence	어떤 시점이나 상황을 제시하거나 뒤에서 말할 내용을 유추할 수 있는 내용을 가볍게 언급합니다. provides a certain point of time or a situation or briefly mentions something which helps to guess what would be mentioned later.
둘째 문장 second sentence	실제로 말하고자 하는 내용을 제시합니다. presents what the actual content is.
셋째 · 넷째 문장 third & fourth sentence	두 번째 문장에 대한 구체적인 예 또는 '원인-결과, 결과-원인'과 같은 문장을 제시합니다. provides a specific example of the second sentence or a sentence in a form of 'cause-effect' or 'effect-cause'.

1. Stories about me

In the actual tests so far, there have been stories about 'me' such as 'the strawberry festival in hometown', 'introducing my boyfriend', 'introducing someone I know', 'describing how I found my wallet after losing it', etc. Usually, the order of the sentences takes a specific form in order such as 'introducing the background of incident', 'introducing an incident', 'explaining the process of incident settlement', 'summarizing the result of incident', etc., so make sure to understand the form of each sentence according to its order.

2. Introducing or explaining a certain subject

In the actual tests so far, there have been introductions or explanations of a certain subject such as 'different sleeping hours by animal', 'introducing yellow tomatoes', 'introducing a unique ball point pen', 'introducing where foreign coins can be used', etc. The order of sentences takes a specific form as follows, so make sure to understand the form of each sentence according to its order.

57-58

기출문제 Questions of Previous Tests

※[57~58] 다음을 순서대로 맞게 나열한 것을 고르십시오.

57 [3점]

> (가) 그런데 공항에서 지갑을 잃어버렸습니다. 사건
> (나) 지난주에 친구들과 같이 여행을 갔습니다. 배경
> (다) 지갑을 다시 찾아서 정말 다행이었습니다. 정리
> (라) 그때 안내원이 방송을 해서 지갑을 찾아 주었습니다. 해결

① (나)-(가)-(다)-(라)　　② (나)-(가)-(라)-(다)
③ (나)-(다)-(가)-(라)　　④ (나)-(다)-(라)-(가)

〈TOPIK 37회 읽기 [57]〉
- 지갑　wallet
- 지난주　last week
- 같이　together
- 다시　again
- 찾다　find
- 정말　very/so
- 그때　at that time
- 안내원　guide
- 방송　broadcasting
- 주다　give

57

나와 관련된 사건으로, 사건의 진행은 보통 아래와 같은 순서로 출제됩니다.
지난주에 여행을 갔다(사건의 배경)→지갑을 잃어버렸다(사건의 소개)→안내원이 방송을 해 줘서 지갑을 찾았다(사건 처리 과정)→지갑을 다시 찾아서 다행이다(내용 정리). 따라서 정답은 ②입니다

It is an incident which happened to me, and the process of incident is usually provided in the following order:
Went to on a trip last week (background of the incident) → lost my wallet (introducing the incident) → a guide made an announcement, so I could find the wallet (process of the incident) → fortunate to find my wallet again (summarizing the content). Therefore, the correct answer is ②.

58 2점

(가) <u>그래서</u> 조금 비싸지만 더 인기가 많습니다.
(나) 요즘 마트에 특별한 색의 토마토들이 많습니다.
(다) <u>그 중에서</u> 특히 노란색 토마토가 인기가 있습니다.
(라) 노란색 토마토는 보통 토마토보다 맛이 더 답니다.

① (나)-(다)-(가)-(라)
② (나)-(다)-(라)-(가)
③ (나)-(가)-(다)-(라)
④ (나)-(가)-(라)-(다)

<TOPIK 37회 읽기 [58]>

- 조금 a little
- 인기 popularity
- 요즘 nowadays
- 마트 mart
- 색 color
- 토마토 tomato
- 특히 especially
- 노랗다 yellow
- 보통 ordinarily/usually
- 맛 taste
- 더 more
- 달다 sweet

58

어떤 대상을 소개하거나 설명하는 글입니다. 첫 문장은 어떤 일이나 사건을 소개할 때 사용되는 시간 명사 '요즘'이 있는 문장 (나)입니다. 다음은 '그 중에서'란 지시대명사가 있는 문장 (다)가 와야 하며, 다음으로 '원인-결과'의 순으로 '노란색 토마토는 보통 토마토보다 달아서 인기가 있다'는 내용이 와야 합니다. 따라서 정답은 ②입니다.
It introduces or explains a certain subject. The first sentence is the sentence (나) which includes a noun indicating a certain time '요즘' used to introduce a certain event or incident. The following is the sentence (다) which includes a demonstrative pronoun '그 중에서', and next to it, the 'cause-effect' comes, so the content '노란색 토마토는 보통 토마토보다 달아서 인기가 있다' should come. Therefore, the correct answer is ②.

※[57~58] 다음을 순서대로 맞게 나열한 것을 고르십시오.

57 3점

(가) 공원에는 데이트를 하는 사람들이 많았습니다.

(나) 어느 날 학교 근처에 있는 공원에 산책을 나갔습니다.

(다) 사람들을 보면서 고향에 있는 부모님이 많이 그리웠습니다.

(라) 그리고 가족들이 음식을 먹으면서 즐겁게 이야기하고 있었습니다.

---

① (나)-(가)-(다)-(라)

② (나)-(다)-(가)-(라)

③ (나)-(가)-(라)-(다)

④ (나)-(다)-(라)-(가)

- 데이트 date
- 어느 날 one day
- 근처 near
- 나가다 go out
- 고향 hometown
- 부모님 parents
- 즐겁다 enjoyable/pleasant
- 이야기하다 talk

57

시간 표현이 있는 '어느 날~공원에 산책을 나갔다'는 문장 (나)가 첫 문장이 되며, 그 공원을 다시 자세하게 소개하는 문장 (가)가 두 번째 문장이 됩니다. 공원에서 데이트 하는 사람, 가족과 즐겁게 이야기하는 사람 등을 '그리고'로 연결한 문장 (라)가 세 번째 문장이 되며 글을 정리하는 문장 (다)가 마지막 문장이 됩니다. 따라서 정답은 ③입니다.

Sentence (나) which has a clause '어느 날-공원에 산책을 나갔다' including an expression of a certain time becomes the first sentence, and sentence (가) introduces the park again in more detail. Sentence (라) which connects a couple having a date in the park, someone talking with his family pleasantly, etc. with '그리고' should be the third sentence, and sentence (다) which summarizes the text should be the last. Therefore, the correct answer is ③.

58 `2점`

> (가) 요즘 특별한 영화관이 많이 소개되고 있습니다.
>
> (나) 집처럼 편안하게 영화를 볼 수 있기 때문입니다.
>
> (다) 그래서 가격은 좀 비싸지만 젊은 사람들에게 인기가 많습니다.
>
> (라) 그 중에서도 침대에서 영화를 볼 수 있는 영화관이 인기가 있습니다.

① (가)-(다)-(라)-(나) ② (가)-(라)-(다)-(나)
③ (가)-(다)-(나)-(라) ④ (가)-(라)-(나)-(다)

- 특별하다 special/unique
- 소개되다 be introduced
- 편안하다 peaceful/be in peace
- 가격 price
- 젊다 young
- 침대 bed

58

시간 표현이 있는 '요즘 특별한 영화관~' 문장 (가)가 첫 문장이 되며, 그 영화관을 자세하게 설명하는 지시대명사가 있는 문장 (라)가 두 번째 문장이 됩니다. 접속부사 '그래서'는 앞의 내용이 뒤의 내용의 원인이나 근거가 되므로 '그래서'가 있는 문장 (다)는 마지막 문장이 됩니다. 따라서 정답은 ④입니다

Sentence (가) including a phrase '요즘 특별한 영화관~' having a time expression becomes the first sentence, and sentence (라) having a demonstrative pronoun which explains the movie theater in detail becomes the second sentence. The conjunctive adverb '그래서' indicates that the preceding content is the reason or ground of the following content, so sentence (다) which includes '그래서' becomes the last sentence. Therefore, the correct answer is ④.

57-58

※[57~58] 다음을 순서대로 맞게 나열한 것을 고르십시오.

57 3점

> (가) 제 룸메이트는 미국에서 온 마이클입니다.
> (나) 마이클은 노래를 좋아해서 노래 동아리에 가입했습니다.
> (다) 저도 마이클처럼 노래도 잘하고 친구도 많았으면 좋겠습니다.
> (라) 그런데 이제 3개월밖에 안 됐는데 친구도 많고 한국 노래도 잘합니다.

① (가)-(나)-(다)-(라)   ② (가)-(다)-(라)-(나)
③ (가)-(나)-(라)-(다)   ④ (가)-(다)-(나)-(라)

58 2점

> (가) 그곳은 한국의 비빔밥이 유명한 도시입니다.
> (나) 지난 주말에 친구와 함께 여행을 다녀왔습니다.
> (다) 비빔밥은 밥에 채소를 올린 후 고추장을 넣어서 만든 음식입니다.
> (라) 그런데 건강에도 좋고 맛도 좋아서 외국인들에게 인기가 많습니다.

① (나)-(다)-(가)-(라)   ② (나)-(가)-(다)-(라)
③ (나)-(다)-(라)-(가)   ④ (나)-(가)-(라)-(다)

룸메이트 roommate | **좋아하다** like | **동아리** club | **되다** be/become | **비빔밥** Bibimbap | **도시** city | **함께** together | **채소** vegetable | **올리다** pull up/raise/lift | **고추장** Gochujang (Korean red pepper paste) | **만들다** make | **건강** health

59-60

기분	feeling	noun	시험을 잘 못 봐서 기분이 안 좋습니다. I didn't do well on my test, so my feeling is not good.
유학	studying abroad	noun	저는 한국어를 공부하러 한국에 유학을 왔습니다. I came to Korea to study Korean language.
작년	last year	noun	저는 작년에 대학교를 졸업했습니다. I graduated from university last year.
점심 식사	lunch	noun	점심 식사를 맛있게 드셨습니까? Was your lunch delicious?
직접	directly	noun	제가 선생님을 만나서 직접 이야기하겠습니다. I will meet the teacher and tell him directly.
처음	first	noun	우리는 한국에서 처음 만났습니다. We first met in Korea.
혼자	alone	noun	저는 혼자 살고 있습니다. I live alone.
천천히	slowly	adverb	저는 친구와 천천히 걸으면서 많은 이야기를 했습니다. Walking slowly, I talked a lot with my friend.
일하다	work	verb	저는 병원에서 일합니다. I work at a hospital.
듣다	listen	verb	저는 음악을 좋아해서 항상 음악을 들으면서 공부합니다. I like music, so I always listen to music while studying.
싫다	dislike	adjective	저는 겨울이 싫습니다. I dislike winter.

🌱 오늘의 문법 Today's Grammar

V-게 되다	어떤 상황에 이르게 됨을 나타냅니다. This indicates that the subject is reaching a certain situation. 예 한국에서 공부하면서 한국어를 잘하게 되었습니다. 　　Studying in Korea, I have become fluent in Korean language.
V-(으)ㄴ 적이 있다/없다	과거에 무엇을 해 보았거나 어떤 특별한 경험이 있음을 나타냅니다. This indicates that the speaker has done something in the past or had a certain experience. 예 저는 제주도에 간 적이 있습니다. I have been to Jeju Island.

59-60

글을 읽고 물음에 답하는 문제입니다. '건강관리법이나 요리법'과 같은 생활에 도움이 되는 지식, 또는 취미와 같은 개인의 경험을 설명하는 글이 주로 출제됩니다. 개인의 경험을 소개하는 글은 '공연을 할 때 사람들의 박수 소리를 들으면 기분이 좋아져서 더 열심히 춤을 춘다, 게임만 하던 내가 어머니가 사 온 강아지를 만나면서 게임보다 강아지를 좋아하게 되었다'와 같이 어떤 계기로 인하여 달라진 감정이나 행동의 변화에 대한 내용이 나옵니다.

지문이 5~6문장 정도로 나오며, 글을 읽기 전에 59번의 '문제에 제시된 문장'부터 확인하는 것이 좋습니다. 그러고 나서 글 전체를 읽으면서 대략적인 내용을 파악해야 합니다.

You will be asked to read the text and to answer the questions. The questions mainly provide helpful information for daily life such as '건강관리법이나 요리법(how to manage your health or how to cook)' or a personal experience such as a hobby. Texts which introduce personal experience describes a change of feeling or behavior due to a certain occasion such as '공연을 할 때 사람들의 박수 소리를 들으면 기분이 좋아져서 더 열심히 춤을 춘다', '게임만 하던 내가 어머니가 사온 강아지를 만나면서 게임보다 강아지를 좋아하게 되었다'.

The passage consists of 5-6 sentences, and it is recommended to check the answer choices of question #59 before reading the text. After that, read the whole text and comprehend the overall content.

59 문장이 들어갈 곳 고르기

지문에 있는 ㉠, ㉡, ㉢, ㉣ 중에서 '문제에 제시된 문장'이 들어갈 알맞은 곳을 고르는 문제입니다. '문제에 제시된 문장'을 먼저 읽고 내용을 이해한 후 지문을 읽으면서 들어갈 곳을 고르는 것이 좋습니다. '그래서, 그런데, 그러나, 그리고, 그래도'와 같은 접속부사가 있으면 앞뒤 문장의 '원인-결과, 조건, 대조, 나열'과 같은 의미 관계를 파악하시기 바랍니다.

'문제에 제시된 문장'에 나오는 어휘나 표현이 다시 나오는 부분을 주의해서 읽는 것도 중요합니다. 이러한 경우 뒤 문장이 앞 문장의 내용을 확장하여 구체적으로 설명하거나 시간의 경과에 따른 변화를 나타내는 경우가 많습니다.

59 Choosing where the following sentence can be placed

You will be asked to choose where the 'sentence presented in the question' can be placed among ㉠, ㉡, ㉢ and ㉣ in the passage. First, read the 'sentence provided by the question' and understand its content, and choose where it fits while reading the passage. If there is a conjunctive adverb such as '그래서', '그런데', '그러나', '그리고', '그래도', etc., comprehend the semantic relation between the preceding and following sentence such as 'cause-effect, condition, contrast, list up'.

It is important to carefully read the part where the vocabulary or expression of the 'sentence presented in the question' is repeated. In this case, the following sentence usually expands the contents of preceding sentence and explains it in detail or describes its change over time.

60 글의 내용과 같은 것 고르기

전체적인 내용을 잘 읽고 같은 내용을 찾아야 합니다. 글을 읽으면서 해당되는 선택지가 맞는지 틀리는지 판단해야 합니다. 글의 내용과 선택지를 잘 비교해 가며 관련이 없는 내용을 하나씩 지워 나가면 답을 찾을 수 있습니다. 그리고 선택지의 문장에 사용되는 표현들은 지문에 나온 표현들을 그대로 사용하지 않는 경우도 있기 때문에 유사한 어휘들을 알고 있어야 같은 의미를 찾아낼 수 있습니다.

60 Choosing the answer choice that matches with the text's content

You will be asked to read the overall contents and to choose the answer choice that matches with it. While reading the text, you need to judge whether each relevant answer choice is right or wrong. You should find the answer by comparing the contents of the text with the answer choices properly and eliminating each answer which is irrelevant to the text one by one. The answer choices may not use the exact same expression of the passage. so knowing the similar words would help you find the same meaning more easily.

59-60

🔍 문제분석 Analysis of Questions

※[59~60] 다음을 읽고 물음에 답하십시오.

> 걷기는 많은 사람들이 쉽게 할 수 있는 운동입니다. (㉠) 걷는 것은 건강에 도움이 많이 됩니다. (㉡) 다리만 움직이면서 걷는 것이 아니고 온몸이 움직이게 되기 때문입니다. (㉢) 그런데 걷기 운동을 할 때에는 천천히 걷기 시작해서 조금씩 빨리 걷는 것이 좋습니다. (㉣) 이렇게 하는 것이 건강에 도움이 더 많이 됩니다.

59 다음 문장이 들어갈 곳을 고르십시오. 2점

> 어린 아이부터 나이가 많은 사람까지 모두 쉽게 할 수 있습니다.

① ㉠　　　② ㉡　　　③ ㉢　　　④ ㉣

60 이 글의 내용과 같은 것을 고르십시오. 3점
① 사람들은 걸을 때 온몸이 움직이게 됩니다.
② 다리만 움직이면서 걷는 것이 건강에 좋습니다.
③ 걷기 운동은 처음부터 빨리 걷는 것이 좋습니다.
④ 천천히 오래 걷는 것이 건강에 더 도움이 됩니다.

　② 건강에 도움 ▷ 온몸을 움직이게 되기 때문
　③ 천천히 걷기 시작해서
　④ 조금씩 빨리 걷는 것이 좋습니다

〈TOPIK 41회 읽기 [59~60]〉
• 걷다 walk
• 도움이 되다 helpful
• 움직이다 move
• 시작하다 start/begin
• 조금씩 little by little/gradually
• 이렇게 like this
• 건강 health

59
제시된 문장은 걷기 운동을 쉽게 할 수 있는 대상을 '어린 아이부터 나이가 많은 사람까지'라고 구체적으로 설명하고 있습니다. ㉠의 앞 문장에서 걷기는 쉽게 할 수 있는 운동이고, 그 대상을 '많은 사람들'이라고 했으므로, 제시된 문장은 ㉠의 앞 문장을 좀 더 자세하게 설명하고 있습니다. 따라서 정답은 ①입니다.
The presented sentence explains in detail that '어린 아이부터 나이가 많은 사람까지(from young children to elderly people)' can do walking exercise easily. The sentence which precedes ㉠ states that walking is an easy exercise for '많은 사람들', so, the presented sentence explains the sentence which precedes ㉠ in more detail. Therefore, the correct answer is ①.

60
걷기는 천천히 걷기 시작해서 조금씩 빨리 걷는 것이 좋습니다. 걷기가 건강에 도움이 되는 이유는 '다리만 움직이면서 걷는 것이 아니고 온몸이 움직이게 되기 때문이다'라고 했습니다. 따라서 정답은 ①입니다.
When you walk, it is recommended to start walking slowly and then speed up gradually. It is mentioned that the reason why walking is good for your health is '다리만 움직이면서 걷는 것이 아니고 온몸이 움직이게 되기 때문이다(It is because the whole body moves instead of legs only)'. Therefore, the correct answer is ①.

※[59~60] 다음을 읽고 물음에 답하십시오.

> 저는 회사에 다니기 전에는 커피를 마시지 않았습니다.
> (㉠) 그러나 직장 생활을 하면서 커피를 처음 마시게
> <u>되었습니다.</u> (㉡) 특히 점심 식사 후에는 커피를 꼭
> 마십니다. (㉢) 밥을 먹은 다음에 커피를 마시면 잠이
> 오지 않아서 일하는 데 좋습니다. (㉣)

- 전 before
- 마시다 drink
- 않다 not
- 직장 생활 work life
- 후 after
- 꼭 surely
- 다음 next
- 잠 sleep
- 잠이 오다 sleepy

59 다음 문장이 들어갈 곳을 고르십시오. `2점`

> 처음에는 아침에만 한 잔 마셨는데 요즘은 하루에 세 잔
> 정도 마십니다.

① ㉠   ② ㉡   ③ ㉢   ④ ㉣

59

제시된 문장에 사용된 '처음'이란 어휘가 ㉡ 앞에서도 사용되고 있습니다. 같은 어휘를 반복해서 사용하면서 '<u>시간의 경과에 따른 변화</u>'를 설명하고 있습니다. 직장 생활을 하면서 커피를 처음 마셨고, 처음에는 아침에만 마셨는데 요즘은 하루에 3잔을 마신다는 내용으로 제시된 문장은 ㉡에 어울립니다. 따라서 정답은 ②입니다.
The vocabulary '처음' used in the presented sentence is also used before ㉡. It explains '시간의 경과에 따른 변화(change over time)' by using the same vocabulary repeatedly. The presented sentence stating that he drank coffee during his work life, and that he used to drink it only in the morning but now drinks it three times a day fits ㉡. Therefore, the correct answer is ②.

60 이 글의 내용과 같은 것을 고르십시오. `3점`
① 저는 어렸을 때부터 커피를 좋아했습니다.
② 요즘 잠이 오지 않아 커피를 마시지 않습니다.
③ 점심을 먹으면서 커피를 마시면 잠이 오지 않습니다.
④ 회사에 처음 다녔을 때는 하루에 한 잔 정도 마셨습니다.

60

이 사람은 직장 생활을 시작하면서부터 커피를 마셨고 점심을 먹은 후에는 잠이 오지 않아 일하는 데 좋기 때문에 커피를 꼭 마십니다. 처음 직장 생활을 할 때는 아침에 <u>한 잔 정도 커피를 마셨습니다.</u> 따라서 정답은 ④입니다.
This person has drunk coffee since he started his work life, and always drinks coffee after every lunch because it is good to work as it prevents him from getting sleepy. When he first started working, he drank about one cup of coffee in the morning. Therefore, the correct answer is ④.

59-60

※[59~60] 다음을 읽고 물음에 답하십시오.

> 저는 고향에 있을 때 어머니가 항상 요리를 해 주셔서 요리를 한 적이 한 번도 없었습니다. (㉠) 우리 어머니는 요리를 하실 때 자주 라디오를 들으셨습니다. (㉡) 그런데 저는 작년에 한국에 유학을 오면서 혼자 살게 되었습니다. (㉢) 그래서 이제는 제 손으로 직접 요리를 합니다. (㉣) 그럼 기분도 좋아지고 요리도 즐거워집니다.

59 다음 문장이 들어갈 곳을 고르십시오. `2점`

> 가끔 요리를 하기 싫을 때는 어머니처럼 라디오를 들으면서 요리를 합니다.

① ㉠　　　　　② ㉡　　　　　③ ㉢　　　　　④ ㉣

60 이 글의 내용과 같은 것을 고르십시오. `3점`
  ① 저는 청소와 빨래를 하면 기분이 좋아집니다.
  ② 저는 고향에서 요리를 한 적이 한 번 있습니다.
  ③ 저는 한국에 오기 전에 어머니의 일을 잘 도왔습니다.
  ④ 저는 엄마처럼 음악을 들으면서 요리하는 것을 좋아합니다.

고향 hometown | 항상 always | 한 번 once | 자주 often | 라디오 radio | 살다 live | 이제 now | 가끔 sometimes | 그럼 then/so | 즐겁다 enjoyable/pleasant

61-62

가게	store/shop	noun	가게에서 주스를 삽니다. I am buying juice at the store.
경험	experience	noun	저는 여러 가지 아르바이트를 해 봐서 경험이 많습니다. I have a lot of experience since I have had various part-time jobs.
기억하다	remember	verb	10년 전 친구를 만났는데 그 친구는 저를 기억하지 못합니다. I met my friend ten years ago, but he/she doesn't remember me.
느끼다	feel	verb	저는 친구가 도와줄 때, 친구의 사랑을 느낍니다. When my friend helps me, I feel his/her affection.
바꾸다	exchange	verb	옷이 작아서 큰 옷으로 바꿨습니다. The clothes were small, so I exchanged it for bigger one.
생각나다	think of/ remind	verb	고향 사진을 보면 부모님이 생각납니다. When I see some photographs of my hometown, I think of my parents.
원하다	want/wish	verb	사람들은 건강하게 살기를 원합니다. People want to live healthy life.

☕ 오늘의 문법 Today's Grammar

N(이)라고	다른 사람에게 자신을 소개할 때 사용합니다. This is used when one introduces himself/herself to other people. 예 저는 민수라고 합니다. I am called Minsu. (= My name is Minsu.)
V-고 싶어 하다	다른 사람의 희망이나 원하는 것을 나타냅니다. This indicates a hope or desire of another person. 예 여동생은 그 남자와 결혼하고 싶어 합니다. My younger sister wants to marry him.
V-기 바라다	어떤 일이나 상태가 그렇게 되기를 희망할 때 사용합니다. This is used when the speaker wishes that a certain event or state would occur. 예 할아버지, 올해도 건강하시기 바랍니다. Grandpa, I wish you would be healthy this year too.
A/V-다가	어떤 행위나 상태가 끝나지 않은 상황에서 다른 행위나 상태로 전환됨을 나타냅니다. This indicates that a certain action or situation changes into different one while being still in progress. 예 밥을 먹다가 전화를 받았습니다. While having my meal, I answered the phone.

61-62

📖 유형분석 Analysis of Question Types

61~62 읽고 물음에 답하기

읽고 물음에 답하는 문제입니다. 지문은 5~6 문장으로 이루어져 있습니다. 지문은 일상생활에 도움이 되는 생활정보나 지식 정보의 글을 소개하거나 설명하는 글이 많습니다. 예를 들어 '지폐보다 동전이 먼저 생겨난 이유, 차 없는 거리 행사 안내' 등입니다. 그리고 '특별한 행사, 가게, 이름' 등을 소재로 그것에 대해 설명하는 설명문의 글이 많습니다. 예를 들면 '이름의 특별한 의미, 특별한 티셔츠를 만들어 주는 가게' 등입니다. 따라서 지문의 소재가 무엇인지, 특별한 점은 무엇인지, 무엇을 소개하고 싶은 것인지 등을 중점적으로 이해해야 풀 수 있습니다.

61 ㉠ 안에 들어갈 알맞은 말 고르기

전체 글의 내용을 파악하고 ㉠에 들어갈 내용을 찾는 문제입니다. ㉠ 안에 들어갈 내용은 주로 연결 표현입니다. 연결 표현은 종결 표현과 중요한 연관이 있습니다. 그래서 **종결 표현을 알면 ㉠에 넣을 연결 표현을 쉽게 찾을 수 있습니다.** 아래 정리한 것은 **함께 사용되는 문법과 표현**으로 시험에 자주 출제되는 표현이니 꼭 알아 두시기 바랍니다.

1) -(으)면서 ~ -다 예 공부하면서 음악을 듣습니다.
2) -(으)면 ~ -(으)ㄹ 수 있다/없다 예 열심히 운동을 하면 건강해질 수 있습니다.
3) -(으)니까 ~ -(으)세요 예 오늘은 아프니까 집에서 쉬세요.
4) -(으)려면 ~ -아/어야 되다 예 계속 장학금을 받으려면 열심히 공부해야 됩니다.
5) -아/어도 ~ -아/어야 되다 예 피곤해도 오늘까지 숙제를 해야 됩니다.
6) -아/어서 ~ -지 못하다 예 눈이 나빠서 책을 읽지 못합니다.

또한 앞뒤 문장의 문맥을 이해하면 답을 쉽게 찾을 수 있습니다. 문맥은 문장 앞에 나오는 접속 부사를 보고 파악할 수 있습니다. 반대의 의미로 **'그러나, 하지만, 그런데, 그렇지만'**, 나열의 의미로 **'그리고'**, 원인-결과의 의미로 **'그래서, 그러니까'**, 조건의 의미로 **'그러면'**이 있습니다.

62 글의 내용과 같은 것 고르기

전체적인 내용을 잘 읽고 같은 내용을 찾아야 합니다. 글을 순서대로 읽으면서 해당되는 선택지가 맞는지 틀리는지를 판단해야 합니다. **글의 내용과 선택지를 잘 비교해 가면서 관련이 없는 내용을 하나씩 지워 나가야 합니다.** 그리고 선택지에 사용되는 표현들은 위의 글에 나온 표현들을 그대로 사용하는 경우가 많지 않기 때문에 **비슷한 어휘나 반대되는 어휘들을 알고 있어야** 정답을 쉽게 찾을 수 있습니다.

61~62 Reading & Answering

You will be asked to read the text and to answer the questions. The passage consists of 5-6 sentences. The passage usually introduces or explains information helpful for daily life or other common sense. For instance, it may be about 'reason why coin was made before paper money', 'information of a car-free street event', etc. Moreover, it may also explain a 'unique event', 'store' or 'name'. For instance, it may be about 'special meaning of a name', 'a shop which makes customized t-shirts', etc. Therefore, you need to mainly understand what the main subject of the passage is, what makes it unique, what the passage introduces, etc.

61 Choosing the best phrase to fill in ㉠

You will be asked to comprehend the content of the whole text and to choose the content to fill in ㉠. Transitional expressions mostly fill in ㉠. They are strongly related to sentence-ending expressions. Therefore, if you know the sentence-ending expressions, you can easily find the transitional expressions to fill in ㉠. The followings are the grammar and expressions which frequently appear in the tests, so make sure to understand them.

Also, if you comprehend the context of the preceding and following sentences, you can easily find the answer. As for the context, you can comprehend it through a conjunctive adverb which precedes the sentence. As for the meaning of contrast, '그러나', '하지만', '그런데', '그렇지만', etc. are used; as for list-up, '그리고' is used; as for cause-effect, '그래서' and '그러니까' are used; and as for condition, '그러면' is used.

62 Choosing the answer choice that matches with the text's content

You will be asked to read the overall contents and to choose the answer choice that matches with it. While reading the text, you need to determine whether each answer choice is right or wrong. Comparing the contents of the text with the answer choices properly, you need to eliminate each answer which is irrelevant to the text one by one. Also, the expressions used in the above passage are rarely used in the answer choices, so knowing the similar or the opposite vocabulary would help you find the correct answer easily.

61-62

기출문제 Questions of Previous Tests

※[61~62] 다음을 읽고 물음에 답하십시오. 각 2점

> 저는 어제 친구하고 재미있는 옷 가게에 갔습니다. 그 가게에서는 우리가 티셔츠의 그림을 직접 그릴 수 있습니다. 그림을 그려서 주면 그것을 티셔츠로 만들어 줍니다. 어제 우리는 티셔츠를 하나씩 만들어 입었습니다. 같은 티셔츠를 입으니까 친구가 더 소중하게 느껴졌습니다. 그 옷을 (㉠   ) 친구가 생각날 것 같습니다.

61 ㉠에 들어갈 알맞은 말을 고르십시오.

① 만든 지   ② 만든 후에
③ 입을 때마다   ④ 입어 봐서

62 이 글의 내용과 같은 것을 고르십시오.

① 저는 어제 친구와 티셔츠를 구경했습니다.
② 저는 친구의 티셔츠를 사러 가게에 갔습니다.
③ 가게에서 우리가 원하는 그림을 그려 주었습니다.
④ 우리는 같은 티셔츠를 입고 더 가깝게 느꼈습니다.

> ①, ② 티셔츠에 그림을 직접 그릴 수 있습니다
> ③ 우리는 티셔츠를 하나씩 만들어 입었습니다

<TOPIK 37회 읽기 [61~62]>
• 재미있다 fun/interesting
• 티셔츠 t-shirt
• 그림 picture
• 그리다 draw (a picture)
• 하나 one
• 느끼다 feel
• 구경하다 browse/look/watch
• 같다 same

61
㉠에 뒤에 친구가 생각날 것 같다고 말했습니다. 즉, 친구가 생각나게 하는 행동이 ㉠에 들어가야 합니다. 따라서 정답은 ③입니다.
It is mentioned after ㉠ that the subject seems to remember his friend. Thus, a certain behavior that reminds the subject of his friend should fill in ㉠. Therefore, the correct answer is ③.

62
이 가게에서는 자신들이 직접 그림을 그려서 티셔츠로 만듭니다. 친구와 같은 티셔츠를 입으니까 친구가 더 소중하다고 하였습니다. 즉, 더 가깝게 느껴진 것입니다. 따라서 정답은 ④입니다.
In this shop, customers can draw pictures to produce t-shirts. It is mentioned that wearing the same t-shirt with his friend makes the subject cherish his friend more. Thus, it makes the subject feel closer to his friend. Therefore, the correct answer is ④.

※[61~62] 다음을 읽고 물음에 답하십시오. 각 2점

제 이름은 김별입니다. 할아버지께서 밤하늘의 별처럼 밝고 큰 사람이 되기를 바라셨습니다. 그래서 김별로 이름을 지어 주셨습니다. 그런데 어머니와 아버지는 별 뒤에 '님'을 (㉠) 별님이라고 부릅니다. 하늘의 별처럼 소중한 사람이 되기를 바라시기 때문입니다. 저도 할아버지와 부모님이 지어 주신 이름의 의미처럼 밝고 소중한 큰 별이 되고 싶습니다.

- 이름 name
- 할아버지 grandfather
- 밤하늘 night sky
- 별 star
- 밝다 bright
- 바라다 wish/hope
- 짓다 make/build
- 뒤 behind/after
- 부르다 call
- 의미 meaning
- 붙이다 attach/stick

61 ㉠에 들어갈 알맞은 말을 고르십시오.

① 붙여서 ② 붙이는데
③ 붙이면 ④ 붙이려고

61

㉠에서는 별님이라는 이름을 만드는 과정을 설명하는 내용이 들어가야 합니다. '별+님=별님'은 '별 뒤에 님을 붙이다'와 같이 표현합니다. 이름을 만든 후, 그 이름을 사용하고 있습니다. 이럴 때는 순서의 의미를 나타내는 '-아/어서'를 사용합니다. 따라서 정답은 ①입니다.
The content that explains the process of naming the subject's name '별님'. '별+님=별님' is expressed as '별 뒤에 님을 붙이다'. The name is being used after it was made. In this case, '-아/어서' is used to indicate an order. Therefore, the correct answer is ①.

62 이 글의 내용과 같은 것을 고르십시오.

① 할아버지가 제 이름을 바꾸셨습니다.
② 우리 가족은 저를 모두 별이라고 부릅니다.
③ 제 이름 김별은 소중한 사람을 의미합니다.
④ 할아버지는 밤하늘의 별이 되고 싶어 하십니다.

62

할아버지께서는 '저'의 이름을 김별이라고 지으셨지만 부모님은 '별님'이라고 바꾸어 부르십니다. 할아버지가 지어 주신 '별'이라는 이름은 소중한 사람을 의미합니다. 따라서 정답은 ③입니다.
My grandfather named 'me(저)' 김별, but my parents call me '별님'. The name which my grandfather gave me means 'a precious person'. Therefore, the correct answer is ③.

61-62

※[61~62] 다음을 읽고 물음에 답하십시오. 각 2점

> 지난주에 남자 친구와 함께 제주도에 갔습니다. 제주도는 한국에서 유명한 관광지입니다. 우리는 여행을 하다가 특별한 가게에서 재미있는 경험을 했습니다. 휴대전화로 찍은 사진을 주면 그것을 컵으로 만들어 주는 가게였습니다. 우리는 오늘을 (㉠) 컵을 하나씩 만들어 가졌습니다. 그리고 아침마다 같은 컵으로 커피를 마시면서 서로를 생각하기로 약속했습니다.

61 ㉠에 들어갈 알맞은 말을 고르십시오.

① 기억해서　　　　　　　　　② 기억해도
③ 기억하니까　　　　　　　　④ 기억하려고

62 이 글의 내용과 같은 것을 고르십시오.
① 남자친구에게 컵을 만들어 선물했습니다.
② 제주도에서 찍은 사진으로 컵을 만들었습니다.
③ 우리는 아침마다 만나서 커피를 마시기로 했습니다.
④ 우리는 제주도 여행을 기억하고 싶어서 컵을 만들었습니다.

지난주 last week | **제주도** Jeju Island | **유명하다** famous | **관광지** tourist attraction | **휴대전화** cell phone | **컵** cup | **가지다** have/own | **서로** each other | **약속하다** promise/make an appointment | **물건** thing/object

63-64

가격	price	noun	시장에서 채소를 사면 가격이 쌉니다. The price of vegetables is low at a market. (= Vegetables are cheap at a market.)
발표	make a resentation	noun	우리 반 학생들 앞에서 발표를 했습니다. I made a presentation in front of my classmates.
유학생	international student	noun	저는 한국에 유학 온 유학생입니다. I am an international student who came to Korea to study.
제목	title	noun	내일 보기로 한 영화 제목을 알려 주십시오. Tell me the title of the movie we will watch tomorrow.
참석	attendance	noun	유학생은 모두 이번 행사에 참석을 합니다. International students will all attend this event.
계획하다	plan	verb	방학에 여행을 하고 싶어서 요즘 여행 일정을 계획하고 있습니다. I want to travel during the vacation, so I am planning it these days.
모이다	gather/get together	verb	제 생일을 축하하려고 친구들이 모였습니다. My friends gathered together to celebrate my birthday.
소개하다	introduce	verb	제 고향을 친구들에게 소개하려고 합니다. I will introduce my hometown to my friends.
신다	wear (footwear)	verb	날씨가 추워서 따뜻한 양말을 신었습니다. The weather is cold, so I wore warm socks.
열리다	be held	verb	오늘은 학교에서 음악회가 열립니다. Today, a music concert will be held at school.
참가하다	enter/ participate	verb	저는 이번 말하기 대회에 참가합니다. I will enter this speech competition.
초대하다	invite	verb	생일에 친구들을 초대하려고 합니다. I will invite my friends on my birthday.
출발하다	depart/ leave/start	verb	비행기가 3시에 출발합니다. The plane departs at 3 p.m.

확인하다	confirm/ check	verb	시험 결과를 확인했습니다. I checked the test results.
전	before	noun/ article	시작 시간 10분 전까지 오시기 바랍니다. Make sure to arrive no later than 10 minutes before the starting time.
감사하다	thank/ thankful (more formal than 고맙다)	verb/ adjective	도와주셔서 감사합니다. Thank you for helping.
관심(이) 있다	be interested in		저는 한국 영화에 관심이 있어서 한국어를 배우게 됐습니다. I am interested in Korean movies, so I learned Korean language.
알려 주다	tell/teach		저는 친구에게 한국 노래를 알려 주고 있습니다. I am teaching my friend Korean songs.
연락(을) 주다	contact someone		어려운 일이 있으면 저에게 연락 주십시오. If you have any difficulty, please contact me.

63-64

이메일이나 인터넷 게시판과 같은 종류의 글을 읽고 물음에 답하는 문제입니다. 이메일과 인터넷 게시판의 제목을 통해 전체 주제나 중요한 정보를 얻을 수 있습니다. 대회(운동, 말하기, 글짓기), 문화 행사(음악회, 문화 체험)에 대한 안내나 물건 판매에 대한 광고와 같은 내용이 출제 됩니다. 지문은 5~6문장 정도로 나오며, 글을 읽기 전에 63번의 선택지부터 확인하는 것이 좋습니다. 그러고 나서 글 전체를 읽으면서 대략적인 내용을 파악해야 합니다. 64번 문제는 선택지와 글의 내용을 비교해 가면서 문제를 푸는 것이 효율적입니다.

You will be asked to read a kind of text such as an e-mail message or an internet posting and to answer the questions. Through the subject of the e-mail message and internet posting, you can get the overall theme or important information. The contents of the passage may be information of an event(athlete game, speech contest, composition contest) or a cultural event(music concert, cultural experience), or be a commercial for sale of something.

The passage includes 5 to 6 sentences, and it is recommended to check the 'sentences presented in the answer choices' of question #59 before reading the passage. Then, you should comprehend the brief contents while reading the whole text. As for question #64, it is efficient to solve it by comparing the answer choices with the text's content.

63 글을 쓴 이유 고르기

왜 글을 썼는지 의도를 찾는 문제입니다. 선택지를 먼저 읽고 글을 읽으면서 이유를 찾는 것이 좋습니다. 첫 번째 문장이나 마지막 문장에 글을 쓴 이유가 자주 제시되므로 주의해서 봐야 합니다. 안내나 광고가 글을 쓴 이유이기 때문에 **선택지에는 '-(으)려고, -고 싶어서'와 같은 문법 표현과 아래와 같은 단어들이 자주 나옵니다.** 그러므로 이러한 표현들을 알아 두는 것이 좋습니다.

— 계획하다, 소개하다, 안내하다, 알려 주다, 신청 받다, 초대하다, 취소하다, 확인하다

63 Choosing the reason why this text was written

You will be asked to find the writer's intention of this text. It is recommended to read the answer choices first and then find the reason while reading the text. The reason usually appears in the first sentence or the last sentence, so you should read those parts carefully. Since the reason of writing this text is mainly for information or advertisement, grammatical expressions such as '-(으)려고', '-고 싶어서', etc. often appear in the answer choices. Therefore, it is recommended to understand such expressions.

64 글의 내용과 같은 것 고르기

전체 내용 이해보다 정보를 찾는 것이 더 중요하므로 정보 찾기 위주로 파악하며 읽어야 합니다. 장소, 시간, 일정을 파악하며 읽어야 합니다. 글을 읽으면서 해당되는 선택지가 맞는지 틀리는지 판단해야 합니다. **글의 내용과 선택지를 잘 비교해 가며 관련이 없는 내용을 하나씩 지워 나가면 답을 찾을 수 있습니다.** 그리고 선택지의 문장에 사용되는 표현들은 지문에 나온 표현을 그대로 사용하지 않는 경우도 있기 때문에 **유사한 어휘들을 알고 있어야 같은 의미를 찾아낼 수 있습니다.**

64 Choosing the answer choice that matches with the text's content

It is more important to find the correct information than to understand the overall content, so you should focus on finding the information while reading the text. Make sure to catch the place, time and schedule while reading it. While reading the text, you need to determine whether each answer choice is right or wrong. You should find the answer by comparing the contents of text with the answer choices properly and eliminating each answer which is irrelevant to the text one by one. Moreover, the expressions used in the sentences of answer choices may not be exactly same as the expressions of the passage, so you should know the similar words to find the same meaning.

63-64

기출문제 Questions of Previous Tests

※[63~64] 다음을 읽고 물음에 답하십시오.

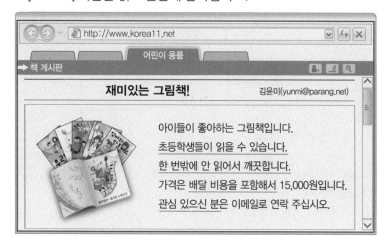

재미있는 그림책!

김윤미(yunmi@parang.net)

아이들이 좋아하는 그림책입니다.
초등학생들이 읽을 수 있습니다.
한 번밖에 안 읽어서 깨끗합니다.
가격은 배달 비용을 포함해서 15,000원입니다.
관심 있으신 분은 이메일로 연락 주십시오.

63 김윤미 씨는 왜 이 글을 썼습니까? 2점

① 그림책을 팔고 싶어서
② 그림책을 바꾸고 싶어서
③ 그림책을 소개하고 싶어서
④ 그림책에 대해 물어보고 싶어서

64 이 글의 내용과 같은 것을 고르십시오. 3점

① 이 그림책은 새 책입니다.
② 여러 번 읽었지만 깨끗합니다.
③ 초등학교 가기 전에 읽는 책입니다.
④ 책값에 배달 비용도 들어 있습니다.

　①, ② 한 번밖에 안 읽어서 깨끗합니다
　③ 초등학생들이 읽을 수 있습니다

〈TOPIK 36회 읽기 [63~64]〉
• 어린이 children
• 용품 goods/merchandise
• 게시판 (internet) post/bulletin board
• 그림책 picture book
• 초등학생 elementary student
• 배달 비용 delivery charge
• 포함하다 include
• 아이들 children
• 이메일 e-mail
• 초등학교 elementary school
• 들어 있다 be put in/be contained
　　　　　　(included)

63

이 글은 인터넷 책 게시판의 내용입니다. 그림책에 대한 소개, 가격이나 판매 방법, 연락 방법 등의 내용이 나와 있습니다. 즉 그림책을 팔기 위해서 이 글을 썼다는 것을 알 수 있습니다. 따라서 정답은 ①입니다.
The text is a post of internet post. It introduces a picture book, its price and sales method, and how to contact the seller, etc. Thus, it can be guessed that this post was written to sell a picture book. Therefore, the correct answer is ①.

64

이 그림책은 초등학생들이 읽을 수 있으며, 한 번밖에 안 읽어서 깨끗합니다. 책값은 배달 비용을 포함하고 있습니다. '비용을 포함하다'와 '비용이 들어 있다'는 말은 유사한 의미를 갖습니다. 따라서 정답은 ④입니다.
This picture book can be read by elementary students, and is clean as it has been read only once. The price of the book includes the delivery fee. '비용을 포함하다' and '비용이 들어 있다' share the similar meaning. Therefore, the correct answer is ④.

※ [63~64] 다음을 읽고 물음에 답하십시오.

보내는 사람	korean@hanguk.edu ▼
받는 사람	paxinana@hanguk.edu; kartosika@hanguk.edu
제목	유학생 한국어 말하기 대회

유학생 여러분, 안녕하십니까?
'제3회 유학생 한국어 말하기 대회'가 다음 달 18일에 한국대학교에서
있습니다.
이번 대회의 주제는 한국을 소개하는 것입니다. 발표 시간은 10분입니
다. 이 대회에 참가하고 싶은 학생은 이메일로 신청을 해 주시기 바랍니
다. 참가 신청은 이번 주 금요일 오후 6시까지입니다. <u>많은 신청을 바랍</u>
<u>니다</u>.

한국대학교 한국어학당

- 받는 사람 recipient/receiver
- 보낸 사람 sender
- 말하기 대회 speech contest
- 주제 topic
- 신청 application
- 바라다 hope/wish
- 학생 student
- 한국어학당 Korean Language School
- 날짜 date
- 사무실 office

63 한국어학당에서는 왜 이 글을 썼는지 맞는 것을 고르십시오.
`2점`

① 말하기 대회에 초대하려고
② 말하기 대회 날짜를 알려 주려고
③ 말하기 대회 참가 신청을 받으려고
④ 말하기 대회에서 한국을 소개하려고

63
말하기 대회 안내를 위한 이메일입니다. 말
하기 대회에 대한 기본적인 정보와 함께 신
청 방법에 대해 안내하고 있습니다. '<u>많은</u>
<u>신청을 바랍니다</u>'라는 말을 통해 말하기 대
<u>회 참가 신청을 받기 위한 메일이라는 것을</u>
<u>알 수 있습니다. 따라서 정답은 ③입니다.</u>
It is an email message to inform a
speech contest. It states the basic
information of speech contest and
also how to apply for the contest.
Through the phrase '많은 신청을
바랍니다', it can be guessed that
the email message was sent to
receive applications for the contest.
Therefore, the correct answer is ③.

64 이 글의 내용과 같은 것을 고르십시오. `3점`

① 이 대회에서는 10분 동안 발표를 해야 합니다.
② 말하기 대회는 이번 주 금요일 6시에 열립니다.
③ 참가 신청은 한국어학당 사무실로 가서 해야 합니다.
④ 유학생은 모두 말하기 대회에 참가 신청을 할 겁니다.

64
이번 주 금요일 6시는 신청 마감 시간입니
다. 신청은 모든 학생이 아닌, 참가를 희망
하는 학생만 이메일로 하면 됩니다. <u>발표</u>
<u>시간은 10분</u>이 맞습니다. 따라서 정답은
①입니다.
6 p.m. of Friday this week is the
deadline to apply for the contest. Not
all students, only those who wish to
participate should apply by email.
The time limit for each speech is
10 minutes. Therefore, the correct
answer is ①.

63-64

※[63~64] 다음을 읽고 물음에 답하십시오.

보내는 사람	korean@hanguk.edu ▼
받는 사람	paxinana@hanguk.edu; kartosika@hanguk.edu; perppermint@hanguk.edu
제목	학생 여러분, 안녕하십니까?

학생 여러분, '함께 서울 구경하기'를 신청해 주셔서 감사합니다.
'함께 서울 구경하기'는 5월 한 달 동안 매주 토요일에 서울을 구경합니다. 이번 토요일에는 경복궁에 갑니다.
오전 10시에 출발해서 오후 3시에 돌아옵니다. 신청한 학생은 한국대학교 정문으로 출발 시간 30분 전까지
오십시오. 많이 걸어야 하니까 편한 신발을 신고 오시기 바랍니다. 그럼 토요일에 뵙겠습니다.

한국대학교 학생회

63 학생회에서는 왜 이 글을 썼는지 맞는 것을 고르십시오. 2점
① 함께 서울 구경하기를 계획하려고
② 함께 서울 구경하기 참석을 확인하려고
③ 함께 서울 구경하기 참가 신청을 받으려고
④ 함께 서울 구경하기 시간과 장소를 안내하려고

64 이 글의 내용과 같은 것을 고르십시오. 3점
① 신청자는 열 시 반까지 모여야 합니다.
② 신청자는 모두 운동화를 신고 와야 합니다.
③ 신청자는 정문에서 모인 후에 함께 출발합니다.
④ 신청자는 5월에 토요일마다 경복궁에 갈 겁니다.

구경하다 look/watch/browse | 경복궁 Gyeongbokgung Palace | 오전 morning | 오후 afternoon | 정문 front gate | 안내하다 guide |
뵙다 see (honorific form of 보다) | 학생회 student council | 신발 shoes | 운동화 sneakers | 돌아오다 come back

65-66

✏ 오늘의 어휘 Today's Vocabulary

정도	about	noun	집에서 학교까지 걸어서 10분 정도 걸립니다. It takes about 10 minutes to walk from home to school.
최근	recently	noun	이 티셔츠는 최근 유행하는 옷입니다. This T-shirt is a popular outfit recently.
고르다	choose	verb	저는 옷을 살 때 옷을 고르기가 힘듭니다. It is difficult for me to choose when I buy clothes.
선택하다	select (more formal than choose)	verb	먹고 싶은 음식을 선택하면 만들어 줍니다. After you select a food you want to eat, they will make it for you.
유행하다	get popular/ spread (of illness)	verb	요즘 감기가 유행하고 있습니다. The cold is spreading these days.
준비하다	prepare	verb	생일 선물을 준비하려고 선물 가게에 갔습니다. I went to a gift shop to prepare a birthday present.
참여하다	take part in / participate	verb	한글날 행사에 참여하고 싶은 분은 연락을 주시기 바랍니다. Those who want to take part in the event of the Hangul Proclamation Day.
피곤하다	tired	adjective	요즘 회사에 일이 많아서 너무 피곤합니다. Nowadays, I am so tired because I have much work at workplace.
따라 하다	follow	verb	엄마가 인사를 하니까 아이가 따라 합니다. As the mother greets others, her child follows her.

V-지 못하다	어떤 일을 할 능력이 안 되거나 할 수 없음을 나타냅니다. 비슷한 표현으로 '못 A/V'이 있습니다. This indicates that the speaker is unable to or not allowable to do something. It is similar to '못 A/V'. 예 감기에 걸려서 회사에 가지 못했습니다. I caught a cold, so I couldn't go to work. 　감기에 걸려서 회사에 못 갔습니다. I caught a cold, so I couldn't go to work.
V-아/어 있다	어떤 행동이나 변화가 끝나고 나서 그 끝난 상태가 계속됨을 나타냅니다. This indicates that a certain action or change maintains its final state even after it is finished. 예 문이 열려 있습니다. 　The door is open. (= Someone opened the door and the door stays that way.)
V-아/어도 되다	어떤 일을 하는 것에 대해서 문제가 없거나 허락을 할 때 사용합니다. 허락하지 않을 때는 '-(으)면 안 되다'를 사용합니다. This is used when there is no problem of doing something, or when something is allowed. '-(으)면 안 되다' is used not to allow something. 예 여기에서 수영을 해도 됩니다. You can swim here. (= Swimming here is allowed.) 　여기에서 수영을 하면 안 됩니다. You cannot swim here. (= Swimming here is not allowed.)

📖 유형분석 Analysis of Question Types

글을 읽고 물음에 답하는 문제입니다. 지문은 5~7문장 정도로 나오며, 글을 읽기 전에 65번의 선택지부터 확인하는 것이 좋습니다. 그리고 나서 글 전체를 읽으면서 대략적인 내용을 파악해야 합니다. 66번 문제는 선택지와 글의 내용을 비교해 가면서 문제를 푸는 것이 효율적입니다.

초급에서 배우는 문법 중에서 난이도가 높은 아래와 같은 문법들이 나오기 시작합니다. 이러한 문법을 알고 있어야 65번 문제의 정답을 찾을 수 있습니다. 높은 점수를 위해 꼭 알아 두시기 바랍니다. 자세한 설명은 오늘의 문법을 참고하시기 바랍니다.

※ 출제된 문법과 표현

1) V-아/어도 되다	2) V-(으)ㄹ 수 있다/없다	3) V-(으)ㄴ 적이 있다/없다
4) V-아/어 있다	5) V-아/어 보다	6) V-게 되다
7) V-(으)ㄹ까 하다	8) V-(으)ㄹ 것 같다	9) V-기 전에/(으)ㄴ 후에
10) V/A-(으)ㄹ 때		

You will be asked to read the text and to answer the questions. The passage consists of 5 to 7 sentences, and it is recommended to check the answer choices of question #65 before reading the text. After that, you should read the whole text and comprehend the overall content. As for question #66, it is efficient to compare the answer choices with the text's content while solving the question.

Among the grammar taught on the beginners' level, the grammar with high difficulty as follows begin to appear. You need to understand such grammars in order to choose the correct answer for question #65. Make sure to understand them to get a high score in the test. Refer to Today's grammar for details.

65 ㉠에 들어갈 알맞은 말 고르기

㉠에 들어갈 표현을 찾는 문제입니다. 따라서 특히 ㉠의 앞뒤 문장을 잘 읽어 보면 답을 쉽게 찾을 수 있습니다. 선택지는 주로 하나의 단어에 4개의 문법 표현이 나오거나 4개의 단어에 하나의 문법이 나옵니다. **하나의 단어에 4개의 문법 표현이 나오는 경우에는 단어의 의미보다는 문법 표현의 기능을 파악**하는 것이 중요합니다. **4개의 단어에 하나의 문법 표현이 나오는 경우에는 단어의 의미를 파악**하는 것이 중요하므로 ㉠의 앞뒤 문장의 내용을 잘 파악해야 합니다.

65 Choosing the best phrase to fill in ㉠

You will be asked to choose the best expression to fill in ㉠. You should easily find the correct answer by reading the preceding and following sentences of ㉠ carefully. The answer choices show either four different grammatical expressions for one word or one grammatical expression for four different words. If they show four different grammatical expressions for one word, it is important to comprehend their function as grammatical expression rather than the meaning of word. If one grammatical expression is used for four words, it is important to comprehend the meaning of word, so you should comprehend the contents of preceding and following sentences of ㉠ properly.

66 글의 내용과 같은 것 고르기

전체적인 내용을 잘 읽고 같은 내용을 찾아야 합니다. 글을 읽으면서 해당되는 선택지가 맞는지 틀리는지 판단해야 합니다. **글의 내용과 선택지를 잘 비교해 가며 관련이 없는 내용을 하나씩 지워 나가면 답을 찾을 수 있습니다.** 그리고 선택지의 문장에 사용되는 표현들은 지문에 나온 표현을 그대로 사용하지 않는 경우도 있기 때문에 **유사한 어휘들을 알고 있어야 같은 의미를 찾아낼 수 있습니다.**

66 Choosing the answer choice that matches with the text's content

You will be asked to read the overall contents and to choose the answer choice that matches with it. While reading the text, you need to determine whether each answer choice is right or wrong. Comparing the contents of the text with the answer choices properly, you need to eliminate each answer which doesn't match with the text one by one. The answer choices may not use the exact same expressions as those in the passage, so knowing the similar words would help you find the same meaning more easily.

65-66

기출문제 Questions of Previous Tests

※[65~66] 다음을 읽고 물음에 답하십시오.

> 저는 (㉠) 오랫동안 생각만 하고 빨리 결정하지 못합니다. 결정하는 것이 어려워서 혼자서는 필요한 물건을 잘 고르지 못합니다. 그래서 저는 친구가 옆에 있으면 친구가 하는 것을 따라 합니다. 그렇게 하면 제가 결정하지 않아도 돼서 마음이 편합니다. 하지만 지금부터는 제가 작은 일부터 하나씩 결정해 보려고 합니다.

65 ㉠에 들어갈 알맞은 말을 고르십시오. 2점

① 마음이 편할 때
② 힘든 일을 할 때
③ 친구가 생각날 때
④ 어떤 것을 선택할 때

66 이 글의 내용과 같은 것을 고르십시오. 3점

① 제 친구는 내 결정을 따라 합니다.
② 저는 오래 생각하지 않고 결정합니다.
③ 저는 앞으로 친구와 함께 결정할 겁니다.
④ 저는 혼자 물건을 고르는 것이 어렵습니다.

① 저는 친구가 하는 것을 따라 합니다
② 오랫동안 생각만 하고
③ 지금부터 제가 결정해 보려고 합니다

〈TOPIK 41회 읽기 [65~66]〉
• 오랫동안 for a long time
• 결정하다 decide
• 씩 each
• 그래서 therefore/so
• 마음 mind

65
'결정하는 것이 어렵다, 물건을 잘 고르지 못한다'라는 표현을 통해 '저'는 어떤 것을 잘 선택하지 못한다는 것을 알 수 있습니다. 따라서 ㉠에 들어갈 정답은 ④입니다.
Through the expressions '결정하는 것이 어렵다(difficult to decide)' and '물건을 잘 고르지 못 한다(not good at choosing choose goods)', it can be guessed that 'I(저)' cannot make a decision quickly. Therefore, the correct answer to fill in ㉠ is ④.

66
'저'는 결정하는 것을 어려워해서 오래 생각하고 친구가 하는 것을 따라 합니다. '혼자서는 필요한 물건을 잘 고르지 못합니다'라고 했으므로 혼자 물건을 고르는 것이 어렵다는 것을 알 수 있습니다. 따라서 정답은 ④입니다.
'I(저)' have trouble making decisions, so I tend to think for a long time and follow what my friends do. It is mentioned that '혼자서는 필요한 물건을 잘 고르지 못합니다(I don't choose things necessary well by myself)', so it can be guessed that 'I' have trouble to choose things by myself. Therefore, the correct answer is ④.

※[65~66] 다음을 읽고 물음에 답하십시오.

> 한 달 후면 방학입니다. 방학을 하면 여러 가지 일들을 하고 싶습니다. 방학 동안에 영어도 배우고 미술관에도 갈 겁니다. 그리고 친구와 같이 유럽 여행을 가 보고 싶습니다. 그래서 지난달부터 아르바이트를 시작했습니다. <u>수업도 들어야 하고 아르바이트도 해야 해서</u> 많이 피곤합니다. 피곤해도 여행을 (㉠) 힘이 납니다.

- 방학 vacation
- 여러 가지 various
- 동안 for/during (an amount of time or a certain event)
- 영어 English
- 미술관 art museum
- 유럽 여행 travel to Europe
- 수업 class
- 아르바이트 part-time job
- 힘이 나다 get strong/energized

65 ㉠에 들어갈 알맞은 말을 고르십시오. 2점

① 갈 생각을 하면   ② 갈 생각을 해도

③ 갈 생각을 해서   ④ 갈 생각을 하려고

65

㉠이 있는 문장을 살펴보면 '피곤해도, 힘이 납니다'라고 말합니다. 이 표현을 통해 '힘이 나는' 조건이나 가정을 나타내는 '-(으)면'이 오는 것을 알 수 있습니다. 따라서 ㉠에 들어갈 정답은 ①입니다.
The sentence which includes ㉠ says '피곤해도, 힘이 납니다'. Through this expression, it can be guessed that '-(으)면' is used to indicate a certain condition or assumption of '힘이 나는'. Therefore, the correct answer to fill in ㉠ is ①.

66 이 글의 내용과 같은 것을 고르십시오. 3점

① 제 친구는 유럽 여행을 가고 싶어 합니다.

② 저는 친구와 같이 미술관에 가려고 합니다.

③ 저는 수업을 들으면서 아르바이트를 합니다.

④ 저는 방학에 유럽 여행을 가려고 영어를 배웁니다.

66

'저'는 방학에 영어를 배우고 미술관에 갈 겁니다. 그리고 유럽 여행을 가려고 지난달부터 아르바이트를 합니다. '수업도 들어야 하고 아르바이트도 해야' 한다는 표현을 통해 수업을 들으면서 아르바이트를 한다는 것을 알 수 있습니다. 따라서 정답은 ③입니다.
'I(저)' am going to learn English and go to art museum during the vacation. Also, I have a part-time job since last month in order to travel Europe. Through the expression '수업도 들어야 하고 아르바이트도 해야', it can be guessed that 'I' have a part-time hob while taking classes. Therefore, the correct answer is ③.

65-66

※[65~66] 다음을 읽고 물음에 답하십시오.

> 5월은 가정의 달입니다. 다음 주 토요일에 서울 공원에서 가족들이 함께 즐길 수 있는 행복 나눔 콘서트가 열립니다. 이 콘서트는 오후 5시부터 8시까지이고 돈을 받지 않습니다. 10팀 정도의 가수가 참여하며 옛날 노래부터 최근 유행하는 노래까지 다양한 노래가 (㉠   ). 가족이 함께 오시면 작은 선물도 받을 수 있습니다.

65 ㉠에 들어갈 알맞은 말을 고르십시오. 2점

① 준비해도 됩니다.   ② 준비하려고 합니다.
③ 준비되어 있습니다.   ④ 준비된 적이 있습니다.

66 이 글의 내용과 같은 것을 고르십시오. 3점
① 행복 나눔 콘서트는 무료로 볼 수 있습니다.
② 이 콘서트에 가면 다양한 노래를 부를 수 있습니다.
③ 이 콘서트에 가려면 작은 선물을 가지고 가야 합니다.
④ 이 콘서트는 가족이 함께 가지 않으면 들어갈 수 없습니다.

가정의 달 Family Month | 즐기다 enjoy | 나눔 sharing | 콘서트 concert | 돈 money | 팀 team | 가수 singer

67-68

🖊 오늘의 어휘 Today's Vocabulary

가방	bag	noun	제 가방 안에는 책과 공책이 있습니다. There are some books and notebooks in my bag.
종류	kind	noun	백화점에는 여러 종류의 물건이 있습니다. There are many kinds of things in a department store.
나누다	share	verb	빵이 하나 있어서 친구하고 나누어 먹었습니다. I had a piece of bread, so I shared it with my friend.
넣다	put in	verb	음식을 냉장고에 넣습니다. I put some food in the refrigerator.
놓다	put on	verb	책을 책상 위에 놓습니다. I put a book on the desk.
모으다	save/gather/collect	verb	여행을 가려고 돈을 모았습니다. I saved money to go traveling.
싸다	pack	verb	여행 가기 전에 가방을 먼저 싸 놓습니다. I pack my bag before going traveling.
정리하다	arrange/clean up	verb	주말에 방을 깨끗하게 정리했습니다. I cleaned up my room last weekend.

🥤 오늘의 문법 Today's Grammar

V-아/어 놓다/두다	어떤 일이 끝나고 그 상태를 유지함을 나타냅니다. This expresses that something is maintained as its final state even after it is over. 예 벽에 그림을 걸어 두었습니다. I hanged a picture on the wall.
V-는 것이 좋겠다	어떤 일을 하는 것이 더 괜찮음을 나타냅니다. '-는 것이 좋겠다'의 '것이'는 '-게'로 줄여서 사용할 수 있습니다. This expresses that it is better to do something. The '것이' in '-는 것이 좋겠다' can be shorten to '-게'. 예 창문을 조금 열어 두는 것이(게) 좋겠습니다. I would be better to open the window a little.

67-68

글을 읽고 물음에 답하는 문제입니다. 지문은 5~7문장 정도로 나오며, 글을 읽기 전에 67번의 선택지부터 확인하는 것이 좋습니다. 그리고 나서 글 전체를 읽으면서 대략적인 내용을 파악해야 합니다. 68번 문제는 선택지와 글의 내용을 비교해 가면서 문제를 푸는 것이 효율적입니다.

You will be asked to read the text and to answer the questions. The passage consists of 5 to 7 sentences, and it is recommended to check the answer choices of question #67 before reading the text. After that, you should read the whole text and comprehend the overall content. As for question #68, it is efficient to compare the answer choices with the text's content while solving the question.

67 ㉠에 들어갈 알맞은 말 고르기

㉠에 들어갈 표현을 찾는 문제입니다. 따라서 특히 ㉠의 앞뒤 문장을 잘 읽어 보면 답을 쉽게 찾을 수 있습니다. 선택지는 주로 하나의 단어에 4개의 문법 표현이 나오거나 4개의 단어에 하나의 문법이 나옵니다. **하나의 단어에 4개의 문법 표현이 나오는 경우에는 단어의 의미 보다는 문법 표현의 기능을 파악**하는 중요합니다. **4개의 단어에 하나의 문법 표현이 나오는 경우에는 문법의 기능 보다는 단어의 의미를 파악**하는 것이 중요합니다.

67 Choosing the best phrase to fill in ㉠

You will be asked to choose the best expression to fill in ㉠. You should easily find the correct answer by especially reading the preceding and following sentences of ㉠ carefully. The answer choices show four different grammatical expressions for one word or one grammatical expression for four different words. If they show four different grammatical expressions for one word, it is important to comprehend their function as grammatical expression rather than the meaning of word. If they show four different words in one grammatical expression, it is important to comprehend the meaning of word.

68 글의 내용과 같은 것 고르기

전체적인 내용을 잘 읽고 같은 내용을 찾아야 합니다. 글을 읽으면서 해당되는 선택지가 맞는지 틀리는지 판단해야 합니다. **글의 내용과 선택지를 잘 비교해 가며 관련이 없는 내용을 하나씩 지워 나가면 답을 찾을 수 있습니다.** 그리고 선택지의 문장에 사용되는 표현들은 지문에 나온 표현을 그대로 사용하지 않는 경우도 있기 때문에 **유사한 어휘들을 알고 있어야 같은 의미를 찾아낼 수 있습니다.**

68 Choosing the answer choice that matches with the text's content

You will be asked to read the overall contents and to choose the answer choice that matches with it. While reading the text, you need to determine whether each answer choice is right or wrong. Comparing the content of text with the answer choices properly, you need to eliminate each answer which doesn't match with the text one by one. The answer choices may not use the exactly same as expressions as those in the passage, so knowing similar words would help you find the same meaning more easily.

67-68

기출문제 Questions of Previous Tests

※[67~68] 다음을 읽고 물음에 답하십시오. 각 3점

꽃이나 나무가 오래 살려면 물과 공기, 햇빛이 중요합니다. (㉠) 막으려면 화분을 한곳에 모아 놓아야 합니다. <u>물에 젖은 수건을 화분 아래에 놓는 것도</u> 좋은 방법입니다. 또 집안에서 공기가 잘 통할 수 있게 방문을 열어 놓으면 좋습니다. 마지막으로, 여행을 오래 할 때는 햇빛이 잘 들어오지 않는 곳에 화분을 놓는 것이 좋습니다.

67 ㉠에 들어갈 알맞은 말을 고르십시오.

① 햇빛을 보는 것을　　　② 공기가 들어오는 것을
③ 화분에 꽃이 피는 것을　④ 물이 빨리 없어지는 것을

68 이 글의 내용과 같은 것을 고르십시오.

① 수건을 화분 안에 넣어 놓아야 합니다.
② 화분을 여러 방에 나누어 놓아야 합니다.
③ 방문을 열어서 공기가 통하게 해야 합니다.
④ 여행 전에는 화분을 햇빛에 놓고 가야 합니다.

　① 화분 아래
　② 한곳에 모아 놓아야 합니다
　④ 햇빛이 잘 들어오지 않는 곳

〈TOPIK 37회 읽기 [67~68]〉
• 꽃 flower
• 나무 tree
• 물 water
• 공기 air
• 햇빛 sunlight
• 막다 block
• 화분 flowerpot
• 한곳 one place
• 젖다 get wet
• 수건 towel
• 집안 inside of house/home
• 통하다 go through
• 방문 visit
• 마지막 (the) last
• 피다 bloom
• 없어지다 disappear/be gone

67
㉠ 앞에 있는 문장을 살펴보면 꽃이나 나무가 오래 살려면 물과 공기, 햇빛이 중요하다고 말합니다. ㉠ 뒤에 있는 문장에서 물에 젖은 수건을 화분 아래에 놓는 것이 좋은 방법이라고 말합니다. ㉠에는 <u>물과 관련된 것이</u> 나와야 합니다. 따라서 정답은 ④입니다.
The sentence which precedes ㉠ says that water, air and sunlight are important for flower and tree to live long. The sentence which follows ㉠ states that it is good to place a wet towel under a flowerpot. Something related to water should be mentioned in ㉠. Therefore, the correct answer is ④.

68
젖은 수건을 화분 아래에 놓아 두거나 화분을 한곳에 모아 놓으면 꽃이나 나무가 오래 살 수 있습니다. 그리고 여행 전에는 화분을 햇빛이 잘 들어오지 않는 곳에 놓습니다. 집안에서는 공기가 잘 통하게 방문을 열어 놓는 것이 좋습니다. 따라서 정답은 ③입니다.
If a wet towel is placed under a flowerpot or if flowerpots are placed together in one place, flowers and trees can live long. Also, before people leave for vacation, pots should be placed where there is little sunlight. In the house, it is better to leave the door open so that the air can come through. Therefore, the correct answer is ③.

※[67~68] 다음을 읽고 물음에 답하십시오. 각 3점

> 김민수 씨는 유명한 화가입니다. 매주 목요일에 인천 초등학교에 갑니다. 그림을 배우고 싶지만 (㉠) 학생들에게 무료로 그림을 가르쳐 줍니다. 그 대신에 학생들은 모델이 되어 줍니다. 김민수 씨는 요즘 아이들의 웃는 얼굴을 그리는 것이 즐겁습니다. 학생들이 그린 그림과 학생들의 얼굴 그림을 모아서 다음 달에 전시회를 하려고 합니다.

- 화가 artist/painter
- 인천 Incheon (city located in the southwest of Seoul, Korea)
- 초등학교 elementary school
- 대신 instead of
- 모델 model
- 얼굴 face
- 전시회 exhibition

67 ㉠에 들어갈 알맞은 말을 고르십시오.

① 모델이 될 수 없는
② 그림을 좋아하지 않는
③ 전시회를 하지 못 하는
④ 돈이 없어서 못 배우는

67

㉠ 뒤에 있는 문장을 살펴보면 김민수 씨가 학생들에게 무료로 그림을 가르쳐 주는 대신에 학생들은 모델이 되어 준다는 내용이 나옵니다. '무료'라는 단어를 통해 그림을 배우고 싶지만 돈이 없어서 못 배운다는 것을 알 수 있습니다. 따라서 ㉠에 들어갈 정답은 ④입니다.

The sentence which follows ㉠ states that Mr. Minsu Kim teaches students picture drawing free of charge, and his students become the models for his pictures instead. Through the word '무료', it can be guessed that the students want to learn picture drawing but cannot do so because they don't have money. Therefore, the correct answer to fill in ㉠ is ④.

68 이 글의 내용과 같은 것을 고르십시오.
① 김민수 씨는 목요일마다 초등학교에서 그림을 배웁니다.
② 학생들은 전시회를 하려고 그림을 배우기 시작했습니다.
③ 학생들의 얼굴 그림만 모아서 다음 달에 전시회를 엽니다.
④ 김민수 씨에게 그림을 배우는 학생들은 모델이 되어 줍니다.

68

김민수 씨는 목요일마다 초등학교에서 그림을 가르쳐 줍니다. 김민수 씨에게 그림을 배우는 학생들은 돈을 내지 않는 대신에 모델이 되어 줍니다. 따라서 정답은 ④입니다.

Mr. Minsu Kim teaches how to draw pictures in an elementary school every Thursday. The students who learn how to draw pictures from Mr. Minsu Kim become the model for the pictures instead of paying money. Therefore, the correct answer is ④.

67-68

연습문제 Exercise Questions

※[67~68] 다음을 읽고 물음에 답하십시오. 각 3점

여행을 갈 때 필요한 물건이 많습니다. 여러 가지 물건을 정리하지 않고 넣으면 나중에 물건을 찾기가 어렵고 많이 넣을 수도 없습니다. 그래서 가방을 쌀 때 비슷한 물건끼리 (㉠) 넣는 것이 좋습니다. 작은 가방에 물건을 나누어 넣고 다시 여행 가방에 넣으면 쉽게 정리할 수 있습니다. 그리고 여행지에서 살 물건도 넣을 자리를 생각해 두는 것이 좋습니다.

67 ㉠에 들어갈 알맞은 말을 고르십시오.

① 나누어서   ② 나누려면

③ 나누거나   ④ 나누면서

68 이 글의 내용과 같은 것을 고르십시오.

① 여행을 가서 작은 가방을 많이 살 겁니다.
② 작은 가방이 많으면 물건 찾기가 어렵습니다.
③ 여행할 때는 많은 물건을 가지고 가야 합니다.
④ 같은 종류의 물건을 모아서 넣는 것이 좋습니다.

여러 가지 various | **나중** later | **끼리** together | **다시** again | **여행지** tourist attractions | **자리** space/place/spot | **같은** same

69-70

✏️ **오늘의 어휘** Today's Vocabulary

나라	country/ nation	noun	가: 어느 나라 사람입니까? / 나: 저는 한국 사람입니다. A: Which country are you from? / B: I am a Korean.(= I am from Korea.)
내년	next year	noun/adverb	올해 열심히 공부해서 내년에는 꼭 대학교에 들어갈 겁니다. I will study hard this year and surely go on to university next year.
모임	meeting/ gathering	noun	가족 모임에 참석했습니다. I attended my family gathering.
다른	different/ other	adjective	저는 사과만 좋아합니다. 다른 과일은 좋아하지 않습니다. I like apples only. I do not like other kinds of fruit.
점점	more andmore/ gradually	adverb	요즘 날씨가 점점 추워지고 있습니다. These days the weather is getting cold more and more.
다치다	get hurt	verb	친구는 교통사고가 나서 많이 다쳤습니다. My friend had a traffic accident and got hurt.
달리다	run	verb	아침에 일찍 일어나서 운동장을 달렸습니다. I got up early in the morning and ran in the track field.
드시다(들다)	eat (honorific form of 먹다)	verb	제가 만든 요리입니다. 많이 드십시오. I cooked this dish. Enjoy yourself.
맛없다	tasteless/ taste bad	adjective	음식이 맛없어서 조금만 먹었습니다. I ate a little as the food tasted bad.
친하다	be close to/ be friendly with	adjective	저는 우리 반 친구들과 친합니다. I am close to my classmates.
거의	almost	noun/adverb	가: 그 일 다 했습니까? / 나: 조금만 기다려 주십시오. 거의 다 했습니다. A: Are you done with it? / B: Please wait for a while. I am almost done.

☕ 오늘의 문법 Today's Grammar

| ㄹ 탈락 | '2'로 끝나는 모든 동사나 형용사가 '-(으)ㅂ, -(으)ㅅ, -(으)ㄴ, -(으)ㄹ'로 시작하는 문법 앞에서 '2'이 탈락합니다. '-(으)려고, -(으)러'의 경우에는 탈락하지 않습니다.

As for all of the verbs or adjectives which end with '2', their '2' is eliminated when they come after a grammatical construction which begins with '-(으)ㅂ, -(으)ㅅ, -(으)ㄴ, or -(으)ㄹ'. As for '-(으)려고 and -(으)러', the '2' is not eliminated.

— 알다, 살다, 놀다, 팔다, 울다, 길다, 들다, 만들다
　know, live, play, sell, cry, long, lift, make

구분	탈락			탈락하지 않음			
	-ㅂ/습니다	-(으)세요	-(으)네요	-(으)려고	-(으)러	-지만	-아/어요
살다	삽니다	사세요	사네요	살려고	살러	살지만	살아요
만들다	만듭니다	만드세요	만드네요	만들려고	만들러	만들지만	만들어요

예 한국 음식을 만듭니다. I cook Korean cuisines.
　저는 한국에 삽니다. I live in Korea.

'—'로 끝나는 모든 동사나 형용사가 '-아/어'로 시작하는 문법 앞에서 '—'가 탈락합니다.

As for all of the verbs or adjectives which end with '—', their '—' is eliminated when they come after a grammatical construction which begins with '-아/어'.

— 쓰다, 끄다, 크다, 아프다, 바쁘다, 예쁘다
　write, turn off, big, sick, busy, pretty

구분	탈락		탈락하지 않음	
	-았/었어요	-아/어서	-(으)면	-고
쓰다	썼어요	써서	쓰면	쓰고
예쁘다	예뻤어요	예뻐서	예쁘면	예쁘고
바쁘다	바빴어요	바빠서	바쁘면	바쁘고

예 제 친구는 예뻐서 인기가 많습니다. My friend is pretty, so she is popular.
　편지를 써서 친구에게 줬습니다. I wrote a letter and gave it to my friend.

'ㅂ'으로 끝나는 동사나 형용사가 '-아/어'나 '-으'로 시작하는 문법 앞에서 'ㅂ'이 '우'로 바뀝니다. 'ㅂ' 불규칙에서 대부분의 경우 'ㅂ'이 '우'로 변합니다. 그러나 '곱다'와 '돕다'는 '-아/어'를 만나면 '오'로 변합니다.

When verbs or adjectives which end with 'ㅂ' come after a grammatical construction which begins with '-아/어' or '-으', their 'ㅂ' is replaced with '우'. However, their 'ㅂ' is replaced with '오' when '곱다' and '돕다' come after '-아/어'.

— 불규칙 : 맵다, 덥다, 춥다, 곱다, 돕다, 고맙다, 두껍다, 아름답다
　　　　　spicy, hot, cold, pretty, help, thank, thick, beautiful
— 규　칙 : 입다, 잡다, 좁다
　　　　　wear, catch, narrow

222 | TOPIK I 한 권이면 OK

구분	변함		변하지 않음	
	-아/어요	-(으)면	-ㅂ/습니다	-지만
춥다(불규칙)	추워요	추우면	춥습니다	춥지만
고맙다(불규칙)	고마워요	고마우면	고맙습니다	고맙지만
돕다(불규칙)	도와요	도우면	돕습니다	돕지만
입다(규칙)	입어요	입으면	입습니다	입지만

예 날씨가 추워서 두꺼운 옷을 입었습니다. The weather is cold, so I am wearing warm clothes.
도와주셔서 고마워요. Thank you for helping me.

ㄷ 불규칙

'ㄷ'으로 끝나는 동사나 형용사가 '-아/어'나 '-으'로 시작하는 문법 앞에서 'ㄷ'이 'ㄹ'로 바뀝니다.

When verbs or adjectives which end with 'ㄷ' come after a grammatical construction which begins with '-아/어' or '-으', their 'ㄷ' is replaced with 'ㄹ'.

— 불규칙 : 듣다, 걷다, 묻다(질문하다) listen, walk, ask
— 규　칙 : 받다, 닫다, 믿다 receive, close, believe

구분	변함			변하지 않음	
	-아/어요	-아/어서	-(으)니까	-ㅂ/습니다	-고
듣다(불규칙)	들어요	들어서	들으니까	듣습니다	듣고
닫다(규칙)	닫아요	닫아서	닫으니까	닫습니다	닫고

예 음악을 들으면서 밥을 먹습니다. I listen to music while having a meal.
집에서 학교까지 걸어서 갑니다. I walk from home to school.

ㅅ 불규칙

'ㅅ'으로 끝나는 동사나 형용사가 '-아/어'나 '-으'로 시작하는 문법 앞에서 'ㅅ'이 탈락합니다. '나아요'는 '나요'로, '나으려면'은 '나려면'으로 쓰지 않습니다. 다른 'ㅅ 불규칙'도 마찬가지입니다.

When verbs or adjectives which end with 'ㅅ' come after a grammatical construction which begins with '-아/어' or '-으', their 'ㅅ' is eliminated. However, '나아요' is not used as '나요', and '나으려면' is not used as '나려면'. The same applies to other 'ㅅ Irregular' cases.

— 불규칙 : 낫다, 짓다, 붓다 recover, build, pour
— 규　칙 : 벗다, 씻다, 웃다 take off, wash, laugh

구분	변함		변하지 않음	
	-아/어요	-(으)려고	-ㅂ/습니다	-지만
낫다(불규칙)	나아요	나으려고	낫습니다	낫지만
짓다(불규칙)	지어요	지으려고	짓습니다	짓지만
벗다(규칙)	벗어요	벗으려고	벗습니다	벗지만

예 약을 먹으면 감기가 빨리 나아요. If you take medicine, your cold will get better quickly.

| | ‘ㅎ’로 끝나는 동사나 형용사가 ‘-아/어’로 시작하는 문법 앞에서 ‘ㅎ’이 탈락하고 모음 ‘-아/어’는 ‘애’로 변하고, ‘야/여’는 ‘얘’로 변합니다. ‘-으’로 시작하는 문법 앞에서는 ‘ㅎ’만 탈락합니다. |

‘ㅎ’로 끝나는 동사나 형용사가 ‘-아/어’로 시작하는 문법 앞에서 ‘ㅎ’이 탈락하고 모음 ‘-아/어’는 ‘애’로 변하고, ‘야/여’는 ‘얘’로 변합니다. ‘-으’로 시작하는 문법 앞에서는 ‘ㅎ’만 탈락합니다.

When verbs or adjectives which end with ‘ㅎ’ come after a grammatical construction which begins with ‘-아/어’, their ‘ㅎ’ is eliminated, the vowel ‘-아/어’ is changed into ‘애’, and ‘야/여’ is changed into ‘얘’. When they come after a grammatical construction which begins with ‘-아/어’, only their ‘ㅎ’ is eliminated.

— 불규칙 : 어떻다, 이/저/그렇다, 빨갛다, 까맣다, 파랗다, 하얗다, 노랗다
　　　　　how-like this/that/it, red, black, blue, white, yellow

— 규　칙 : 괜찮다, 많다, 싫다, 좋다, 놓다
　　　　　okay, many/much, dislike, like, put

ㅎ 불규칙

구분	변함		변하지 않음	
	-아/어요	-(으)면	-(으)ㄴ	-고
이렇다(불규칙)	이래요	이러면	이런	이렇고
하얗다(불규칙)	하얘요	하야면	하얀	하얗고
좋다(규칙)	좋아요	좋으면	좋은	좋고

예 얼굴이 하얘서 빨간색이 잘 어울립니다. Your face is white, so red looks good on you.
　 어떤 영화를 좋아합니까? What kind of movie do you like?

르 불규칙

‘르’로 끝나는 동사나 형용사가 ‘아/어’로 시작하는 문법 앞에서 ‘ㅡ’가 탈락하고 ‘ㄹ’는 ‘ㄹㄹ’로 바뀝니다.

When verbs or adjectives which end with ‘르’ come after a grammatical construction which begins with ‘-아/어’, their ‘ㅡ’ is eliminated and their ‘ㄹ’ is changed into ‘ㄹㄹ’.

— 모르다, 다르다, 빠르다, 부르다 don't know, different, quick, call

구분	변함		변하지 않음	
	-아/어요	-아/어서	-(으)니까	-고
다르다	달라요	달라서	다르니까	다르고
부르다	불러요	불러서	부르니까	부르고

예 노래를 불러요. Sing a song.
　 퇴근 시간에는 지하철이 버스보다 빨라요. During rush hours when people leave their office, subway is faster than a bus.

69-70

글을 읽고 물음에 답하는 문제입니다. 지문은 6~8문장 정도로 나오며, 글을 읽기 전에 문제와 69번의 선택지부터 확인하는 것이 좋습니다. 그리고 나서 글 전체를 읽으면서 대략적인 내용을 파악해야 합니다. 70번 문제는 선택지와 글의 내용을 비교해 가면서 문제를 푸는 것이 효율적입니다.

You will be asked to read the text and to answer the questions. The passage consists of 6 to 8 sentences, and it is recommended to check the answer choices of question #69 before reading the text. After that, read the whole text and comprehend the overall content. As for question #70, it is efficient to compare the answer choices with the text's content while solving the question.

69 ㉠에 들어갈 알맞은 말 고르기

㉠에 들어갈 표현을 찾는 문제입니다. 따라서 특히 ㉠의 앞뒤 문장을 잘 읽어 보면 답을 쉽게 찾을 수 있습니다. 선택지는 주로 하나의 단어에 4개의 문법 표현이 나오거나 2개의 단어에 4개의 문법 표현이 나옵니다. 단어와 문법 표현이 복합적으로 나오는 경우도 있으므로 **단어와 문법 표현의 의미와 기능을 알아야 문제를 풀 수 있습니다.**

69 Choosing the best phrase to fill in ㉠

You will be asked to choose the best expression to fill in ㉠. You should easily find the correct answer by reading the preceding and following sentences of ㉠ carefully. The answer choices show four different grammatical expressions for one word, or one grammatical expression for four different words. They may show a complex of words and grammatical expressions, so make sure to understand the meaning and functions of the words and grammatical expressions.

70 글의 내용으로 알 수 있는 것 고르기

글의 내용으로 알 수 있는 것을 고르는 문제입니다. 글을 읽고 글에서 말하고 싶은 것이 무엇인지를 파악하는 것이 중요합니다. 말하고 싶은 내용은 주로 두 번째 문장이나 마지막 문장에 나옵니다. 그러나 이 문제는 글의 내용과 같은 것을 고르는 문제와 비슷합니다. **글의 내용과 선택지를 잘 비교해 가며 관련이 없는 내용을 하나씩 지워 나가면 답을 찾을 수 있습니다.** 그리고 선택지의 문장에 사용되는 표현들은 지문에 나온 표현을 그대로 사용하지 않는 경우도 있기 때문에 **유사한 어휘들을 알고 있어야 같은 의미를 찾아낼 수 있습니다.**

70 Choosing what can be known from the text's content

You will be asked to choose what can be known from the text's content. It is important to read the text and comprehend what the text is talking about. The main point is usually in the second sentence or the last sentence. However, this question is similar to the question which asks to choose what matches with the text's content. Comparing the content of the text with the answer choices properly, you need to eliminate each answer which is irrelevant to the text one by one. The answer choices may not use the exactly same expressions as those in the passage, so knowing similar words would help you find the same meaning.

69-70

기출문제 Questions of Previous Tests

※[69~70] 다음을 읽고 물음에 답하십시오. 각 3점

> 아버지는 요리에 관심이 없어서 거의 요리를 하지 않으셨습니다. 그런데 지난달에 어머니가 다리를 다쳐서 요리를 못 하게 되었습니다. 그때부터 아버지는 요리를 (㉠). 아버지의 요리는 맛있을 때도 있고 맛없을 때도 있었습니다. 그런데 음식의 맛과 관계없이 어머니는 항상 맛있게 드셨습니다. 그 후로 아버지는 요리하는 것을 좋아하게 되셨습니다.

69 ㉠에 들어갈 알맞은 말을 고르십시오.

① 하실 수 없었습니다　　② 하실 것 같았습니다

③ 하시기 시작했습니다　　④ 해 주신 적이 없었습니다

70 이 글의 내용으로 알 수 있는 것을 고르십시오.

① 아버지는 요즘 요리에 관심을 갖게 되셨습니다.

② 아버지는 오래 전부터 요리 학원에 다니셨습니다.

③ 어머니는 아버지가 요리하는 것을 도와주셨습니다.

④ 아버지가 만든 음식의 맛이 점점 좋아지고 있습니다.

② 요리에 관심이 없어서
③ 요리를 못 하게 되었습니다
④ 맛있을 때도 있고 맛없을 때도 있었습니다

〈TOPIK 41회 읽기 [69~70]〉

- 아버지 father
- 관심(이) 없다 not interested in/have no interest in
- 다리 leg
- 맛 taste
- 관계없이 regardless of
- 그때 that time
- 어머니 mother
- 관심을 갖다 be interested in/have interest in
- 요리 학원 cooking academy

69

㉠ 뒤에 있는 문장을 살펴보면 아버지가 하신 요리의 맛에 대한 내용이 나옵니다. 어머니가 다리를 다쳐서 요리를 못 하게 되었습니다. '그때부터'라는 표현을 통해 아버지가 요리를 하기 시작했다는 것을 알 수 있습니다. 따라서 ㉠에 들어갈 정답은 ③입니다.
The sentence which follows ㉠ states about the taste of the dish made by father. Mother hurt her leg and can't cook. Through the expression '그때부터', it can be guessed that father began to cook since then. Therefore, the correct answer to fill in ㉠ is ③.

70

이 글은 아버지가 요리를 시작하게 된 이유에 대해서 말하고 있습니다. 아버지는 요리에 관심이 없으셨지만 어머니가 다치신 이후에 요리를 하게 되었다는 내용이 나옵니다. 마지막 문장에서 아버지는 요리하는 것을 좋아하게 되셨다고 말합니다. 이를 통해 아버지가 요즘 요리에 관심을 갖게 된 것을 알 수 있습니다. 따라서 정답은 ①입니다.
This text is about how father began cooking. It is mentioned that father used to have no interest in cooking, but since mother got hurt, he began cooking. The last sentence shows that father has become to enjoy cooking. Through this, it can be guessed that father has interest in cooking these days. Therefore, the correct answer is ①.

※[69~70] 다음을 읽고 물음에 답하십시오. 각 3점

> 저는 지난달부터 맛집 여행 모임을 하고 있습니다. 맛있는 음식을 먹으면 (㉠) 이 모임에 가는 것이 즐겁습니다. 어제는 경복궁 근처에 있는 식당에서 삼계탕을 먹었습니다. 그 식당은 삼계탕만 팝니다. 식당에 사람이 너무 많아서 우리는 삼십 분을 기다렸습니다. 지금까지 먹어 본 삼계탕 중에서 제일 맛있었습니다. 다음 주 어머니 생신에도 <u>그 식당</u>에 가야겠습니다.

- 맛집 famous restaurant
- 경복궁 Gyeongbokgung Palace
- 삼계탕 Samgye-tang (Korean chicken soup with ginseng)
- 제일 (the) first/(the) most
- 생신 birthday (honorific form of 생일)
- 식당 restaurant
- 찾아다니다 look for

69 ㉠에 들어갈 알맞은 말을 고르십시오.

① 행복하지 못해서   ② 행복할 수 없어서
③ 행복해지기 때문에   ④ 행복해야 하기 때문에

69
'저'는 맛집 여행 모임을 하고 있으며 이 모임에 가는 것이 즐겁다는 내용이 나옵니다. ㉠에는 '모임에 가는 것이 즐거운' 이유나 원인이 나와야 하며 <u>'맛있는 음식을 먹으면'</u> 어떠한 상태가 되는지를 표현해야 합니다. 그래서 여기에서는 <u>어떤 행동의 원인이나 이유를 나타내는 문법 표현인 '-기 때문에'와 어떠한 상태로 되는 것을 나타내는 문법 표현인 '-아/어지다'</u>가 나와야 합니다. 따라서 ㉠에 들어갈 정답은 ③입니다.
The subject 'I(저)' is a member of a club for travels to famous restaurants and says he enjoys attending it. The reason or cause of '모임에 가는 것이 즐거운(enjoy to attend it meeting)' should be mentioned in ㉠, and it also should describe what happens when '맛있는 음식을 먹으면(people eat delicious foods)'. This is why a grammatical expression '-기 때문에' which describes a cause or reason of a certain action and '-아/어/지다' which indicates something becoming a certain state should appear. Therefore, the correct answer to fill in ㉠ is ③.

70 이 글의 내용으로 알 수 있는 것을 고르십시오.
① 저는 음식 중에서 삼계탕을 제일 좋아합니다.
② 저는 기분이 안 좋을 때 맛있는 음식을 먹습니다.
③ 저는 지난달부터 삼계탕을 파는 식당을 찾아다닙니다.
④ 저는 다음 주 어머니 생신에도 삼계탕을 먹을 겁니다.

70
이 글은 맛집 여행에 대해서 이야기하고 있습니다. '저'는 <u>어제 먹은 삼계탕이 맛있어서 다음 주 어머니 생신에도 삼계탕을 먹으려고 합니다.</u> 따라서 정답은 ④입니다.
This text is about traveling to famous restaurants. The subject 'I(저)' is going to eat Samgye-tang on his mother's birthday next week because it tasted delicious yesterday. Therefore, the correct answer is ④.

69-70

※[69~70] 다음을 읽고 물음에 답하십시오. 각 3점

> 저에게는 보고 싶은 친구가 한 명 있습니다. 우리는 어릴 때 운동장에서 많이 달렸습니다. 우리는 달리기를 한 후에 학교 앞 가게에서 파는 아이스크림을 자주 먹었습니다. 그리고 우리는 서로의 이름을 재미있게 바꿔서 불렀습니다. 그런데 지금은 그 친구를 (㉠   ). 친구가 2년 전에 다른 나라로 가서 살게 되었습니다. 저는 내년에 그 친구를 만나러 갈 겁니다.

69 ㉠에 들어갈 알맞은 말을 고르십시오.

① 만나기 싫습니다　　　　　② 만날 것 같습니다
③ 만날 수 없습니다　　　　　④ 만난 적이 있습니다

68 이 글의 내용으로 알 수 있는 것을 고르십시오.

① 저는 어릴 때 친한 친구를 만나러 갈 겁니다.
② 저는 운동장에서 달리기를 하면서 운동을 합니다.
③ 저는 어릴 때 부른 이름과 지금 부르는 이름이 다릅니다.
④ 저는 친구가 생각나서 아이스크림을 자주 먹지 않습니다.

운동장 school yard | 달리기 running | 가게 store/shop | 아이스크림 ice cream | 서로 each other

⟨ 읽기 연습문제 정답 및 해설 ⟩

31 ②

'춥다, 눈이 내리다'라는 표현을 통해 날씨를 이야기하고 있음을 알 수 있습니다. 따라서 정답은 ②입니다.

Through the expressions '춥다' and '눈이 내리다', it can be guessed that it is about the weather. Therefore, the correct answer is ②.

32 ④

'농구를 좋아하다, 독서를 자주 하다'라는 표현을 통해 '저'와 '제 친구'의 취미를 이야기하고 있음을 알 수 있습니다. 따라서 정답은 ④입니다.

Through the expressions '농구를 좋아하다' and '독서를 자주 하다', it can be guessed that it is mentioned about the hobbies of '저(me)' and '제 친구(my friend)'. Therefore, the correct answer is ④.

33 ③

'옷을 사다, 구두를 사다'라는 표현을 통해 쇼핑을 한다는 것을 유추할 수 있습니다. '저'와 '제 동생'이라는 단어를 보고 '가족'을 생각할 수 있지만 가족에 대한 내용이 아니라 '저'와 '제 동생'이 쇼핑을 하는 내용입니다. 따라서 정답은 ③입니다.

Through the expressions '옷을 사다' and '구두를 사다', it can be guessed that they are shopping. Because of the words '저(me)' and '제 동생(my younger sister)', '가족(family)' may come to mind, but the text is about '저(me)' and '제 동생(my younger sister)' doing shopping, not about family. Therefore, the correct answer is ③.

34 ④

한국어 수업의 시작 시간을 이야기하고 있습니다. '9시'와 같이 '시간'을 나타내는 명사에 사용하는 문법(조사)은 '에'입니다. 따라서 정답은 ④입니다.

It is mentioned about the starting time of Korean language class. The grammar(postposition) '에' should be used after a noun which indicates a 'certain time' such as '9시'. Therefore, the correct answer is ④.

35 ③

길을 모를 때는 길을 찾기 위해 지도를 봅니다. 따라서 정답은 ③입니다.

When we look for how to go somewhere, we try to find the way in the map. Therefore, the correct answer is ③.

36 ④

뒤 문장에 '그래서'가 있으므로 공부를 하지 않은 결과를 이야기하면 됩니다. 공부를 하지 않아서 시험이 어렵다고 유추할 수 있습니다. 따라서 정답은 ④입니다.

'그래서' is in the following sentence, so the result of having not studied should be mentioned. It can be guessed that the test was difficult as the writer didn't study for it. Therefore, the correct answer is ④.

37 ③

앞 문장에서 한국 사람이 아니라고 했습니다. 그러므로 뒤 문장에 한국 사람이 아니기 때문에 나타날 수 있는 결과를 찾아야 합니다. 그 결과로 '모릅니다'를 고르면 됩니다. 따라서 정답은 ③입니다.

The preceding sentence shows the writer is not a Korean. Therefore, you should find the result of not being a Korean. '모릅니다' should be chosen as its result. Therefore, the correct answer is ③.

38 ③

방을 청소하지 않았기 때문에 더럽습니다. '더럽다'라는 단어 앞에 '아주, 너무' 등의 부사를 사용할 수 있습니다. 따라서 정답은 ③입니다.

The room is dirty because it was not cleaned. Adverbs such as '아주', '너무', etc. can be used in front of the word '더럽다'. Therefore, the correct answer is ③.

39 ②

앞 문장에서 파티를 한다고 했습니다. 뒤 문장에서는 파티를 하기 때문에 친구와 같이 파티에서 먹을 음식을 만들 거라는 것을 알 수 있습니다. '만듭니다'는 '만들다'와 '-ㅂ/습니다'가 만나 'ㄹ'이 탈락된 것입니다. 따라서 정답은 ②입니다.

The preceding sentence shows that there will be a party. It can be guessed that because of that, the writer is going to cook some food for the party with a friend of the writer. The 'ㄹ' is eliminated as '만듭니다' and '-ㅂ/습니다' are combined. Therefore, the correct answer is ②.

40 ④

부동산 광고입니다. 한국대학교에서 걸어서 3분이 걸리기 때문에 가깝습니다. 방 안에는 에어컨과 냉장고가 있습니다. 집세는 월, 즉 한 달에 30만 원입니다. 방을 구하는(찾는) 사람은 이 광고에 있는 전화번호로 전화를 걸면 됩니다. 따라서 정답은 ④입니다.

It is an advertisement of a real estate. It is near from Hankuk University so that it takes three minutes to get there on foot. In the room, there are an air conditioner and a refrigerator. The monthly rent is 300 thousand won. A person who seeks for a room should call the number in this advertisement. Therefore, the correct answer is ④.

41 ②

지현 씨가 민수 씨에게 보낸 이메일입니다. 이번 주 토요일이 마이클 씨 생일입니다. 그래서 토요일 오후 7시에 마이클 씨 집에서 생일파티를 합니다. 마이클 씨 집은 학교 옆에 있기 때문에 학교에서 가깝습니다. 그래서 지현 씨와 민수 씨는 토요일에 학교에서 만날 겁니다. 따라서 정답은 ②입니다.

It is an e-mail message which Jihyeon sent to Minsu. Saturday of this week is Michael's birthday. Therefore, the correct answer is ②.

42 ①

대학교의 학생들에게 무료로 영화를 보여 주는 행사의 안내문입니다. 영화는 7월, 8월 두 달 동안 볼 수 있습니다. 영화 시간은 매주 토요일 8시입니다. 영화를 보는 장소는 한국대학교 학생회관 101호입니다. 음료수와 음식은 가지고 들어가면 안 됩니다. 그리고 대학교에서 음료수를 주는지는 알 수 없습니다. 따라서 정답은 ①입니다.

It is a notice of an event of showing movies to college students free of charge. The movies can be watched for two months of July and August. The movie starts at 8 p.m. every Saturday. It can be watched in suite No. 101 in the students' hall of Hankuk University. It is not allowed to bring food or beverages. Also, it is uncertain if the school provides some beverage. Therefore, the correct answer is ①.

43 ②

'저'는 오늘 친구 집에 놀러 갔고, 친구와 생일 파티를 했습니다. '저'는 책을 사서 친구에게 생일 선물로 주었습니다. 따라서 정답은 ②입니다.

The writer '저(I)' went to my friend's house today and had a birthday party with my friend. The writer '저' bought a book and gave it to that friend as a birthday present. Therefore, the correct answer is ②.

44 ④

'저'는 심심할 때 노래방에 가서 한국 노래를 부릅니다. 한국 노래를 알고 있으므로 좋아하는 한국 노래를 부를 수 있습니다. 노래방에 가면 한국 노래를 부를 수 있어서 재미있습니다. 따라서 정답은 ④입니다.

The writer '저' goes to Karaoke room and sing Korean songs. Knowing Korean songs, the writer can sing favorite songs. It is fun to go to Karaoke room because of being able to sing Korean songs. Therefore, the correct answer is ④.

45 ③

'저'는 내일 오후에 공원에 가서 친구를 만납니다. 그리고 내일 친구와 함께 운동을 합니다. 따라서 정답은 ③입니다.

The writer '저' is going to go to the park tomorrow afternoon to meet the writer's friend. Also, the writer is going to exercise with that friend tomorrow. Therefore, the correct answer is ③.

46 ④

'저'는 키가 커서 보통 바지를 사면 짧습니다. 그 결과 바지 사는 것이 어렵습니다. 그렇기 때문에 중심 생각은 바지 사는 것이 어렵다는 것입니다. 따라서 정답은 ④입니다.

The writer '저' is tall, so pants on sale are usually short on me. Therefore, it is hard to buy pants. Accordingly, the main idea is that it is hard to buy pants. Therefore, the correct answer is ④.

47 ③   주말에 제주도에 가면 사진을 많이 찍을 거니까 빨리 주말이 오면 좋겠습니다. 그러므로 중심 생각은 빨리 주말이 와서 제주도에 가고 싶다는 것입니다. 따라서 정답은 ③입니다.

The writer wishes the weekend would come quickly because the writer is going to go to Jeju Island and take many photos. For the reason, the main idea is that the writer wishes the weekend would come quickly to go to Jeju Island. Therefore, the correct answer is ③.

48 ①   '저'는 한국 음식을 만들 줄 모릅니다. 그 결과 형이 한국 음식을 자주 만들어 주는데, 형이 만든 한국 음식은 모두 맛있습니다. 그렇기 때문에 중심 생각은 형이 한국 음식을 자주 만들어 주는데 맛있다는 것입니다. 따라서 정답은 ①입니다.

The writer '저' doesn't know how to cook Korean food. As a result, his elder brother often cooks Korean dishes for him, and the Korean dishes he cooked are all delicious. Because of this, the main idea is that the writer's elder brother often cooks Korean dishes which are delicious. Therefore, the correct answer is ①.

49 ③   ㉠의 선택지는 우리 집이 편리한 이유를 말하고 있습니다. 뒤 문장은 '하지만'으로 시작하며 오빠가 회사가 멀어서 불편한 점을 설명합니다. 그러므로 앞에서는 가까워서 좋은 점을 말해야 하고, 첫 문장에서 '지금 학교 앞에서' 산다고 했습니다. 따라서 정답은 ③입니다.

The answer choices of ㉠ describe the reason why the her home is convenient. The following sentence begins with '하지만' and explains the inconvenience her elder brother is having since his company is far away. Because of this, the advantages of being close to school should be mentioned in the preceding part, and it is mentioned that they are living '지금 학교 앞에서(in front of the school now)' in the first sentence. Therefore, the correct answer is ③.

50 ②   저는 학교 앞에서 오빠와 같이 살고 있습니다. 우리 집은 방도 넓고, 화장실도 깨끗합니다. '오빠는 회사가 멀어서 매일 한 시간씩 버스를 탑니다'라고 했으므로 오빠가 버스를 타고 회사에 간다는 것을 알 수 있습니다. 따라서 정답은 ②입니다.

The writer 'I' am living with my elder brother in front of school. Her house is spacious, and has a clean bathroom. Also, it is mentioned that '오빠가 회사가 멀어서 매일 한 시간씩 버스를 탑니다(my elder brother is far, so he takes a bus for an hour every day)', so it can be guessed that her elder brother takes a bus to go to work. Therefore, the correct answer is ②.

51 ④   첫 번째 문장에서 '1345는 외국인의 한국 생활을 도와주는 안내 전화'라고 했고, 두 번째 문장에서는 '한국에서 생활하고 있는 외국인들이 모두 이용할 수 있다'라고 했습니다. 그러므로 외국인들이 한국 생활에서 필요한 정보가 있으면 1345에 전화해서 물어보고 안내를 받을 겁니다. 따라서 ㉠에 들어갈 정답은 ④입니다.

In the first sentence, it is mentioned that '1345는 외국인의 한국 생활을 도와주는 안내 전화(1345 is the phone number to guide foreigners for life in Korea)', and in the second sentence, it is mentioned that '한국에서 생활하고 있는 외국인들이 모두 이용할 수 있다(available for any foreigner staying in Korea)'. Therefore, if foreigners need some information on living in Korea, they can dial 1345 to ask for guidance. Therefore, the correct answer that fits in ㉠ is ④.

52 ③   1345는 외국인의 한국 생활을 도와주는 안내 전화입니다. 그래서 한국어를 몰라도 괜찮고, 은행이나 우체국 이용 방법을 친절하게 가르쳐 주고, 비자를 신청하는 방법도 확인해 줍니다. 즉 1345에 전화하면 받을 수 있는 서비스 내용들을 설명하고 있습니다. 따라서 정답은 ③입니다.

1345 is the phone number to help foreigners staying in Korea. Therefore, they don't need to know Korean, and the service kindly informs how to use the bank or post office, and how to apply for a visa. In other words, it is explaining what kinds of service you can receive by dialing 1345. Therefore, the correct answer is ③.

53 ②

㉠이 있는 문장을 살펴보면 '저'는 '계절마다 한라산에 올라가 보고 싶습니다'라고 합니다. 이것은 '특히 저는 등산을 좋아하기 때문이라는 것을 알 수 있습니다. 그러므로 ㉠에는 이유를 나타내는 '-아/어서'가 나타남을 알 수 있습니다. 따라서 ㉠에 들어갈 정답은 ②입니다.

The sentence which includes ㉠ states 'I(저) 'want to go to Hallasan Mountain every season(계절마다 한라산에 올라가보고 싶습니다)'. It can be guessed that this is because I especially like hiking mountains. Accordingly, you can know that '-아/어서' which indicates a certain reason should appear. Therefore, the correct answer to fill in ㉠ is ②.

54 ③

제주도는 봄, 여름, 가을, 겨울의 경치가 다르고, 푸른 바다와 한라산을 모두 가지고 있습니다. '저는 계절마다 한라산에 가고 싶어서 이번 주말에도 제주도에 가려고 합니다. 따라서 정답은 ③입니다.

The scenary of Jeju Island is different each in spring, summer, fall and winter, and has the blue sea and Hallasan Mountain. 'I(저)' want to go to Hallasan Mountain every season, so I am going to visit Jeju Island this weekend. Therefore, the correct answer is ③.

55 ①

㉠ 앞의 문장에서는 '설날에 만둣국을 먹는 이유로 (만두의 속처럼) 올해 농사가 잘 되기를 바란다'는 내용이 나오며 ㉠ 뒤의 문장에서는 '설날이 되면 북쪽 지방에서는 만둣국을 먹는다'는 내용이 나옵니다. ㉠ 앞뒤 문장이 원인-결과의 형태로 제시되고 있으므로 ㉠에는 '그래서'가 와야 합니다. 따라서 정답은 ①입니다.

The sentence which precedes ㉠ states '설날에 만둣국을 먹는 이유로 (만두의 속처럼) 올해 농사가 잘 되기를 바란다(the reason why people ear dumpling soup on the New Year's Day is a kind of expression of wish that farming would be successful this year like the stuff in dumplings)', and the sentence which follows ㉠ states '설날이 되면 북쪽 지방에서는 만둣국을 먹는다(people eat dumpling soup in the northern part of Korea on the New Year's Day)'. Therefore, the correct answer is ①.

56 ④

한국의 설날과 설날에 먹는 특별한 음식에 대해 소개하고 있습니다. 설날 아침에는 밥과 떡국을 먹는 것이 아니라 밥은 먹지 않고 떡국이나 만둣국을 먹습니다. 북쪽 지방 사람들은 만둣국을 먹고 남쪽 지방 사람들은 떡국을 먹습니다. 그래서 지방마다 음식이 다릅니다. 떡국을 먹는 이유는 (긴 떡처럼) 오래 살기를 희망하기 때문입니다. 따라서 정답은 ④입니다.

It is introducing Seolnal (Lunar New Year's Day) in Korea and special menus served on Seolnal. On Seolnal morning, Koreans eat Tteok-guk or Mandu-guk; not eating both cooked rice and Tteok-guk. Koreans living in the northern part eat Mandu-guk and those living in the southern part eat Tteok-guk. Thus, menus on the festive day differ from region to region. The reason for eating Tteok-guk is that they hope to live long (like long Tteok). Therefore, the correct answer is ④.

57 ③

룸메이트를 소개한 문장 (가)가 첫 문장이 되며, 그 룸메이트인 마이클을 다시 제시한 문장 (나)가 두 번째 문장이 됩니다. 그리고 마이클을 더 자세하게 소개한 (라)가 세 번째 문장이 되며, 그런 '마이클처럼 친구가 많았으면 좋겠다'는 자신의 느낌을 정리한 (다)가 네 번째 문장이 됩니다. 따라서 정답은 ③입니다

(가) which introduces my roommate is the first sentence, while (나) which introduces the roommate Michael again is the second sentence. Moreover, (라) which introduces Michael in more detail is the third sentence, while (다) which expresses the writer's feeling as '마이클처럼 친구가 많았으면 좋겠다(I wish I would have lots of friends like Michael)' is the fourth sentence. Therefore, the correct answer is ③.

58 ②

시간 표현 '지난 주말~'이 있는 문장 (나)가 첫문장이 되며, 지시대명사 '그곳'이 사용된 문장 (가)가 두번째 문장이 됩니다. (가)에서 말한 비빔밥을 자세하게 소개한 문장 (다)가 세 번째 문장이 되며, 비빔밥의 반응을 정리한 (라)가 마지막 문장이 됩니다. 따라서 정답은 ②입니다

(나) which includes '지난 주말~', a certain time expression, is the first sentence, while (가) which includes the demonstrative pronoun '그곳' is the second sentence. (다) which introduces Bibimbap mentioned in (가) in more detail is the third sentence, while (라) which summarizes the reputation of Bibimbap is the last sentence. Therefore, the correct answer is ②.

59 ④ 지문은 한국 유학 생활을 통해 달라진 것을 설명하는 내용입니다. 유학을 오기 전까지는 어머니의 도움(빨래, 청소, 요리 등)을 받았지만 지금은 스스로 알아서 한다는 내용이며, 제시문은 달라진 이 후의 모습이므로 ㉣에 어울리는 내용입니다. 따라서 정답은 ④입니다.

The passage describes what has changed through the life of studying in Korea. It states that before coming to Korea to study, the writer got mother's help for housework(laundry, cleaning, cooking, etc.), but now can do them alone, and the provided text describes new life style. Therefore, the correct answer is ④.

60 ④ 청소와 빨래를 하면 기분이 좋아지는 것이 아니라 엄마처럼 음악을 들으면서 요리를 할 때 기분이 좋아진다고 했습니다. 고향에서 요리한 적이 한 번도 없었다고 했으므로 어머니의 일에는 관심이 없었으며 전혀 돕지 않았다는 것을 알 수 있습니다. 따라서 정답은 ④입니다.

It is stated that the writer feels better when she/he listens to music while cooking, like her/his mother, not when cleaning and washing clothes. It states that she/he has never cooked while living in the hometown, so it can be guessed that she/he had no interest in mother's housework and never helped mother. Therefore, the correct answer is ④.

61 ④ ㉠에는 추억을 만들기 위해 컵을 하나씩 만들어 가졌다는 내용이 들어가야 합니다. ㉠에는 어떤 행위를 하는 의도나 목적을 나타내는 '-(으)려고'와 같은 표현이 필요합니다. 따라서 정답은 ④입니다.

The sentence including ㉠ should state that we would made a cup for each of us to create memories. ㉠ requires an expression to indicate an intention or a purpose of doing a certain action such as '-(으)려고'. Therefore, the correct answer is ④.

62 ④ 두 사람은 여행을 하면서 재미있는 경험을 했습니다. 두 사람의 사진을 넣은 특별한 컵을 만들어 가지면서 커피를 마실 때마다 서로를 생각하기로 약속했습니다. 따라서 정답은 ④입니다.

The two people had an interesting experience while traveling. They made unique cup in which a photo of them is imprinted, and promised to remind of each other every time they drink coffee with it. Therefore, the correct answer is ④.

63 ④ '함께 서울 구경하기' 안내를 위한 이메일입니다. '함께 서울 구경하기' 신청자에게 이번 토요일에 갈 장소 및 모이는 장소와 시간에 대해 안내하고 있습니다. 따라서 정답은 ④입니다.

It is an e-mail message to inform about '함께 서울 구경하기(sightseeing around Seoul together)'. It is informing the participants of '함께 서울 구경하기' of the place and the time to gather on the coming Saturday. Therefore, the correct answer is ④.

64 ③ 신청자는 아홉 시 반까지 정문에 모이면 됩니다. 이번 토요일에는 경복궁에 갈 겁니다. 많이 걸어야 해서 편한 신발을 신으면 좋습니다. 정문에서 모여서 함께 출발합니다. 따라서 정답은 ③입니다.

The participants should gather at the front gate by nine-thirty a.m. They will go to Gyeongbokgung Palace this Saturday. They are going to walk for a long time, so it is better to wear comfortable shoes. They will meet at the front gate and depart together. Therefore, the correct answer is ③.

65 ③ '옛날 노래부터 최근 유행하는 노래까지 다양한 노래'라는 표현을 통해 다양한 노래가 준비되어 있는 것을 알 수 있습니다. 따라서 ㉠에 들어갈 정답은 ③입니다.

Through the expression '옛날 노래부터 최근 유행하는 노래까지 다양한 노래(a variety of songs from old ones to latest ones)', it can be guessed that a variety of songs are available. Therefore, the correct answer is ③.

66 ① 이 콘서트에 가면 다양한 노래를 들을 수 있고 가족이 함께 가면 작은 선물도 받을 수 있습니다. 그리고 '돈을 받지 않습니다'라는 표현을 통해 이 콘서트가 무료라는 것을 알 수 있습니다. 따라서 정답은 ①입니다.

In this concert, you can hear a variety of songs and receive a small gift if you come with your family. Also, through the expression '돈을 받지 않습니다(don't receive money)', it can be guessed that this concert is free of charge. Therefore, the correct answer is ①.

67 ① ㉠ 뒤에 있는 문장을 살펴보면 작은 가방에 물건을 나누어 넣는 것이 여행 가방을 쉽게 정리할 수 있는 방법이라고 말합니다. 작은 가방에 비슷한 물건끼리 먼저 나누고 그 다음에 작은 가방을 여행 가방에 넣습니다. 여기에서는 행위의 시간 순서에 따라 연결하는 문법 표현인 '-아/어서'가 나와야 합니다. 따라서 ㉠에 들어갈 정답은 ①입니다.

The sentence which follows ㉠ states dividing the baggage into several small bags is a way to easily organize your travel bag. First, sort out similar items and put them in each small bag separately, and then put the small bags into the travel bag. In here, the grammatical expression '-이/어서' which links each action according to their order of time. Therefore, the correct answer to fill in ㉠ is ①.

68 ④ 여행 가방을 쌀 때 작은 가방에 비슷한 물건끼리 나누어 넣습니다. 그 다음에 작은 가방을 여행 가방에 넣는 것이 좋습니다. '비슷한 물건끼리'는 '같은 종류의 물건'이라는 표현과 유사한 의미를 가집니다. 따라서 정답은 ④입니다.

When you pack your travel bag, sort out the stuff by similar items and put them in each small bag separately. After that, put the small bags into the travel bag. '비슷한 물건끼리(by similar items)' has similar meaning to the expression '같은 종류의 물건 (same kind of goods)'. Therefore, the correct answer is ④.

69 ③ ㉠ 뒤에 있는 문장을 살펴보면 친구가 2년 전에 다른 나라로 가서 살게 된 내용이 나옵니다. 그래서 지금은 그 친구를 만날 수 없다는 것을 알 수 있습니다. 따라서 ㉠에 들어갈 정답은 ③입니다.

The sentence which follows ㉠ states a friend moved to a different country two years ago. Because of this, the writer cannot meet that friend now. Therefore, the correct answer that fits in ㉠ is ③.

70 ① 이 글은 어릴 때 친구에 대해서 말하고 있습니다. '저'는 친구와 어릴 때 달리기를 하고 아이스크림을 먹고 서로의 이름을 재미있게 바꿔 불렀다는 내용을 보면 두 사람이 '친한 친구'라는 것을 알 수 있습니다. 또한 마지막 문장에서 내년에 친구를 만나러 갈 거라고 말합니다. 이를 통해 친한 친구를 만나러 갈 것이라는 것을 알 수 있습니다. 따라서 정답은 ①입니다.

The text is about a friend of the writer in childhood. As it states that during childhood, 'I(저)' and that friend did running, ate ice cream and called each other funny nicknames, it can be guessed that the two were '친한 친구'. Moreover, in the last sentence, it states that the writer will visit that friend next year. Through this sentence, it can be guessed that the writer will go to meet that close friend. Therefore, the correct answer is ①.

한국어능력시험
TOPIK I
듣기, 읽기

	성 명 (Name)	한국어 (Korean)	
		영 어 (English)	

수 험 번 호

7										
⓪	⓪	⓪	⓪		⓪	⓪	⓪	⓪	⓪	
①	①	①	①		①	①	①	①	①	
②	②	②	②		②	②	②	②	②	
③	③	③	③		③	③	③	③	③	
④	④	④	④		④	④	④	④	④	
⑤	⑤	⑤	⑤		⑤	⑤	⑤	⑤	⑤	
⑥	⑥	⑥	⑥		⑥	⑥	⑥	⑥	⑥	
⑦	⑦	⑦	⑦		⑦	⑦	⑦	⑦	⑦	
⑧	⑧	⑧	⑧		⑧	⑧	⑧	⑧	⑧	
⑨	⑨	⑨	⑨		⑨	⑨	⑨	⑨	⑨	

※ 결 시 확인란
결시자의 영어 성명 및 수험번호 기재 후 표기

※ 답안지 표기 방법(Marking examples)
바른 방법(Correct) ●
틀린 방법(Incorrect) ⊙ ⊗ ◐ ○

※ 위 사항을 지키지 않아 발생하는 불이익은 응시자에게 있습니다.

감독관 확 인
※ 본인 및 수험번호 표기가 정확한지 확인 (인)

문번	답 란
1	① ② ③ ④
2	① ② ③ ④
3	① ② ③ ④
4	① ② ③ ④
5	① ② ③ ④
6	① ② ③ ④
7	① ② ③ ④
8	① ② ③ ④
9	① ② ③ ④
10	① ② ③ ④
11	① ② ③ ④
12	① ② ③ ④
13	① ② ③ ④
14	① ② ③ ④
15	① ② ③ ④
16	① ② ③ ④
17	① ② ③ ④
18	① ② ③ ④
19	① ② ③ ④
20	① ② ③ ④

문번	답 란
21	① ② ③ ④
22	① ② ③ ④
23	① ② ③ ④
24	① ② ③ ④
25	① ② ③ ④
26	① ② ③ ④
27	① ② ③ ④
28	① ② ③ ④
29	① ② ③ ④
30	① ② ③ ④
31	① ② ③ ④
32	① ② ③ ④
33	① ② ③ ④
34	① ② ③ ④
35	① ② ③ ④
36	① ② ③ ④
37	① ② ③ ④
38	① ② ③ ④
39	① ② ③ ④
40	① ② ③ ④

문번	답 란
41	① ② ③ ④
42	① ② ③ ④
43	① ② ③ ④
44	① ② ③ ④
45	① ② ③ ④
46	① ② ③ ④
47	① ② ③ ④
48	① ② ③ ④
49	① ② ③ ④
50	① ② ③ ④
51	① ② ③ ④
52	① ② ③ ④
53	① ② ③ ④
54	① ② ③ ④
55	① ② ③ ④
56	① ② ③ ④
57	① ② ③ ④
58	① ② ③ ④
59	① ② ③ ④
60	① ② ③ ④

문번	답 란
61	① ② ③ ④
62	① ② ③ ④
63	① ② ③ ④
64	① ② ③ ④
65	① ② ③ ④
66	① ② ③ ④
67	① ② ③ ④
68	① ② ③ ④
69	① ② ③ ④
70	① ② ③ ④

한국어능력시험
TOPIK I
듣기, 읽기

성명 (Name)
한국어 (Korean)
영어 (English)

번호	답란			
1	①	②	③	④
2	①	②	③	④
3	①	②	③	④
4	①	②	③	④
5	①	②	③	④
6	①	②	③	④
7	①	②	③	④
8	①	②	③	④
9	①	②	③	④
10	①	②	③	④
11	①	②	③	④
12	①	②	③	④
13	①	②	③	④
14	①	②	③	④
15	①	②	③	④
16	①	②	③	④
17	①	②	③	④
18	①	②	③	④
19	①	②	③	④
20	①	②	③	④

번호	답란			
21	①	②	③	④
22	①	②	③	④
23	①	②	③	④
24	①	②	③	④
25	①	②	③	④
26	①	②	③	④
27	①	②	③	④
28	①	②	③	④
29	①	②	③	④
30	①	②	③	④
31	①	②	③	④
32	①	②	③	④
33	①	②	③	④
34	①	②	③	④
35	①	②	③	④
36	①	②	③	④
37	①	②	③	④
38	①	②	③	④
39	①	②	③	④
40	①	②	③	④

번호	답란			
41	①	②	③	④
42	①	②	③	④
43	①	②	③	④
44	①	②	③	④
45	①	②	③	④
46	①	②	③	④
47	①	②	③	④
48	①	②	③	④
49	①	②	③	④
50	①	②	③	④
51	①	②	③	④
52	①	②	③	④
53	①	②	③	④
54	①	②	③	④
55	①	②	③	④
56	①	②	③	④
57	①	②	③	④
58	①	②	③	④
59	①	②	③	④
60	①	②	③	④

번호	답란			
61	①	②	③	④
62	①	②	③	④
63	①	②	③	④
64	①	②	③	④
65	①	②	③	④
66	①	②	③	④
67	①	②	③	④
68	①	②	③	④
69	①	②	③	④
70	①	②	③	④

수험번호

						7						
⓪	⓪	⓪	⓪	⓪	⓪		⓪	⓪	⓪	⓪	⓪
①	①	①	①	①	①		①	①	①	①	①
②	②	②	②	②	②		②	②	②	②	②
③	③	③	③	③	③		③	③	③	③	③
④	④	④	④	④	④		④	④	④	④	④
⑤	⑤	⑤	⑤	⑤	⑤		⑤	⑤	⑤	⑤	⑤
⑥	⑥	⑥	⑥	⑥	⑥		⑥	⑥	⑥	⑥	⑥
⑦	⑦	⑦	⑦	⑦	⑦		⑦	⑦	⑦	⑦	⑦
⑧	⑧	⑧	⑧	⑧	⑧		⑧	⑧	⑧	⑧	⑧
⑨	⑨	⑨	⑨	⑨	⑨		⑨	⑨	⑨	⑨	⑨

※ 결시자의 영어 성명 및
결시 수험번호 기재 후 표기
확인란 ○

※ 답안지 표기 방법(Marking examples)
바른 방법(Correct) ●
바르지 못한 방법(Incorrect) ⊙ ⊘ ⊗ ◑ ◒

※ 위 사항을 지키지 않아 발생하는 불이익은 응시자에게 있습니다.

감독관 본인 및 수험번호 표기가
확 인 정확한지 확인 (인)

성 명 (Name)	한 국 어 (Korean)	
	영 어 (English)	

수 험 번 호

	7								

문번	답 란			
1	①	②	③	④
2	①	②	③	④
3	①	②	③	④
4	①	②	③	④
5	①	②	③	④
6	①	②	③	④
7	①	②	③	④
8	①	②	③	④
9	①	②	③	④
10	①	②	③	④
11	①	②	③	④
12	①	②	③	④
13	①	②	③	④
14	①	②	③	④
15	①	②	③	④
16	①	②	③	④
17	①	②	③	④
18	①	②	③	④
19	①	②	③	④
20	①	②	③	④

문번	답 란			
21	①	②	③	④
22	①	②	③	④
23	①	②	③	④
24	①	②	③	④
25	①	②	③	④
26	①	②	③	④
27	①	②	③	④
28	①	②	③	④
29	①	②	③	④
30	①	②	③	④
31	①	②	③	④
32	①	②	③	④
33	①	②	③	④
34	①	②	③	④
35	①	②	③	④
36	①	②	③	④
37	①	②	③	④
38	①	②	③	④
39	①	②	③	④
40	①	②	③	④

문번	답 란			
41	①	②	③	④
42	①	②	③	④
43	①	②	③	④
44	①	②	③	④
45	①	②	③	④
46	①	②	③	④
47	①	②	③	④
48	①	②	③	④
49	①	②	③	④
50	①	②	③	④
51	①	②	③	④
52	①	②	③	④
53	①	②	③	④
54	①	②	③	④
55	①	②	③	④
56	①	②	③	④
57	①	②	③	④
58	①	②	③	④
59	①	②	③	④
60	①	②	③	④

문번	답 란			
61	①	②	③	④
62	①	②	③	④
63	①	②	③	④
64	①	②	③	④
65	①	②	③	④
66	①	②	③	④
67	①	②	③	④
68	①	②	③	④
69	①	②	③	④
70	①	②	③	④

동양북스 TOPIK 시리즈

TOPIK 한권이면 OK

TOPIK 전 영역을 한 권으로 끝내자!

기출문제 유형 분석, 문제 풀이 전략!
샘플문제와 연습문제로 실전 감각 기르기!
어휘와 문법까지 한 권으로 정리하기!

※ MP3 CD, 핸드북 무료 제공

합격의 신 TOPIK 실전 모의고사

실전 모의고사로 완벽하게 준비하자!

실제 TOPIK 유형의 실전 모의고사 5회!
책 속의 책 해설지로 편하게 학습하기!
중국어 해설 무료 다운로드!

※ MP3 CD, 필수 어휘집 무료 제공

합격의 신 TOPIK 읽기 · 듣기 · 쓰기

TOPIK 영역별로 꼼꼼하게 학습하자!

기출문제로 보는 문제별 유형 분석!
TOPIK 시험 요령을 쏙쏙 알려 주는 TIP!
연습문제와 모의고사로 실전 감각 다지기!

※ 듣기 MP3 CD 무료 제공

동양북스 한국어 도서 시리즈

즐거운 한국어 문법

한국어 문법 완벽하게 공부하기!

단계별로 학습자가 알아야 하는 문법을 총정리한
한국어 문법 학습의 정석!
다양한 예문과 연습문제로 확인 학습 가능!
TOPIK 유형의 문제로 시험 대비까지!

New 스타일 한국어

한국어 표현 배워서 한국인처럼 말하자!

한국어능력시험 TOPIK 기출 어휘 수록!
생생한 예문과 재미있는 연습문제로 실력 UP!
어려운 관용표현, 속담·한자성어, 의성어·의태어를
그림과 함께 쉽게 배우기!